周紹賢著

道家與神仙

中華書局印行

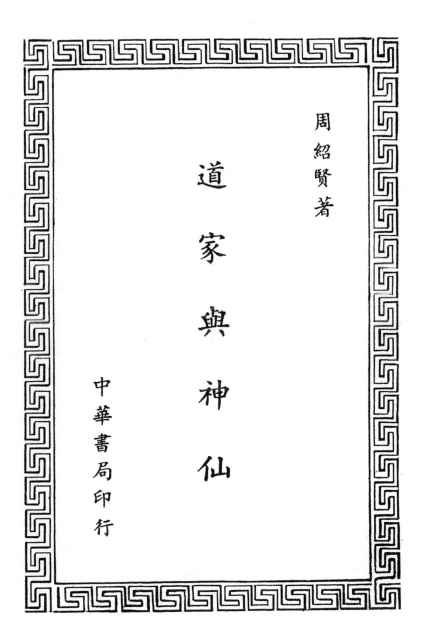

道家與神仙簡介

本書屬於宗教哲學。爲道教哲學之專著，而貫穿其他宗教義理。神仙爲道教人格之最高境界，此書卽說明何謂神仙，說明道教與道家之關係，及仙、佛、聖賢之異同，作者生平熟讀道家之書，並細研道藏五千四百八十五卷，經二年寫作工夫，始成此書，字句力求簡明，總十五萬餘字。

道家與神仙作者

周紹賢：山東省海陽縣人，歷任中學、大學教師三十餘年。著有老子淺釋、莊子要義、孟子要義、先秦諸子論文集、魏晉清談述論、文言與白話、松華軒詩稿、應用文等書十餘種，現任東吳大學教授及臺灣師範大學夜間部教授。

自序

穴居野處，變而爲華屋樓閣；茹毛飲血，變而爲美饈嘉肴；以至行路有車，渡水有船，航行天空，潛游海底，此人類生活之進步也。聚麀苟合，變而有夫婦制度；攘奪侵佔，變而爲禮讓廉介；乃至倫理、宗教、文學、藝術，此亦人類生活之進步也。前者爲物質生活，後者爲精神生活，人皆知物質缺乏，難於生存，而詎知精神喪失，亦難於生存也。故二者相輔爲用，無軒輊之分。

今世之人，好談社會進步，而其所謂進步，大抵指物質生活而言，物質生活突飛猛進，而人之所求愈無厭，冬煖夏涼之美居，金漿玉液之珍食，熊掌駝蹄，食之已厭，進而求龍肝鳳髓，愈難得者，愈爲可貴，「高樓一席酒，窮漢半年糧」，奢侈無度之享受，人人苦心求之，貪得無厭，因而貪汙、劫掠、欺詐、盜竊，殺人自殺之案，日盛一日，抹煞天賦之理性，任慾性以滋事，終日蠅營狗苟，心目中惟有貨財利慾，人類變爲冥頑不靈之動物，自身之生活，如蠶之食桑，蟻之逐羶，而罔顧是非；對人之關係，純爲利用着想，甚至弱肉強食，無所不至。社會混亂，世界戰爭，皆由此起，物質慾望之追求，至於此極，爲人生之福？抑爲人生之禍？一般人之觀點，各有不同。

沉於慾海苦痛之中，何以救之？儒家之養心寡慾，道家之淸靜無慾，釋家之淨心戒慾，皆慾海救生之津梁也。吾言至此，唯物思想之徒，必大笑曰：「此眞頑固而開倒車者也」。老子云：「不笑不足以爲道」。彼喪失精神，抿滅理性之野蠻思想，何足一笑哉！笑我者任其痴笑，而我在此陋室之中，獨坐自談，上窮碧落下黃泉，方內方外，無所不談，茲所談者爲神仙問題。

陷於塵世煩惱之苦者，每慕其想象中之神仙生活，神仙生活確實有之，並非空想，人患不求耳。欲求神仙生活，必先了解精神生活，始肯捨酖酒而飲甘露。若不然，則顏子之簞食瓢飲，原憲之蓬戶甕牖，彼非不能求取富貴，而其所以然者，何人識其趣哉？

神仙爲人生至高無上之樂境，其妙趣非可言喻。迷於物慾者，豈足以了解神仙。有人以爲神仙之說，出自道教，如佛教之空虛相同，只是勸人爲善而已。如此說法，對神仙雖未加非薄，然對仙與佛之眞義則不解。儒家純講現實人生，修齊治平之道，愈進入深境，愈切現實；然現實之中，往往不如人意，憂煩多端，佛家鑒於人世之事，永難圓滿，衆生之苦，永無已時，誠不若一瞑不顧矣！於是乃走出世之路，絕塵緣而歸淨土，愈深入其境，愈遠於現實。然人不能脫離現實，道家思想則在出世入世之間，無爲而無不爲，既能和光同塵，寬容於物；亦能致虛守靜，寂寥獨立；既能與天地往來，上與造物者游；亦能不譴是非，以與世俗處。道家可以出世，可以入世，無往而不超然，此即所謂眞人，即道教所謂神仙。

道教依託道家，以神道設教，取道家之理論而加以神化，使人有神秘之感，以增加宗教信仰。各大宗教之教主，皆爲大仁大智之哲人，對人生有獨到之悟，而發明其義理。宗者，本也，以其所見之義諦爲本，而教化世人，因名曰宗教。人本有好奇之心理，高深之人生哲理，其中本有無窮之蘊奧，此非物質科學之知識所能探究。凡宗教皆含神秘意味，故能對人生發生特殊力量，道教將道家之眞人黃袍加身，化裝爲神仙，妙不可測，故使上自帝王，下至庶人皆崇慕之。不明其眞義，徒自其神秘處用心，以誤傳誤，學長生不死，求點石成金，不見有驗，乃發生反應，以神仙之道爲迷信虛妄，因而蔑視道教。道教依託道家而成立，自漢末與儒、釋並列，因而有三教之稱。儒家雖異於宗教，然宗教之化世，有助於儒家之經世，且聖賢仙佛之道，並行而不相悖，繫辭所謂「天下同歸而殊塗，一致而百慮」也。人不能脫離現實，故儒家之道，爲人生必由之徑，然娑婆世界，苦惱繁多，使人厭煩，於是宗教家開闢出世之路，使人生另有新境界以安心立命。出世思想，以佛家最爲深刻，最爲徹底，道教在出世入世之間，似乎無顯明之界限，儒家之隱士與道教之道士每無分別，大儒如邵康節、周濂溪、朱晦庵等，藉道家之「太極圖」作骨幹，建立理學，又皆崇拜道士陳希夷；乃至歐陽修、蘇軾等皆好神仙（見葉夢得避暑錄話），然而皆站於儒家之立場，不承認對道教之關係。乃至民間許多風俗、信仰，大都出自道教，而處世行事之道，仍依儒家爲本。道教在無形中潛力甚大，而外表不甚顯著，西哲羅素謂中國無宗教者此也。

道教而今日形沒落，甚可慨也！豈惟道教落沒，當此唯物思想氾濫之日，其他宗教亦皆隨之沒落，教徒雖多，大都只有生活團體組織，眞有信仰者，寥若晨星。不意今有荷蘭青年學者施博爾，係法國巴黎大學宗教歷史博士，費十載之工夫研究中國道教史，乃信仰道教，來中國實際考察，攜帶妻女寓居臺南市興華街，拜一老道士爲師，廣搜中國經史子集之大全，及道藏一千二百本，晝夜研讀，道袍道冠，參與誦經祈禱種種法事，敬愼謹嚴，爲道士之楷模，精誠無間，七年學成而歸，時年三十六歲，自謂欲作一完善道士，須有二十年以上之苦修（民國五十七年三月二十三日，聯合報記者訪之，誌其事頗詳）。噫！異邦之人，對於中國文化，竟有如此之信仰，對追求眞理，竟有如此之毅力，眞令人感激也！而吾國一般自命爲知識分子、實利主義者，正積極破壞自己之文化，寧不可恥！

余出自儒門，而對於百家之學皆虛心覓求，尤好道家之言，因而涉及道敎問題，欲將神仙之說加以闡明，客歲乃遍參道藏五千四百八十五卷，其中道家經籍及醫藥諸書，昔年皆已讀之，茲詳讀道敎經典、方術各部，有人譏其中收羅蕪雜，淺俗之品亦列在內者；蓋宗敎勸善警世，每用通俗之言，以資宣傳，此只觀其大義，不必究其實際，且神話野談，講因果報應之事，用之於傳敎，皆有裨於世道人心，不可以此而忽視道藏；故皆詳讀之，略有所悟。昔玄奘大師譯大般若經、既成，每竊嘆此經意境太高，恐此土衆生，智量狹小，難於領受，輒不勝其嗟惋。道敎修行之至高境界爲神仙，余每見世人誤解神仙，亦不勝其嗟惋！乃作此書，以明神仙，此書原名「所謂神仙」，後乃易名「道家與神仙」，神仙玄渺之義，幽微之說，非筆墨所能詳，茲謹述其大端，以誌粗淺之見云爾。

中華民國五十九年五月海陽周紹賢敬識

目錄

第一章　神仙思想之由來

第二章　道　家

第一章　神仙思想之由來

一、黃老之學

神仙之說，出自道家。中國人生思想以儒家爲主，道家副之。中國文化有文字記載，自伏羲畫八卦定禮制開始，至黃帝時而文字書契、宮室、舟車、弓矢、冕裳、政治、教化、曆法、醫術、律呂、貨幣、數學等等，已燦然大備。故論中國文化，皆自黃帝開始，猶之儒家之學，歸宗於孔子；道家之學，追源於老子；然孔子自謂「述而不作」，故儒家學說非創自孔子；老子每尊推聖人，故道家學說亦非肇自老子；皆有所受之也。黃帝時文化之盛，亦非偶然，蓋亦承前人之緒，發揚光大而成其美也。因黃帝時文化既盛，史事之傳述亦較多，故尊黃帝爲中國文化開創之祖。

古昔文字簡單，一切學問多憑口傳而無著述，及至唐虞時代，文物制度，口之所傳，史之所書，較黃帝時尤爲隆盛，尤爲具體，故儒家每好稱道堯舜而罕談黃帝，然繫辭下傳，述及帝王之系統曰「庖犧氏沒，神農氏作，神農氏沒，黃帝堯舜氏作」。左傳昭公十七年，孔子學官於郯子、郯子論官謂「昔者黃帝氏以雲紀，故爲雲師而雲名」。尸子卷下載子貢與孔子問答黃帝之事跡。大戴禮記五帝德及帝繫篇皆述黃帝之事。以及法家之書：管子五行篇記黃帝作五聲正天時；韓非子揚權篇引黃帝執法之言。古籍遭秦火大部毀滅，黃帝之史，除口傳者而外，在古昔是否尚有專書？不得而知；但就散見於各家著述中者，已可見其盛。

周朝以前，道術渾一，無派系之別，及戰國時，始有儒家、道家、及其他各家之分，莊子盛慨云「悲夫百家往而不返，必不合矣！後世之學者，不幸，不得見天地之純古人之大體；道術將爲天下裂」（天下篇）。後人承前人之業，黃帝時之文化傳至周朝，當然大有變異，例如周朝之文字與黃帝所制之文字，卽不相同，其他一切，更無論矣。周公制禮作樂，蓋亦接前代之緒而沿革之，不能逾越夏商而追及黃帝。孔子訂六經，述而不作，亦只就當時之文獻而整理之，故亦未追溯黃帝，何也？古之學術，多憑口傳，如黃帝時之醫術、律呂、貨幣之制，蠶絲之術，皆傳佈於日常之事實中，無所記載。而政治之方，教化之道，源遠流傳，亦融合於後世之文化中，而黃帝之史，又無若虞書、夏書等之詳明記載，故儒家之經典中，罕論黃帝。

人生處世之態度，大抵不外「獨善其身」與「兼善天下」，合而言之，卽儒家所謂修己安人之道。儒家之要旨在乎安人濟世，其目的在乎治國平天下。道家雖亦講治國用兵之道，然偏重於「獨善其身」，亦卽偏重於「修己」，蓋以人人修己而天下平矣。儒道兩家之分野，卽肇於此。觀孔子問禮於老子，老子贈孔子之言，可見一斑（史記老子列傳、孔子世家）。

孔子老子以前，儒道仍未分家，當春秋亂世，孔子汲汲皇皇，周遊列國，欲展其濟世之抱負，志雖未達，而將治國平天下之道，編成經典，成爲一家之言。老子雖亦居仕，然以守靜不爭爲務，見周之衰，知無可如何，乃遂隱退，著書五千言，以明其道。孔老之處世態度，顯然如其所著之書，一則重在修己安人，一則重在獨善其身。孔老皆爲大仁大智之哲人，皆爲當代之大師，其學說之精義有異，後學遂各立門戶。及至戰國諸子爭鳴，黃帝天道元氣之說，謙沖戒愼之論，儒書所未錄者，道家乃筆之於書，如漢書藝文志所載：黃帝四篇、黃帝銘等書，其義與老子契合，其書雖非黃帝所自著，然必爲亘古所傳黃帝之說。疑古者以其爲六國時人所撰，而遂目之爲僞書，甚至以五千言中有戰國時之語詞，而遂謂其爲戰國時之書，非老子所著；如此，則一切典籍莫不有疑問。夫公羊傳爲子夏傳與公羊高，至漢景帝時，公羊壽乃著之於文字，而史記司馬相如傳太史公評語中有引揚雄之言，古之學說，心口相授，有爲後人所記錄者；古之書篇有錯亂損壞，而爲後人所竄補者；不可據此便謂其書非眞也。

黃帝之書，除上述者而外，尙有一部古今流傳之巨典，即黃帝內經是也。此書分素問、靈樞二類，素問二十四卷，述黃帝岐伯問答養生延命之道；靈樞十二卷，其中多論鍼刺治病之術；此書與本草經皆爲醫家最古之書。重修政和經史證類備用本草、劉祁跋曰『余讀沈明遠寓簡稱范文正公微時，慷慨語其友曰「吾讀書學道，要爲宰輔，得時行道，可以活天下之命。時不我與，則當讀黃帝書，深究醫家奧旨，是可以活人也」』。未嘗不三復其言，而大其有濟世志』。此所謂黃帝書即內經。略舉前儒對內經之評語：

程頤曰：觀素問文字氣象，只是戰國時人作，謂之三墳書，則非也；想當時亦須有來歷。——二程全書。

朱熹曰：黃帝聰明神聖，得之於天，其於天下之理，無所不知；天下之事，無所不能。上而天地陰陽造化發育之原，下而保神鍊氣愈疾引年之術，以至其間庶物萬事之理，巨細精粗，莫不洞然於胸次。是以其言有及之者，而世之言此者，因自託焉，以神其說於後世。至於戰國之時，方術之士，遂筆之於書，以相傳授。如列子所引與夫素問握奇之屬，蓋必有得其遺言之仿佛者，如許行所傳神農之言耳。——文集古史餘編。

周木曰：素問之書，雖不實出黃岐之世，要亦去先王未遠。時人祖述黃岐遺意而作者也。辭古義精，理微事著，保天和於未病，續人命於既危。彝倫益敦，王化滋盛，實醫家之宗祖，猶吾儒之有五經也。——素問糾略序。

杭世駿曰：內經劉向編七錄時已有之，秦焚詩書，內經想以方術得存，其書深奧精密，非後人所能僞託。——質疑。

歷代學者，對內經之評語頗多，大抵不外三種鑑別：一謂爲黃帝時本來之書，非後人所僞託。一謂其文不必盡古，有後人竄入之文。一謂其道傳自黃帝，其文則戰國時人所撰。卽言非黃帝時本來之書，而黃帝時之學術傳至後世，始著之於文字，亦不得謂之僞，猶如古代之故事，後人撰爲戲劇小說，其語詞雖非古，而其事實，不可謂爲揑造也。

六國時既將黃帝學說之契合於老子者，著成專書，於是黃帝卽被道家所爭取而奉爲遠祧。其實不可說黃帝之說契合於老子，當說老子之說承自黃帝，故老子書谷神不死章，列子卽引爲黃帝書，而老子所稱「古之所謂」、「建言有之」、「聖人云」、「用兵有言」，皆引據古書之語。故前人或謂老子五千言所述，多係容成氏之說，容成氏黃帝之史官也。黃老之書爲一家之言論，故黃老並稱。黃帝既爲道家所宗，因此，內經亦被收爲道家之典籍，謂醫家亦出自道家，自此，老子之淸靜寡欲，黃帝之養生延年，合而爲黃老之學。

遵奉淸靜寡欲之道以修身者，以致虛守靜爲務，體驗內鍊之術，此卽後來所謂內丹；專治服食延年之術者，此卽後來所謂外丹；善於此術者，卽所謂異人，卽秦漢所謂方士，謂能鍊不死之藥以致長生者也。神仙之說，卽由長生不死之說而來，故釋名釋長幼篇云「老而不死曰仙」，說文仙字注云「長生僊去」。梁簡文帝華陽陶先生墓志銘亦云「無名曰道，不死曰仙」。

二、神仙之說起自何時

儒家十三經中無仙字。仙又作僊，詩經賓之初筵「屢舞僊僊」，僊僊爲舞之形容詞。老子五千言亦無仙字，足徵神仙名詞不見於春秋以前。神仙思想、由「不死」之思想而起，人皆好生而惡死，不死之說，蓋自古有其設想，自古有其傳說，左傳昭公二十年，齊景公問晏子曰「古而無死，其樂若何」？晏子以古無不死之人爲答（晏子春秋亦載此語）。足徵不死之思想，在春秋時已被重視而提出討論。及戰國時，則有人造不死之藥，戰國策楚策：有人獻不死之藥於荊王，韓非子外儲說左上云「客有教燕王爲不死之道者」。不死卽爲神仙，繫辭云「陰陽不測之謂神」，孟子云「聖而不可知之之謂神」，人生自古皆有死，人而不死，誠可謂莫可測、莫可知之神矣，神仙一詞，即由此而來。

道家之三大經典曰老子、莊子、列子，莊子闡老子之學說，其在道家之地位，猶儒家之孟子，故老莊並稱，列子之地位次於莊子，故莊列並稱。莊列之書，始有神仙之說，莊子逍遙遊謂「藐姑射之山，有神人居焉，肌膚若氷雪，綽約若處子，不食五穀，吹風飲露，乘雲氣，御飛龍，而遊乎四海之外」。天地篇云「千歲厭世，去而上仙」。列子亦有莊子之說，其黃帝篇云「列姑射山在海河洲中，山上有神人焉，吸風飲露，不食五穀，心如淵泉，形如處女，不偎不愛，仙聖爲之臣」。神人仙人，合稱爲神仙，神仙之名稱自此出現，顧炎武勞山志序云「自田齊之末，有神仙之論」，人之神仙觀念亦於此建立。

戰國時神仙之說既興，大詩人屈原，曾述仙人之名有軒轅（黃帝）、赤松、王喬、韓衆等（遠遊）。方士亦指出仙人之名有宋毋忌、正伯僑、充尙、羨門子高等，有形解銷化之術（尸解變化），謂渤海中有三神山：蓬萊、方丈、瀛洲，諸仙人及不死之藥皆在焉。又加以陰陽家鄒衍（鄒又作騶）出而談陰陽消息之理，五行運轉之機，亦有延命之方及神奇之術，鄒衍儼然即當時之神仙。太平御覽八四二引劉向別錄云「傳言鄒衍在燕，有谷地美而寒，不生五穀，鄒衍居之，吹律而溫至，生黍到今，名黍谷焉」。論衡感虛篇云「傳書言：鄒衍無罪，見拘於燕，當夏五月，天爲隕霜」。其他神仙奇異之事，傳述頗多，齊威王、宣王及燕昭王，皆曾使人入海尋三神山，未至，望之如雲，雖終不得，而人主莫不嚮往。及至秦始皇尤信方士之言，曾親至東海之上，祠名山大川，求仙人羨門之徒，並使韓終侯公石生等求不死之藥，復遣徐市偕童男女數千人，入海求仙，皆一去不返。（以上所引皆見史記封禪書及秦始皇紀）。

天道變化之機，本不可測，陰陽神異之說，中於人心，故以漢高之豁達，文帝之英明，亦皆信之。至於武帝，尤好神仙，李少君以祠竈却老方請見，謂祠竈則致物（鬼物），而丹砂可化爲黃金，黃金成，以爲飲食器，則益壽。少君並自謂：嘗游海上，見仙人安期生食棗大如瓜。武帝於是親祠竈，從事化鍊之術，並遣方士入海訪安期生之屬，亦莫能得。仙家有形解蛻化之說，少君病死，武帝以爲化去不死。於是海上方士來言神仙之事者日多。齊少翁以鬼神方見武帝，謂設臺致祭，可以通天神，乃拜少翁爲文成將軍，久之其方不驗，而發現其僞詐，乃誅之。欒大亦自謂：嘗往來海上，見安期生、羨門之屬。謂黃金可成，河決可塞，不死之藥可得，仙人可致；帝欲得其方，欒大謂「臣師無所求於人，陛下必欲致之，則貴其使者，令有親屬，以客禮待之，乃可使通言於神人」。帝乃拜大爲五利將軍，封樂通侯，以衞長公主妻之。久之，亦發現其妄詐，乃誅之。公孫卿亦以神仙之說見武帝，述黃帝騎龍登天之事，帝曰「嗟乎！誠得如黃帝，吾視去妻子如脫屣耳」。卿又謂「見神人東萊山，若云欲見天子」，帝乃至東萊，宿留數日，無所見。卿復言：見仙人跡於緱氏城上，帝親往觀之，疑其如齊少翁之詐，卿云「仙人非有求於人主，人主自求之，其道非少寬假，神不來，積以歲月，乃可致也」。帝信之，復遣方士求神怪，採芝藥，以千數，皆無驗，然帝好之心切，益冀遇其眞。（封禪書、漢書郊祀志）。

自戰國時齊燕之君開始追求神仙以來，雖渺無徵驗，而神仙在一般人之思想中，並不失去信仰，何也？神仙之說依託於黃老，黃老之學至西漢盛行，君如文帝、景帝，宮闈如竇太后（文帝之后），宗室如劉德（此爲劉向之父，與景帝子封河間獻王者非一人），將相如曹參陳平（史記陳丞相世家），名臣如張良東方朔汲黯鄭當時直不疑班嗣，處士如蓋公（曹參傳）、鄧章（袁盎傳）、王生（張釋之傳）、黃子（司馬遷傳）、楊王孫、安丘望之（後漢書耿弇傳）等，皆篤信黃老之學。文景之清簡政治，張良之功成身退，曹參之淸靜寧民，陳平之善運奇計，皆使人欽崇慕仰。加以陰陽家學說亦盛，如眭弘京房等推斷災異，屢有奇驗，皆有助於神仙思想。神仙不得見，則以爲誠如公孫卿所云：仙人非輕易可見，心誠求之，必積久歲月，乃可致也。不見仙人即難得不死之藥，然而黃老養生却病之方，則有實效，故仙家之說，仍非虛誕，秦以前，神仙之說未有專書，至漢乃有專書出現，如河上公以自然長生之說注老子，淮南王劉安，招致賓客方術之士數千人，著書二十餘萬言，講神仙黃白之術。成帝復興方術之事，而淮南有枕中鴻寶苑秘書，言神仙使鬼物爲金之術。鄒衍之「重道延命方」，世人莫見，劉向父德，武帝時治淮南獄，得其書，向幼而讀誦，以爲奇，獻之，言黃金可成，上令典尙方鑄作事，費甚多，方不驗（劉向傳）。向復作列仙傳，述赤松子等七十一位仙人，以證神仙之事蹟。自此仙家之書漸多。及至東漢道教興起之後，神仙之說盡歸其流，且更擴大神仙理想，由人仙之境界，更進一層而開出天仙之境界。道教流行，神仙觀念乃普及於人心。

三、神仙之說起自齊國

齊國東部，在周以前爲萊國，魯襄公六年，併於齊。自唐以後，爲登萊二州，即今所謂山東半島也。其地北臨渤海，南連黃海，羣山起伏，奇峯突兀，有勞山、艾山、萊山、岠嵎、崑崙、鋸齒等名山，青巒碧岫，聳峙天衢；神府洞天，秘藏雲際。海中有鼉磯、沙門、田横、劉公、長山、高峯、大竹、小竹諸島，周圍羅列，自成海國。登之罘三面觀海，波浪瀲灩，淼無際涯，朝暾初出，金輝射目，雲光燦爛，詭奇萬狀，忽而巨浪如山，晶瑩灼爍，陸續而來，直撞高岩之上，澎湃跌落，銀珠四濺，若天女之散花。海風颯爽，豁人心胸，令人馳思於海天之間，遊神於扶桑之外。及夫晚霞如錦，烟靄四佈，山在虛無縹緲之中，海在鴻濛融涵之下，雲霧漭泱，靉靆瀰漫，捲舒聚散，瞬息萬變，嵯峩如奇峯，飄拂如錦帳，如車馬奔騰，如鬼怪列陣，時而形象緊張，如龍爭虎鬭；時而彤輝重疊，如金闕玉樓；光怪奇麗，變幻無窮，足以引人之遐思，啓人之妙悟。元微之云「除却巫山不是雲」，其實巫山之雲詎能與此相比哉！

更有奇者，春夏之交，登蓬萊之閣，憑覽海面，晨暉曚曨，霧氣穩靜，氤氳迴合，浮光迷離，訝宇宙之渾淪，忽水陸之不分，無邊之大海，變蒼茫之桑田，忽見高山突出，忽見叢林横遮，忽見樓閣崢嶸，忽見城市繁華，忽見人馬馳奔曠野，忽見烟村隱約荒陬，霞光五彩，雲氣千里，恍疑別有乾坤，相信眞有仙境。及夫旭日漸顯，陽光亦盛，遂烟消霧散，盡化烏有，滄海現其眞容，天地景象如故；父老曰：「此卽所謂海市也！惟登州有之」。

如上所述，東萊山海雲霞之奇，足以引人之奇思，助人之幻想，故方士皆出此海上，而秦皇漢武皆親自來此求仙也。

東萊仙境之傳說，由來已古。史記封禪書云「泰山東萊，黃帝之所常游，與神會，黃帝且戰且學仙」。山海經海內北經云「列姑射山在海河州中。蓬萊山在海中。大人之市在海中」。此海皆指東萊之渤海而言。列子云「列姑射山，在海河州中，山上有神人焉」。黃河由齊北入渤海，雲海渺茫，疑有陸域，故曰海河州。郭璞山海經蓬萊山注云「山上有神人，宮室皆以金玉爲之，鳥獸皆白，望之如雲，在渤海中也」。山東半島，極北角之地，渤海之濱，瞭望海景，全入目中，漢武帝曾於此望蓬萊山，因築城曰蓬萊城，唐朝設蓬萊縣，縣城卽在此。城北丹崖上有蓬萊閣，蘇軾爲登州刺史，曾於此望海市。大人市卽海市。

列子湯問篇云「渤海之東，不知幾億萬里，有大壑焉，實惟無底之谷，其下無底，八紘九野之水，天漢之流，莫不注之，而無增無減焉。其中有五山焉，一曰岱輿、二曰員嶠、三曰方壺、四曰瀛州、五曰蓬萊。其山高下周旋三萬里，其頂平處九千里，山之中間相去七萬里，以爲鄰居焉。其上臺觀皆金玉，其上鳥獸皆純縞，珠玕之樹皆叢生，華實皆有滋味，食之皆不老不死。所居之人，皆仙聖之種」。海市蜃樓，惟登州可見，蓬萊閣望海市，爲天下之奇景，其時須春夏之交，須適當之氣候，適當之天氣，故或經年不見，或一年數見。若夫晨曦初顯，波浪不興，海面被霧雰所罩，白雲丹霞，變幻無常，忽現奇景，如陸地之山川城郭人物無異，峯巒譎怪，樓閣玲瓏，麗光異彩，非人世所有，然可望而不可即，若乘舟前往探之，則迷濛而不可見，又見高山大河，更在前方之遠界。齊燕之君，使人入渤海求三神山，謂其去人不遠，每患將至其處，則船便被風引而去，有仙人，有金銀宮闕，未至望之如雲，及到，三神山反居水下。秦始皇亦使人求之，船至海中，皆以風爲辭，曰「未能至，望見之焉」。——如曾親至登州觀海市蜃樓者，便知方士所見者非虛。

人心有不死之思想，東萊有奇妙之仙境，故海上方士藉此構成其神仙之說以干人君，東萊遂成爲求仙者嚮往之勝地。戰國時齊威王、宣王、燕昭王皆遣使來此。秦始皇曾親至東萊祭三山（在今掖縣城東北）、之罘（今屬烟臺市）、成山（今榮成縣東）、萊山（史記注謂萊山在黃縣，然今黃縣無萊山，而牟平有萊山，每春有香火大會，遠近之人雲集，牟黃皆屬登州，史記注誤）。憑觀渤海，思慕仙境，始皇不得仙藥，終不甘心，臨崩之年，又至東萊，冀有所遇，方士詐稱至海中，每爲大鮫魚所苦，故蓬萊不可到，請善射者俱往，見則以連弩射之。始皇夢與海神戰，如人狀，占夢博士，曰「水神不可見，以大魚鮫龍爲候，今上禱祠謹備，而有此惡神，當除去而善神可致」。始皇乃自欲以連弩射大魚，自琅邪至成山，無所見，至之罘見巨魚，乃射殺一魚（秦始皇紀）。東萊野史傳述始皇求仙之神話頗多，三齊略記云「始皇作石橋，欲過海觀日出處，於時有神人能驅石下海，城陽一山，石盡起立，嶷嶷東傾，狀似相隨而去云。石去不速，神輒鞭之，盡流血，石莫不悉赤，至今亦爾」。

漢武帝亦曾遣數千人，入渤海求蓬萊安期生之屬。元封元年，武帝至東萊，欲自浮海求仙，爲東方朔所諫止。二年冬，公孫卿言「見神人東萊山，若云欲見天子」，帝乃復幸東萊，留宿數日無所見，是時天旱，乃禱於萬里沙（祠名，在掖縣城東北）而還。太初元年及三年，又兩次至東萊，臨渤海，望蓬萊。天漢二年，太始三年，又兩度至東萊，禮成山，登之罘，求見神仙。征和四年，復幸東萊，欲浮海求仙，羣臣諫，弗聽，會大風晦冥，海水沸涌，留十餘日，乃還。

帝王當大任，保萬民，兢兢業業，惟恐不逮，乃欲通神明，為天下祈福，舜典云「肆類於上帝，禋於六宗，望於山川，徧於羣神」。自古有祭天地山川之禮，戰國時演出封禪之說，大戴禮保傅篇云「封太山而禪梁甫」（甫又作父，梁父為泰山下之小山），注云「封謂負土石於太山之陰，壇而祭天也；禪謂除地於梁甫之陰，為墠以祭地也。變墠為禪，神之也」。封為祭天，禪為祭地，本無他義，秦漢之世，乃將封禪附於神仙之說，故始皇統一天下之後，即封太山禪梁父，遂即東游海上求神仙。齊人丁公對武帝云「封禪者古不死之名也」。方士公孫卿等，皆言：黃帝以上封禪，皆致怪物，與神通。武帝欲效黃帝上接神仙，亦至泰山封禪，遂東游海上行禮以求神仙。始皇為求仙而祀八神，「八神將自古有之，或曰太公以來作之，齊所以為齊，以天齊也。八神者：一曰天主，祠天齊，天齊淵水居臨淄南郊山下者。二曰地主，祠太山梁父。三曰兵主，祠蚩尤，蚩尤在東平陸監鄉，齊之西境也。四曰陰主，祠三山。五曰陽主，祠之罘。六曰月主，祠萊山。七曰日主，祠成山。八曰時主，祠琅邪」（封禪書）。此八山皆在齊地，而東萊有其四，故泰山東萊黃帝之所常游，可以會神而學仙，秦皇漢武，終生慕戀其地；於是可知神仙之說起自齊國，而東萊為通仙境之津梁。此後歷代之仙蹟頗多。

四、神仙之說倡自齊人

魯之東便爲齊，自周初，周公封於魯，太公封於齊，始劃疆界，有齊魯兩國之名。周朝文化，由周公制禮作樂而盛，禮樂爲儒家政教之本。周朝之前，昔大庭氏及神農，皆建都於曲阜（魯之國都），黃帝生於壽丘（在曲阜城東北），黃帝之子少昊亦建都曲阜。齊魯爲古帝王之聖地，當然有古傳之文化。周公長子伯禽，代周公就封於魯，積極推行禮樂教化，故魯爲儒家之發祥地。太公爲文王之師，年已七十，殷紂亂世，三分天下，文王有其二，太公之謀居多（史記齊世家）。武王繼文王尊太公爲師，問治國之道，問法令之變更，太公一一爲之謨，並佐武王伐紂，建立周朝（說苑政理篇），及封於齊之營丘，萊侯來爭營丘，太公至國修政，因其俗，簡其禮，通商工之業，便魚鹽之利，而人民多歸齊，齊乃爲大國（齊世家）。按太公之六韜，答文武所問治國用兵之言，與後來道家之義通合，而「因其俗，簡其禮」之作風，又顯然與老子之主張爲一。周朝之法制雖統一，而伯禽治魯以禮樂，太公治齊以道術，其影響於人心思想，各有特點。衍至戰國，百家爭鳴，遂有齊魯兩派不同之學術，莊子天下篇云「其道在於詩書禮樂者，鄒魯之士，搢紳先生，多能明之」，故魯國之學派，爲儒家之正宗。

「易以道陰陽」（莊子天下篇），易經講天道變化之理，雖列爲儒家之要典，然道家之學，尤深合於易理，諸子爭鳴之時，陰陽家起自齊國，陰陽家實由易經及道家之學演繹而出，此即所謂齊派學說。當時齊派學者，以稷下（在齊都臨淄城北）爲聚會談討之所，史記卷四十六謂齊宣王「喜文學游說之士，如騶衍、淳于髡、田駢、接子、愼到、環淵之徒七十六人，皆賜列爲上大夫，不治而議論，是以稷下學士復盛，且數百千人」。所謂復盛，足徵宣王之前卽曾興盛。宣王之父威王，曾遣使入海求仙，蓋自齊景公卽討論不死之問題，演傳至威宣之世，而神仙之說，乃正式出現，稷下學士所談論者，亦可知矣。當時孟子見齊宣王，雖被重視而不能任用，然對騶衍之徒，則信任而優待，賜以上大夫，不使之治事，而專於討論學術，其學術爲何？愼到、田駢、接子、環淵「皆學黃老道德之術」（史記卷七十四），此中鉅子則爲騶衍，齊人稱之曰「談天衍」，衍「深觀陰陽消息，而作怪迂之變，終始大聖之篇，十餘萬言，其語閎大不經，必先驗小物，推而大之，至於無垠，先序今以上至黃帝學者所共術，大並世盛衰，因載其禨祥制度，推而遠之，至天地未生，窈冥不可考而原也」（史記卷七十四）。探討陰陽變化，天道玄遠之事，則人生不死之問題，當亦在範圍之內，故騶衍有重道延命之方。衍所至之處，皆受禮待，燕昭王以師事之，故相信神仙，遣人入海求仙。

秦始皇初信陰陽之說，以改正朔，易服色。繼之信神仙之說，以求不死。卽帝位三年，徵齊魯之儒生博士七十人至太山下，討論封禪，結果，始皇不信諸儒之言，於是乃絀儒生，不許儒生參與封禪之禮，而深信方士之言，封禪禮畢，遂卽東至海上求仙。於是魯儒遭貶，齊學大興，齊人講神仙之術者日盛。

惜乎！齊派學者之書失傳，就陰陽之說而言，騶衍始終大聖之篇，卽十餘萬言，其著作之盛可知。漢時陰陽災異之論，不足代表衍等全部學說。其可考者，齊派之學，由黃老而演出陰陽家，綜合黃老與陰陽家之學，而產生神仙之說，皆齊人爲之也。略舉其人如下：

鄒衍：齊人，探陰陽消息，闡幽玄之理，演機祥制度，知世運之盛衰，推而遠之，至於天地未生之時；擴而大之，至於海外人之所不能睹；皆能測其幽微，而言之成理。且有神術，能使寒地生穀（劉向別錄），五月飛霜（論衡感虛篇），著有重道延命方（劉向傳），鄒子四十九篇。

鄒奭：齊人，修鄒衍之術，而能益善其說，故齊人頌曰「談天衍，雕龍奭」。漢志陰陽家公檮生終始十四篇注有鄒奭子十二篇。

愼到、田駢、接子、環淵：愼到趙人，田駢、接子齊人，環淵楚人，皆學黃老之術，皆爲稷下先生，皆爲齊學派（以上俱見史記卷七十四）。

安期生：琅邪人，受學於河上丈人，賣藥海邊，時人皆呼千歲公。秦始皇東遊，與語三日夜，賜金帛皆置之而去，曰「後數十年，求我蓬萊山下」。始皇遣使入海求之，未至，輒遇風而返。漢武帝時，李少君言於帝曰「臣遊海上，見安期生，食巨棗如瓜」（列仙傳）。

馬明生：臨淄人，爲縣吏，逐賊被傷，遇太眞，授以靈丸得瘥。後師安期生，受服太淸丹，在世五百年。漢靈帝光和中，去世（眞誥）。

羨門高：封禪書云：羨門子高爲燕人，「爲方仙道，形解銷化」。燕之南，齊之北，兩邦相鄰。始皇本紀云「始皇之碣石，使燕人盧生，求羨門、高誓」，司馬相如傳注「羨門、碣石山仙人羨門高也」。碣石山在山東無棣縣，古爲齊地，與燕比鄰。

泰山老父：姓字不詳，漢武帝東巡，見老翁鉏於道於，面有童子之色，肌膚光華，不與俗同，帝問有何道術？對曰「臣年八十五時，遇有道者，教臣絕穀，但服朮飲水，枕中有三十二物，其中二十四物以當二十四氣，八毒以應八風，臣行之，轉老爲少，黑髮更生，齒落復出。今年一百八十歲矣」。帝受其方，賜玉帛，後入岱山中，不復出。（神仙傳）

徐市：即徐福，齊人，上書於始皇，言海中有三神山，名曰蓬萊、方丈、瀛洲，請得齋戒，與童男女求之。於是遣市發童男女數千人，入海求之。（始皇本紀）

李少君：臨淄人，以祠竈却老方見漢武帝，謂祠竈則致物，致物而丹砂可化爲黃金，黃金成以爲飲食器，則益壽，而海中蓬萊仙乃可見。少君病死，帝以爲化去不死。

寬舒：爲東萊黃錘之史（黃錘即今黃縣），受李少君之方，求蓬萊安期生未能得。（封禪書）

齊少翁：齊人，以鬼神方見漢武帝。帝所幸王夫人卒，少翁以術致王夫人及竈鬼之形，帝自帷中望之，乃拜少翁爲文成將軍。又作甘泉宮，爲臺室，畫天地太乙諸鬼神而祭之，以致天神，居歲餘神不至。爲帛書以飯牛，佯不知，曰「此牛腹中有奇」，殺視得書，書言甚怪，帝識其手書。罪其詐，乃誅之。既而帝甚悔，未盡其方術。

欒大：爲膠東康王之尚方（膠東即東萊之地，康王名寄，景帝之子，尚方官名，掌玩好器物等事），與少翁同師。見武帝謂：親見安期生羨門之屬。又謂「臣師謂：黃金可成，而河決可塞，不死之藥可得，仙人可致。臣師非有求於人，陛下必欲致之，則貴其使者，令有家屬，以客禮待之，乃可使通言於神人」。帝使驗小方鬬棋，棋自相觸擊，乃拜爲五利將軍，又以衞長公主妻之。後妄言見其師，得其方，帝以其方多不驗，乃誅之。

公孫卿：齊人，見武帝，談黃帝登仙之事，帝悅之。又言：至東萊，夜見大人長數丈，就之則不見，見其跡甚大，類鳥獸云。又云：見神人東萊山，神云欲見天子，帝遂至東萊，宿留數日無所見。又云：仙人好樓居，於是帝乃作益壽觀，高二十丈。又謂見仙人跡於緱氏城上（在河南偃師縣南），帝親往觀之。帝曰「卿得無效文成五利乎？」卿曰「仙人非有求於人主，人主求之，須積以歲月，乃可致也」。

申公：齊人，與安期生通受黃帝言，謂漢主亦當封禪，封禪，則能仙登天矣。故武帝封禪。

丁公：齊人，年九十餘，對武帝講封禪之事，謂「禪者，古不死之名也」。

公玉帶：濟南人。方士言：黃帝封泰山，上通神人。泰山東北有古明堂址，武帝欲作明堂，未曉其制，公玉帶上黃帝時明堂圖，於是帝令奉事按圖作明堂於汶上。玉帶又言：「黃帝時雖封泰山，然岐伯令黃帝封東泰山，禪凡山，合符然後不死焉」——東泰山凡山，皆在朱虛縣，今臨朐縣東。（以上皆見封禪書）。

黃石公：穀城人（穀城齊邑，管仲曾封於此，今山東東阿縣）。秦滅六國，張良擊始皇，未中，逃匿下邳，於圯上遇老人，履墜圯下，良爲取履履之，老人授以書曰「讀此可爲王者師。後十三年，子遇我濟北穀城山下，黃石即我矣」。良得其書，乃太公兵法也。後十三年，良佐漢高

帝平天下，過穀城，得黃石，取而祠之。（張良傳）

蓋公：膠西人，善法黃老言，曹參爲齊相，厚幣聘之，旣見，爲言治道貴淸靜，而民自定，參用其言，齊國大治。後繼蕭何爲相，亦用蓋公之言以致治，民頌其德。

東方朔：字曼倩，厭次人（今山東樂陵縣），遠心曠度，贍智宏材，倜儻博物，觸類多能，合變以明算，幽贊以知來，自三墳五典，八索九丘，陰陽圖緯之學，百家衆流之論，周給敏捷之辯，支離覆逆之數，經脈藥石之藝，射御書計之術，乃研精而究其理，不習而盡其功。至於噓吸沖和，吐故納新，蟬蛻龍變，弃俗登仙，神交造化，靈爲星辰，此又不可備論者也。（夏侯湛東方朔畫贊）

公沙穆：字文乂，膠東人，精河洛推步之術，隱居東萊山，學者自遠而至，桓帝時舉孝廉，爲弘農令，縣界有螟蟲食稼，百姓惶懼，穆設壇祈禱，而蟲災消。永壽元年，霖雨大水，三輔以東莫不湮沒，穆明曉占候，乃豫告令百姓徙居高地，故百姓得免害。

趙彥：琅邪人，少有術學，延熹三年，琅邪賊勞丙與太山賊叔孫無忌，殺害官民，朝廷以南陽宗資討之，彥爲陳「孤虛之法」（占驗法之一），並推遁甲，教以乘時進兵，一戰破賊，徐兗二州遂平。（以上見後漢書方術傳）

郎顗：字雅光，安丘人。父宗字仲綏，善風角星算，能望氣占候。安帝時爲吳令，以所占奇驗，諸公上表以博士徵之，宗恥以占驗見知，徵書到，夜懸印綬於廷而去，終身不仕。子顗少傳父業，隱居海畔，延致學徒常數百人，州郡辟召皆不就，順帝時災異屢見，陽嘉二年正月，公車徵顗，乃詣闕上章，大意謂仁儉可以致福，堯舜之道可以攘災延慶。復陳七事要政，謂天道無親，常與善人，總其所言，皆爲針對事實之諫諍語，書奏拜郎中，不就，歸家，至四月地震，其夏大旱，秋鮮卑破代郡，明年西羌寇隴右，顗皆預言之。（後漢書郎顗傳）

于吉，琅邪人（見第三章）。

襄楷：字公矩，平原隰陰人（山東臨邑縣西），好學博古，善天文陰陽之術。桓帝時，宦官專政，災異數起，楷上書借陰陽之說以諫帝，謂今之災異，因閹豎誣害賢能所致，陛下宜承天意，理察冤獄，當好生惡殺，省慾去奢。尚書承旨，與宦官同黨，奏謂楷借星宿僞託神靈，造合私意，誣上罔事，請正楷罪，送洛陽獄，帝以楷言雖激切，然皆天文恒象之數，故不誅。靈帝時，楷與鄭玄等俱以博士徵，不至，卒於家。（後漢書襄楷傳）

管輅：字公明，平原人，幼嗜天文，有神童之目。及長，明周易及風角占相之道，卜筮奇驗如神。玄學家何晏聞易理於輅，歎曰「君論陰陽，此世無雙」。輅嘗言精於理者當入於神「夫入神，當步天元，推陰陽，探玄虛，極幽明，然後覽道無窮」。「夫物不精不爲神，數不妙不爲術，故精者神之所合，妙者智之所遇。合之幾微可以性通，難以言論，是故魯班不能說其手，離朱不能說其目。非言之難，孔子曰：書不盡言，言之細也；言不盡意，意之微也。斯皆神妙之謂也」。輅有特殊智慧，故能深悟玄理，知幾如神。時大將軍司馬昭總攬政權，輅弟辰謂輅曰「大將軍待君意厚，冀當富貴乎」！輅長歎曰「吾自知有分直耳，然天與我才明，不與我年壽，恐四十七八間，不見女嫁兒娶婦也」。果於四十八歲卒。（三國志管輅傳）

以上所舉皆爲齊人，此外如鍾離子、宮崇葛仙翁等，不勝備述。而當時之方士，皆不著姓名，尤不計其數。自戰國時，齊人以黃老之學及陰陽之說，融合而成爲齊學，此即神仙學說之濫觴。但此處須再加聲明，所謂齊學，並不限於陰陽神仙之說；太公之治齊，管仲之霸齊，皆有其學術著述，皆爲齊學，而太公之陰符，管子之幼官，皆爲陰陽家之先典。

上述諸人之事跡，服食避穀，呼吸吐納，長生不老，蟬蛻變化，有預知未來之智慧，有禳災致福之神通，此即所謂神仙。劉向崇陰陽之說，其所著之列仙傳，所列之神仙，黃帝、老子、關尹而下，即爲齊之開國君太公。神仙思想由來已久，神仙之說起自戰國。當齊學盛行之時，四方之士參入稷下學會者，固不必盡爲齊人，然其學術倡自齊人，齊人爲宗師，而精於其說，善治其學者，多爲齊人，上述諸人可見其梗概。及至秦漢，其學說已完成，秦皇漢武，信之最切，上有好者，下必有甚者焉，於是治神仙之學者多矣，齊人不能專美於前矣。然而齊地既爲神仙之境，學神仙者，多遊齊地，故歷代齊人習神仙者亦多，如世人皆知之麻姑仙女，即修道於東萊之崑崙山（牟平），道教全眞教祖王重陽，至東萊傳道，其弟子丘處機，即成吉思汗所尊崇之丘神仙，並有劉處玄、譚處端、馬處鈺、郝大通、王處一、孫不二等，爲道教中之七眞人，皆齊人也，齊人自古多神仙，豈山川靈秀使然乎？

復有一人當述及之，楚人而爲齊學派之鉅子，即屈原是也。黃老之學不限於齊人，而神仙之說則屬於齊學。齊學盛時，遠及於楚，如環淵楚人，學黃老之道，爲稷下先生，著上下篇；王應麟云：其書卽漢志中之蜎子，列於道家。南公楚人（見史記項羽本紀），虞喜志林云「南公者、道士，識廢興之數，知亡秦者必於楚」。漢志南公三十一篇，列於陰陽家，然其書皆佚。今屈原之書尚在，雖辭賦之文，語有假設，然實足表其思想與心緒。秦楚構兵，楚王使屈子負連齊抗秦之任務，足徵其與齊有親洽之關係，其著述中對於呂望、齊桓、寧戚，一再稱頌，而對於孔子未涉及一語，可知其爲齊學派。玆略舉其有關神仙思想之語如下：

飲余馬於咸池兮，總余轡乎扶桑。折若木以拂日兮，聊逍遙以相羊。前望舒（月之別名）使先驅兮，後飛廉（風伯）使奔屬。鸞皇爲余先戒兮，雷師告余以未具。吾令鳳鳥飛騰兮，繼之以日夜。飄風屯其相離兮，帥雲霓而來御。紛總總其離合兮，班陸離其上下。吾令帝閽開關兮，倚閶闔而望予。（離騷）

駕青虬兮，驂白螭；吾與重華遊兮瑤之圃。登崑崙兮食玉英，吾與天地兮比壽，與日月兮齊光。（涉江）

漠虛靜以恬愉兮，澹無爲而自得。聞赤松之清塵兮，願承風乎遺則。貴眞人之休德兮，美往世之登仙；與化去而不見兮，名聲著而日延。奇傅說之託辰星兮，羨韓衆之得一。形穆穆以浸遠兮，離人羣而遠遁。

春秋忽其不淹兮，奚久留此故居？軒轅不可攀援兮，吾將從王喬而娛戲。餐六氣而飲沆瀣兮，漱

正陽而含朝霞，保神明之淸澄兮，精氣入而麤穢除。（遠遊）

登崑崙食玉英，卽食石英、服玉札、仙藥長壽之方（抱朴子仙藥篇）。餐六氣，飲沆瀣，陵陽子明經言「春食朝霞，朝霞者，日始欲出，赤黃氣也。秋食淪陰，淪陰者、日沒以後赤黃氣也。冬飲沆瀣，沆瀣者，北方夜半氣也。夏食正陽，正陽者，南方日中氣也。並天地玄黃之氣，是爲六氣也」。此卽餐霞服氣，吐故納新之術也。使望舒先驅，令鳳鳥飛騰，與重華相遊，從王喬娛戲，此卽莊子逍遙遊所說，乘雲氣御飛龍之神人；亦卽淮南子俶眞訓所說騎蜚廉（仙獸）從敦圄（仙人），臣雷公役夸父（仙人）之眞人；亦卽後之道敎所慕想騰雲駕霧、呼風喚雨之神仙。葛洪枕中書所錄仙籍中有屈原，謂「屈原爲海伯，統領八海」。屈子有上述之出世超塵思想，故其本身卽爲神仙。

第二章　道　家

一、老莊要義

史記云：愼到、田駢、樓子、環淵，「皆學黃老道之術」。以老子之書分爲上下兩部，上部開首曰「道可道，非常道」，下部開首曰：「上德不德，是以有德」，故名其書曰道德經。後因簡稱其學曰道家。西漢稱黃老之學曰道家，見於陳平傳。至司馬遷劉向則以道家爲老學之專稱。及魏、晉老莊學盛，始以老莊爲道家之代表。

各家哲學，皆爲解決人生問題。惟其範疇有大小而已，黃老之學，大而治國用兵，小而修己養生，無所不賅。漢志云「道家者流，蓋出於史官，歷記成敗存亡禍福古今之道，然後知秉要執本，淸虛以自守，卑弱以自持，此人君南面之術也」。司馬談論六家要旨云「道家使人之精神專一，動合無形，贍足萬物；其爲術也，因陰陽之大順，采儒墨之善，撮名法之要，與時推移，應物變化，立俗施事，無所不宜；指約而易操，事少而功多」。所謂秉要執本，卽凡事能掌握要領，捉住根本，以謀處理之方。淸虛自守，卽淸心寡慾，不爲物慾所役；虛懷若谷，不存執我之見；以此自守，是以天機靈明，足以洞察事理。卑弱自持，卽深識高則危，剛則折，「強大處下，柔弱處上」之理（老子第七十六章）。是以謙遜自牧，「夫唯不爭，故無尤」，「夫惟不爭，故天下莫能與之爭」（八章、六十六章）。此豈但可爲人君南面之術，且足爲一切人處世治事之要則也。所謂「精神專一」，即「誠」也。中庸云「誠則明矣」，「至誠如神」，故能誠，則舉止措施，必能契合無形之妙道，足以通至理而應萬事；順天地之自然，隨機應變，處世行事，無往不宜，其意旨簡約而便於實行，克收事半功倍之效。老子爲周守藏室之史（徵藏典籍之官），博覽典籍，學識廣淵，察古今成敗之事，明存亡禍福之理，乃將所悟之道，著之於書，而成爲一家之言。至於所謂「采儒墨，撮名法」，乃因道家之學，含有儒墨名法各家之義理而言，莊子稱老子爲博大眞人，誠不誣也。自春秋至戰國，各家皆受道家之影響，孔子問禮於老子，漢志將管子之書列爲道家，申不害「學本黃老」，韓非有解老、喻老之專著，史記直將老莊申韓並列爲傳，有人以楊朱「貴己」爲道家之別派，而陰陽家則徑出自道家。故所謂采儒墨，撮名法，乃漢初學者，尊崇老學，謂道家兼具各家之善，其實乃各家受道家之影響，並非道家採撮各家。

周朝以前，道術渾一，至戰國，百家爭鳴，始有派別。老子爲史官，廣覽古籍，其所傳爲純一之古學，故其學兼具衆家之善；其於衆家之善而外，所獨顯者，即如上所述。簡言之，其修己之道，爲清靜沖虛；其處事之方，爲秉要執本；其爲政之術，爲無爲而治。——無爲涵義，可分爲三：一爲恭己率正，以化萬民，此指君臨天下之態度而言。二爲不以私心而故意有所爲，此指爲政之動機而言。三爲以簡御繁，不多事紛擾，此指行政之方法而言。——孔子云「無爲而治者，其舜也與！夫何爲哉？恭己正南面而已矣」（衞靈公篇）。無爲而治，爲儒家所尊尚，然以爲可貴而難能，不意西漢之治，庶幾近之。西漢黃老學盛，文帝之恭儉謙抑，化治上下；景帝之移風易俗，民歸淳厚；曹參之清靜為政，天下咸寧；汲黯之不出閣庭，臥治化民；無為而無不為，是以西漢成為盛治之世。至於清高潔身之行，如子房之功成身退，四皓之隱逸山林，疏廣之知足不辱，直不疑之不與人爭，歷代樂道獨行之士多矣，皆深得道家之旨者也。

清儒魏源謂：儒家為經世之學，老子為救世之學（老子本義、論老子），經世之學，即治世所施經常之道；救世之學，即亂世所採非常之法；中庸所講治天下國家九項經常之道，為有道之世，有軌可循之常道，而老子所講者，則為亂世應變之措施，故曰「天地不仁，以萬物為芻狗，聖人不仁，以百姓為芻狗」（第五章）。「民之難治，以其上之有為，是以難治」（七十五章）。「絕聖棄智，民利百倍」（十九章）。「以正治國，以奇用兵，以無事取天下」。「法令滋彰，盜賊多有」。「我無為而民自化，我好靜而民自正」（五十七章）。「和其光，同其塵」（四章），「處無為之事，行不言之教」（二章）。「其政察察，其民缺缺」。「正復為奇，善復為妖」，「是以聖人直而不肆，光而不耀」（五十八章）。在個人處世方面，孔子教人用力於仁，教人見義勇為，人生應進取向善，大而在一邦之中，或小而在一鄉之內，總當有善德懿行，令人稱道，故曰「君子疾沒世而名不稱焉」（衛靈公篇），「君子去仁，惡乎成名」（里仁篇），仁者愛人，能以仁立名，即能福利人羣者也。老子則謂「俗人昭昭，我獨昏昏，衆人皆有以，而我獨頑且鄙」（二十章）。「處衆人之所惡（人皆惡卑），故幾於道矣」（八章）。「曲則全，枉則直」（二十二章）。「知其雄，守其雌，知其榮，守其辱」（二十八章）。大直若屈，大巧若拙，大辯若訥(四十五章)。甚愛必大費，多藏必厚亡，知足不辱，知止不殆(四十四章)。罪莫大於可欲，禍莫大於不知足，咎莫大於欲得（四十六章）。柔之勝剛，弱之勝強，天下莫不知，莫能行（七十八章）。勇於敢則殺，勇於不敢則活，天之道，不爭而善勝（七十三章）。此爲守身克己之道，尤爲處亂世明哲保身之要諦。謂老子爲救世之學，誠不虛也。

孔老俱生當衰世，二人俱爲博學大師，而其人生觀，見仁見智各自不同。老子見世衰道微，時勢當阨，無法挽救，憂世憫人，徒勞無功，故決然隱退，超然世外，不作無謂之憂煩。孔子則抱「知其不可而爲之」之精神。故周遊列國，欲行道濟世，栖栖皇皇，履艱蒙險，奔波十四年，結果，公私兩無補，長嘆而歸。在老子以爲如此妄費辛勞，「不太多事乎」？在孔子以爲盡心焉而已，心安理得矣。故老子之人生觀以智爲出發點，孔子之人生觀以仁爲出發點，孔子重視現世，老子則順乎自然也。

漢時道家爲黃老之學，至西漢之末，始重視莊子，漢書列傳第七十上及馬融傳，皆有老莊並稱之語。莊子最善發揚老子之旨，莊子生當亂世，與孟子同時，孟子纘孔子之道，見當時列國互相侵伐，民生塗炭，故遊齊梁，說諸侯，欲以仁義熄戰爭，欲以王道救天下；然而齊梁之君，好賢而不能用，孟子見道不行，乃悒悒而歸。淺薄之流謂：老子猶仕於周，莊子則廢棄世事；言中大有貶意。夫莊子曾爲漆園吏（漆園之地有三，以寰宇記所誌爲是，莊子之漆園在山東菏澤縣北，莊子釣於濮水，濮水亦在菏澤縣北），並非不事事；時當戰國之世，惟縱橫權術之政客游士，方能得大用，爲個人之榮利，朝秦暮楚，獻陰謀，造糾紛，致使兵連禍結，天下紊亂，孟子爲齊卿，猶一籌未展，而況漆園以卑小之職，豈能對時勢發生作用。既不能濟世，只可獨善其身，豈肯混迹濁流；因此，莊子亦步老子之高踪，翛然隱退，釣魚濮水，安貧樂道，楚威王使二大夫致聘，不就也。

太史公謂莊子作「漁父、盜跖、胠篋，以詆訿孔子之徒」。其實莊子所詆訿者，既非孔子，亦非孔子之徒，而是借孔子爲招牌，假仁義以欺世之奸慝。莊子人間世、德充符、大宗師等篇，多稱道孔顏之言行。胠篋盜跖，純爲針對亂世，一片激憤之言，謂聖人講仁義，原以教人爲善；定制度，原以教人守法；然奸慝只爲尊聖人，而其所爲正爲悖叛聖人，故「爲之斗斛以量之，則並與斗斛而竊之；爲之權衡以稱之，則並與權衡而竊之；爲之符璽以信之，則並與符璽而竊之；爲之仁義以矯之，則並與仁義而竊之」。以竊仁義之名，騙取權位以害人羣者，爲大盜；搶劫貨財者，爲小盜；故曰「竊鉤者誅，竊國者爲諸侯」。小盜爲大盜所引起，大盜假聖人爲招牌，若揭除大盜之招牌，則小盜敢向大盜進犯，使之同類相訌，以毒攻毒，互相消滅，惡勢力崩潰，正義出現，社會始克安定，故曰「掊擊聖人，縱舍盜賊，而天下始治矣」(以上所引皆胠篋篇)。盜跖篇之意，則尤顯然可睹，試看盜跖對孔子所發之言，贊美神農之世人無有相害之心，痛恨後世道德衰喪，強陵弱，衆暴寡，因而善惡不明，故忠臣如比干伍員，而遭剖心沉江之禍，以爲比干伍員作無謂之犧牲，不足貴也。亦即謂盜跖之所以殺人作惡，由於世人顚倒是非所引起。漢末宦官結黨，殘害忠良，國無紀綱，因而有黃巾之亂，震動天下。宋徽宗任用奸臣，亂政害民，乃引起宋江等嘯聚爲寇，橫行大江南北。自古亂之所興，如出一轍。孔子勸盜跖爲善，而反被所侮，惡人不可理喻，亂世賢者受辱，莊子以爲此必然之現象，故避世隱名。乃又寫出道術精深之漁父，警戒孔子，無權無勢，而欲化民利天下，爲「泰多事」，多事亦無裨於世，適以自辱，故謂孔子曰「仁則仁矣，恐不免其身，苦心勞形，以危其眞」。孔子拜服，願受業而學大道。此漁父乃莊子所假設道家之至高人物如老子者。歸其結論，以孔子仁則仁矣，「知其不可而爲之」之態度，爲不智之舉，此老莊與孔孟之人生觀，究不同也，此道家之所爲道家也。

孔子步步對現世脚踏實地，悲天憫人，對世事無時忘懷。莊子以當此亂世，時勢所趨，雖有大力無如之何，茫茫孽海，不堪寓目，索性拋開現世，徜徉逍遙，視名利爲災禍之源，薄勢力而訶帝王，是以粃糠塵世，幻化生死，解脫物累，游戲浮生，其超世之量大矣廣矣，宜乎後世崇之爲神仙也。

二、黃老養生之說

神仙由長生不死之思想而來，黃老本身只有養生之說，而無不死之說。至於謂黃帝鑄鼎荆山之下，乘龍仙去，乃戰國方士之談。謂老子將西出關，昇崑崙，使徐甲死而復生，以顯神異，乃道教所傳。道家只重養生之道，而未談不死之論。

黃帝之書素問，其中之要旨，如上言天眞論篇，言保合天眞，及飲食起居之道；四時調神大論篇，言順四時之氣，調攝精神之道；皆爲上醫治病於未然之理論。老子所講養生之道，可以十九章「見素抱樸，少私寡慾」二語括之。其所謂「長生久視之道」（五十九章），及「死而不亡者壽」（三十三章），若按全章大意而言，「長生久視」，係指治國而言，治國以德政爲根本，根本鞏固，國家乃可長生，乃可永示治人之澤於後世（視與示通）；「死而不亡者壽」，謂聖人身歿而道猶存，故云不亡，故云壽；注老子之權威家王弼，即如此說。雖有將老子此語，引作神仙之說者，如河上公注老子，以此處所謂長生，所謂壽，乃養精養氣之說，然亦只可謂長生延壽，而未云不死。——足徵黃老之學，只有養生之說，而無不死之說。

三、黃老所崇之人物

道教尊黃老爲神仙，則黃老所崇慕之人，當然即爲神仙。黃帝所崇慕者爲何如人？素問上言天眞論：黃帝問岐伯曰「天師皆度百歲，人將失之耶」？岐伯答曰「其知道者，和於術數，起居有常」。又曾稱述眞人、至人。莊子徐無鬼篇：黃帝於襄城之野，聞牧馬童子講爲天下之道，黃帝再拜稽首，「稱天師而退」。又、在宥篇：黃帝於空同山，聞廣成子講治身之道，黃帝再拜稽首曰「廣成子之謂天矣」。廣成子蓋即眞人、至人也。

老子書中，凡稱道聖人者三十二次，然其所稱者皆係聖人治民化世之道，與神仙之道不相近，惟其所謂「聖人直而不肆，光而不耀」（五十八章）。「聖人披褐懷玉」（七十章），則有如莊子所講眞人之超然態度，眞人即神仙也。老子所崇慕之人物，有較爲詳明之述說者，如第十五章云：

古之善爲士者，微妙玄通，深不可識。夫唯不可識，故強爲之容，豫兮若冬涉川，猶兮若畏四鄰，儼兮其若客，渙兮若冰之將釋，敦兮其若樸，曠兮其若谷，混兮其若濁。孰能濁以靜之徐清？孰能安以久動之徐生？保此道者不欲盈；夫唯不盈，故能蔽不新成。

此言道之希微，妙用無邊；道之玄遠，無所不通。古者得道之士，自衆人視之，非智非愚，非聖非狂，「淵淵其淵，浩浩其天」，深不可識，玄德大道，誠難與衆人言也。不得已而勉強形容之；其有所從事，豫然安詳，必步步穩重，若冬日渡河，水雖寒冷，亦從容自如，不肯急遽躁進。其平居無事，猶然舒和，四鄰雖所親狎，無所畏懼，而猶言行愼顧，不敢有失。其處世莊嚴，言行不苟，如賓客之容，「不可得而疏，不可得而親」（五十六章）。其以上對人處世之態度，並非矯揉造作有所爲而然；乃優游自然，不凝滯於物，萬理融於胸中，思想與行爲一致，如氷化水，毫無痕跡。其所以能作到如此地步，因爲能保全天眞，敦厚而樸實，決無雕琢僞飾之事。其器量宏大，空曠寥廓，虛懷若谷，然有道有守，非模棱兩可也！其道境之造詣雖深遠，而不露鋒鋩，不立異以爲高；與世人和光同塵，然不同流合汙；故混然若濁而實非濁也。上述七者，可見得道之士深不可識之態度，惟其如此，故能發揮其高明之功能；夫濁世不可驟淸，平常人只隨波逐流，與俗浮沉，習爲當然，忘其本然；誰能在濁流之中，性靈不泯，以靜制動，而徐徐自闢其淸明之境？誰能恬靜自然，在混亂晦暗之中，安然無躁，徐徐活動，相機而行，以創出新生命？惟得道之士能之。夫道本無涯，變化莫測，明乎道者，保而行之，決不自滿，自滿則自限，不能窺道體之大全，唯不自滿，不自限，故逍遙於大道之中，依道爲保障，不必違道而自求新成，道乃萬古常新者，雖不自求新成，苟遵道而行，與道爲一，永世不敝也。大成若缺，其用不敝；大盈若虛，其用不窮，此善爲士者深不可識之器宇也。

總上所述，黃帝對所崇慕之人天師及廣成子，所問之道，為治天下及養生之術。然天師百歲，黃帝慕之；而黃帝之壽則達百有十一歲，勝過天師。至於治天下之道，若黃帝之文治武功，神矣聖矣，豈世人所崇拜顯一異跡，示一奇技之神仙所可比哉？若夫老子所稱頌古之得道之士，微妙玄通，深不可識，老子本身卽其人，故孔子稱老子猶龍，莊子稱老子為古之博大眞人。黃帝老子本身修成之結果，比其所崇慕者，有過之而無不及。不必如後世講神仙者神化其人格，而已足為後世所崇慕矣。

四、莊子所崇之人物

莊子宏揚道家之思想，時當戰國。正神仙之說開始盛行之時，故莊子書中所述之神仙亦較為顯明。莊子所稱頌之人物為眞人、神人、至人、聖人，分述於下：

眞人：莊子云「有眞人而後有眞知」（大宗師），所謂眞知，卽知天人合一之道。若夫一任自然而廢人事，是謂以天勝人；縱慾無度，逐物亡性，是謂以人勝天。天人合德，兩不相傷，方為人生之正理，此所謂「天與人不相勝也」，惟眞人能之（大宗師）。莊子以俗人迷於利慾，作惡造孽，陷身於痛苦之中者，謂之「外刑」；痴情妄想，勞心機巧，自尋煩惱者，謂之「內刑」；惟眞人能以智克慾，不為物累，抱素守貞，燕處怡然，故曰「夫免乎外內之刑者，惟眞人能之」（列禦寇）。眞人之持身如此，其處世也，與衆同宜，而無偏私，虛心接物而不逢迎，道德禮法，從容中度，若行所無事，而世人感其德，以為其勞苦於行事也，故曰「古之眞人，其狀

（行事之表現）義而不朋（不與俗同流），若不足而不承（虛心若不足，若一物無所受）……以禮爲翼……以德爲循（以德爲循順機宜），……而人眞以爲勤行者也」（大宗師）。虛無恬淡乃合天德，亦即所謂純素之道，純素之道惟在守神，守而勿失，精神充沛，「四達並流，無所不極，上際於天，下蟠於地」，此即所謂與天地合德，故曰「能體純素，謂之眞人」。（刻意）

神人：事物變化無常，無絕對之美滿，故當好而知其惡，憎而知其善，方能順自然而應眞理。莊子人間世，以不材之木，爲人所棄，而得全生，以喻神人之不露才智，爲衆人所不識，與老子所謂「知雄守雌」，「處衆人之所惡」同義，此指立身而言。世人汲汲皇皇，故意爲惡爲己之利；故意爲善爲己之功；神人則「爲而不恃，功成不居」，故曰「神人無功」（逍遙遊），此指處世而言。神人總觀萬事，尋其奧理，明其精義，故能知其幾微，通天下之故，此非有「極深研幾」，「探賾索隱」（繫辭）之智力與功夫不可，此即所謂精心妙悟。繫辭云「知變化之道者，其知神之所爲乎」，又曰「知幾其神乎」！故莊子曰「不離於精，謂之神人」（天下篇）。

至人：拘繫於得失之心者，每陷於紛爭；堅持執着之見者，必流於偏激；如此，則惹怨致敵，衆毀齊至。至人虛懷處世，心境湛明，自有眞宰，不受外物之擾；順事應理，更無牽掣之患；故曰「至人之用心若鏡，不將不迎，應而不藏，故能勝萬物而不傷」（應帝王）。常人被利害觀念所困，所行善事多由勉強，至人妙悟大道，思想高遠，其對世間仁義之行，視爲自然之事，以仁爲正路，義爲安宅，從容中道，無往不宜，故曰「古之至人，假道於仁，託宿於義，以遊逍遙之虛」（天運）。假如至人有機會出而用世，雖以天下之大任，亦不足爲之累，通道合德，一秉至公，不爲利動，不爭私權，以誠爲本，無爲而治，總理萬方，順理制宜，行之自然，「故外天地，遺萬物，而神未嘗有所困也」（天道篇）。

聖人：聖人致知窮理，心與道合，通權達變，惟以眞理爲本，無所拘泥，故曰「聖人法天貴眞，不拘於俗」（漁父）。以眞理爲本，高瞻遠矚，遵道而行，履險如夷，無所不安，故曰「知窮之有命，知通之有時，臨大難而不懼者，聖人之勇也」（秋水）。世人各執妄見，各是其是，因而氷炭水火，互不相容，聖人智周萬物，貫通羣理，無偏無黨，允執厥中，使是非交融而歸於至當，故曰「聖人和之以是非，而休乎天鈞」（齊物論）。天鈞者，自然鈞平之理也，鈞平之理，如秤之衡物，憑實際以決輕重，聖人實事求是，雖明知事有必然，然不固執所見，必也因事制宜，審顧周密，使之無忤於物情，因而正確公允，無交爭之患，故曰「聖人以必不必，故無兵；衆人以不必必之，故多兵」（列禦寇）。聖人洞悉人生之蘊奧，道通天地有形之外，智盡事物變化之機，明徹萬里，總覽大全，故曰「聖人達綢繆，周盡一體矣」（則陽）。

眞人、神人、至人、聖人而外，莊子所略稱者又有天人、大人、德人、全人、道人、畸人之目。天下篇云「不離於宗，謂之天人」，不離於宗，即老子所謂「抱一」（第十章），一者、道體也；言能守道執本，始能達乎天德而爲自在如意之人也。庚桑楚天人與聖人並稱，謂「忘人因以爲天人矣，故敬之而不喜，侮之而不怒者，唯同乎天和者爲然」；言能率天道之性，故不爲俗情煩心，而一切泰然處之也。秋水篇所稱大人之行「不多仁恩，動不爲利，不賤門隸，……行殊乎俗，……世之爵祿不足以爲勸，戮恥不足以爲辱，……大人無己」。逍遙遊謂「至人無己」，則大人與至人爲一。徐無鬼稱：聖人澤及天下而不求人知，生不求貴，死不求名，「此之謂大人」，逍遙遊云「聖人無名」。在宥篇云「大人之教，若形之於影」，成玄英云「大人聖人也」，則大人與聖人爲一。天地篇稱：德人妙契道境，不藏是非美惡，寡慾自足，無所拘繫，惟道之從，此即老子所稱之「孔德」（二十一章），即盛德之聖人。庚桑楚「工乎天而佷（良）乎人者，唯全人能之」，郭象云「全人則聖人也」，成玄英云「全人神人也」。秋水篇云「道人不聞」則與聖人無名同意。故成玄英即以道人爲聖人。山木篇云「至人無聞」，則道人、聖人、至人皆一也。大宗師所稱之畸人，不耦於俗，孤高其行，此即可謂異人，亦即所謂方外之人，此係僅指眞人一部份超世態度而言，其實亦眞人也。——附有當說明者，馬蹄篇、胠篋篇所述之聖人，與眞人至人神人並稱之聖人不同。馬蹄篇「毁道德以爲仁義」之聖人，胠篋篇「聖人生而大盜起」之聖人，皆「聖智」之聖，莊子已明言此乃「世俗所謂智者，……所謂聖者，……」（胠篋）。聖智之聖，老子所不屑居，故曰「夫巧智神聖之人，吾自以爲脫焉」（天道）。則陽篇載魏王聞戴晉人所講鄰國相攻，猶蠻觸相爭之喩，曰「客大人也，聖人不足以當之」，此明言聖人不及大人，此與馬蹄胠篋所稱聖智之聖人相同，與眞人大人並稱之聖人不同也。

總上莊子所稱頌之人物，仍可以眞人、神人、至人、聖人括之，而此四者又其實一也。逍遙遊以至人、神人、聖人並稱，成玄英云「至言其體，神言其用，聖言其名，其實一也」。大宗師眞人與聖人爲一。達生篇至人與聖人爲一。徐無鬼篇，神人與眞人爲一。寓言篇，聖人與神人爲一。德充符，魯哀公稱孔子爲至人。天下篇以天人、神人、至人、聖人並稱，郭象云「凡此四者一人耳」。可知眞人、神人、至人、聖人，其實一也。莊子以爲知天知人爲眞知，有眞知者爲眞人，猶之佛家所謂證眞理之人曰眞人。眞人可以爲大宗師，大宗師篇，專述眞人之道，王闓運云：「刻意篇，亦專釋眞人」。道教直以眞人爲得道成仙之人物。眞人神人至人聖人既爲一，四者無論何一名稱，皆足爲其代表。

老子所稱之聖人，多述其治世化民之道。莊子所稱之聖人，多述其修身處世之德。蓋莊子生當亂世，天下既亂，聖人亦無如之何，只宜獨善其身而已，卽滿腔熱誠，如孔子之知其不可而爲之，亦無濟於事也。聖人與天地合德，與日月合明，足以參贊化育，領導羣倫「是其塵垢粃糠，將猶陶鑄堯舜」（逍遙遊），故「帝王之功，聖人之餘事也」（讓王）。然歲有寒暑，運有否泰，世有治亂，社會有小人道長，君子道消之時，故聖人有不得爲帝王之時，亦有不屑爲帝王之時，故曰「天下有道，聖人成焉（完成其德業）；天下無道，聖人生焉（全生而已）」（人間世）。聖人素位而行，無入而不自得也。

莊子所稱頌之聖人眞人，講養生全性之道，而未談不死之問題。養生主講「緣督以爲經」，以明保身、全生、養親、盡年之道。老子「少私寡慾」之旨，莊子所闡明者尤多，私慾不但足以惹禍危身，不但足以煩惱傷生，而且能斲喪性靈，消滅智慧，故曰「其嗜慾深者，其天機淺」（大宗師）。庚桑楚篇述老子衞生之經，抱一守眞之道（卽老子第十章）。刻意篇講靜心恬淡養神之道。在宥篇述廣成子治身之道云「無視無聽（不使外物亂心），抱神以靜，形將自正（立身正道不受邪侵）。必靜必清，無勞汝形，無搖汝精，乃可長生」。

其時已有導氣鍊身之說，莊子曾略言之，如「眞人之息以踵，衆人之息以喉」（大宗師），言眞人呼吸，自上而下，達於足根，使氣力通於全身；俗人則呼吸淺短，只在口喉之間也。「靜默可以補病，眥媙（搣、摩也）可以休老」（外物），靜養可以減病，眥媙者，兩手按摩目眥也。導氣鍊形，爲後世學神仙者最重視之術，然莊子不甚重視，如刻意篇云「吹呴呼吸，吐故納新，熊經鳥申（如熊之攀樹，如鳥之嚬呻）爲壽而已矣，此道引之士，養形之人，彭祖壽考者之所好也」。可見莊子不重視長壽之術，易言之，亦即不重視「死」之問題。

五、超生死

莊子何以不重視死生問題？蓋其精探玄理，徹悟人生，以順理適性，了却此生，便爲圓滿，何戀於生，何憚於死哉？且造化之理，皆有定義；自然之律不可違逆；彼夫貪生怕死，與厭生而尋死者，皆爲背造化違自然，而自取苦惱者也。人爲宇宙分子之一，不能脫離總體而獨存，能應順自然，與天地合德者，是謂大智，故「吾身非吾有也，……是天地之委形也；生非汝有，是天地之委和也；性命非汝有，是天地之委順也；孫子非汝有，是天地之委蛻也」（知北遊）。衆生與天地一體，本來無我，故一切不得據爲私有，故曰「有形者，與無形無狀而皆存者（有形者身，無形者心），盡無（盡非私有）。其動止也，其死生也，其廢起也，此又非其所以也」（天地）。時有動靜，物有生死，事有廢興，皆自然而然，不知所以然，非人力所能如何，但順乎天理，即自得其當矣。此並非故意將人生看得渺小，過於自卑。夫以偉大眼光看宇宙之大全，人生本來渺小，夜郎自大，亦無所益。人不過爲萬物中之一類耳，不能離萬物而自存，必須順天理以安生，非渺小而何？如妄自尊大，各欲稱雄，豈非虎狼之思想，故明理知命，決不怕死而偷生，此莊子所以能超脫生死之一義也。

既知吾人與宇宙爲一，生死爲自然變化，則不必爲生死而憂心，故曰「今一以天地爲大爐，以造化爲大冶，惡乎往而不可哉」（大宗師）？惟變是適，隨遇而安，則無所謂生，無所謂死，故曰「死與？生與？天地並與？神明往與？芒乎何之？忽乎何適」？（天下篇）。隨自然而變化，隨芒忽而遨遊，對於生死，不存執見；則無往而不自在，此所謂「以生死爲一條」，「知死生存亡之一體者」也（德充符、大宗師）。既視生死爲一體，故「不樂壽，不哀夭」，「生而不悅，死而不禍」（天地、秋水）。死生變化皆恬然處之，不存喜懼之心，毫無煩惱之苦，此又莊子超脫生死之一義也。

既以生死爲一條，明自然之理，通變化之道，則吾人之地位，欲大則大，欲小則小，以人生不能違造化之按排，「生之來不能却，其去不能止」（達生），則天父地母，爲我所依賴，我當自居爲渺小，聽命可矣，無須憂心。若以「天地與我並生，而萬物與我爲一」（齊物論），我與萬物爲一，無萬物即無天地，故天地與我並生；人爲萬物之靈，天地爲我而存在，故對我一切皆善，對於我之生死，必善爲安排，故曰「夫大塊載我以形，勞我以生，佚我以死，故善吾生者，乃所以善吾死也」（大宗師），天覆我，地載我，使我有勞苦之時，亦有安佚之時，死生雖有變化，而眞我如常，苟以吾生爲善，則吾死又有何不善？淮南子精神訓云：「或者生乃徭役也，而死乃休息也」。人有惰性，留連現狀，安土重遷，故俗人貪生而怕死。老子云「夫物芸芸，各歸其根，歸根曰靜，靜曰復命，復命曰常，知常曰明，不知常妄作凶。知常容，容乃公，公乃王，王乃天，天乃道，道乃久，沒身不殆」（十六章）。復命則得性命之常，度量寬大，不滯於現世，蕩然大公，巍然自在，與天同道，道無始終，與道長存，故沒身不殆，何恤乎死？莊子將死「弟子欲厚葬之，莊子曰：吾以天地爲棺槨，以日月爲連璧，星辰爲珠璣，萬物爲齎送，吾葬具豈不備耶？何以如此？弟子曰：吾恐烏鳶之食夫子也！莊子曰：在上爲烏鳶食，在下爲螻蟻食，奪彼與此何其偏也？」（列禦寇）。明理知常，是謂朝徹，朝徹而後能見獨，見獨而後能無古今，而後能入於不死不生（大宗師），不死不生，與天地同體，何重乎目前死之一變，故對於死淡然視之，此又莊子超生死之一義也。

世之怕死偷生者，無所不用其極，「予惡乎知悅生之非惑耶？予惡乎知惡死之非弱而不知歸者耶？（幼年失故鄉而不知歸）。麗之姬，艾封人之子也，晉國之始得之也，涕泣沾襟。及其至於王所，與王同匡（方）牀，食芻豢，而後悔其泣也。予惡乎知夫死者，不悔其始之蘄生乎」？（齊物論）。如此發問，雖不確知死後比生前爲樂，但亦不確知其不樂，總之莊子徹悟死生如一之境，「已化而生，又化而死」（知北遊），「彼其物無窮，而人皆以爲有終」（在宥），以死爲終者，俗人之見也。來去生死，隨變任化，不知終始，「惡知死生先後之所在」？（大宗師）。「方生方死，方死方生」（齊物論）。

「生有所乎萌，死有所乎歸，始終相反乎無端，而莫知其窮」（田子方）。「死生命也，其有旦夜之常天也」（大宗師），由生而死，「是相與春夏秋冬四時行也」（至樂）。以死生如晝夜，以死生如四時之變化而莫知其極。佛家以世人妄計現有一切爲常住不滅者，謂之常見；以有情之身心爲限於一期而斷絕者，謂之斷見；莊子悟生死變化之妙義，不存常見，不落斷見，而能通生死爲一，故能超脫死生，廣大自在，而達逍遙至樂之境也。

莊子不同佛家之悲觀，故只超世而不出世，其精神可以出世，亦可入世，「獨往獨來」（在宥），出入自由，上下無礙，雖與世俗處，而有佛家「空觀」之境界。莊子云「未始有物者，至矣盡矣，弗可以加矣。其次以爲有物矣，將以生爲喪也，以死爲返也」（齊物論、庚桑楚），未始有物，則物我咸空，生死如一，不滯有無之見，達乎空靈之境，隨緣而行，曠然無累，此同乎佛家之大乘境界。其次以爲有物者，雖能免俗人迷生怕死之累，然以爲必須脫離現世，始能圓滿眞我，未能破除生死之異見，未能造乎空妙之境，則降爲次等而落爲小乘矣。莊子大徹大悟，深入上乘高妙之境，冥合自然，不悖天道，謂之天和，「與天和者，謂之天樂。……知天樂者，其生也天行，其死也物化」（天道）。生與天道四時偕行，死與萬物同其變化，「萬物一府，死生同狀」（天地）。萬物與我相融，死生無變於己。如此，則無外物之礙，無古今之異（大宗師），所謂「行乎無方，與日無始；入於無窮之門，以遊無極之野，吾與日月齊光，吾與天地爲常」（在宥）。上天下地，生死變化，無往而非我，無入而不自得；此即莊子所謂之眞人，即等於佛家之佛陀。

六、眞人

素問八智論「神謂神智通悟」。繫辭云「陰陽不測之謂神」。王弼注云「神者變化之極，妙萬物而爲言，不可以形詰者也」。孟子云「聖而不可知之之謂神」（盡心篇），程子注云「聖不可知，謂聖之至妙，人所不能測」。說文解釋仙字謂「長生仙去」。釋名云「老而不死曰仙」。文子云「得天地之道者，謂之眞人」。莊子所稱之眞人、神人，即得天地之道者，誠如老子所云「微妙玄通，深不可識」。王筠云「呂覽淮南所說眞人，皆仙人也」。以上所述解釋神之意義，已足包括後世神仙之觀念，至於仙之解釋，則僅曰「長生不死」，係秦漢時神仙之說，義較狹隘，不如莊子所稱眞人之神聖。

莊子在宥篇述廣成子對黃帝言「我修身千二百歲矣，吾形未嘗衰」。天地篇述華封人曰「千歲厭世，去而上僊，乘彼白雲，至於帝鄉」，此即後世仙人之意境。然僅云長生，而未云不死，前已言及莊子通天人之道，超脫生死，故長生不死，不爲莊子所重視；而其所崇尚者，爲眞人神人之境界，試看莊子藉「荒唐之言，無端崖之辭」（天下篇），形容眞人超塵俗，超生死大自在之境界云（眞人與神人至人聖人，四位一體，故只稱眞人）：

　古之眞人，不逆寡（寡謂德薄無智之人，不逆不拒，謂能容衆也），不雄成（不以成功自雄），不謨士（無心於得，故不謀事，不使事擾性）。若然者，過而弗悔，當而不自得也。若然者，登高不慄，入水不濡，入火不熱，是知之能登假於道者也若此（帝王棄世歸天曰登假，猶言昇仙也）。……古之眞人，不知悅生，不知惡死，其出不訢，其入不距，翛然而往，翛然而來而已矣（大宗師）。

古之眞人，知者不得悅，美人不得濫，盜人不得劫，伏戲黃帝不得友。死生亦大矣，而無變乎已，況爵祿乎？若然者，其神經乎大山而無介，入乎淵泉而不濡，處卑細而不憊，充滿天地，既以與人，己愈有（田子方）。

藐姑射之山，有神人焉，肌膚若冰雪，綽約若處子，不食五穀，吸風飲露，乘雲氣，御飛龍，而遊乎四海之外（逍遙遊）。

上神乘光，與形滅亡，此謂照曠，致命盡情，天地樂，而萬事銷亡。（天地）。光指智慧而言，人如日月有體有光，人無智慧、軀殼有何可貴？行屍走肉，有何意義？故上神之生命，乘託於智慧，即以智慧為重，視形體為幻泡，不可能不滅，亦不必期其不滅。其智慧照徹萬理，故盡天命盡性情，逍遙於天地，自得其樂，萬有為妄，不為世事而亂神也。

彼至人者，歸精神乎無始，而甘冥乎無何有之鄉（列禦寇）。無始則無終，精神與天地一體，韜光隱輝，甘心寂靜於大道之中。

至人潛行不窒，蹈火不熱，行乎萬物之上而不慄（達生）。潛行水中而不窒息，冥於寒暑，故火不能熱；一於高卑，故心不恐懼；乘雲躡虛，遨宴自如。

至人之行，「忘其肝膽，遺其耳目（內消百慮，外遺六根），芒然彷徨乎塵垢之外，逍遙乎無事之業」(達生)。「夫至人至矣，上闚青天，下潛黃泉，揮斥(放縱)八極，神氣不變」(田子方)。至人神矣！大澤焚而不能熱，河漢冱而不能寒，疾雷破山，風振海，而不能驚。若然者，乘雲氣，騎日月而遊乎四海之外（齊物論）。

聖人「不刻意而高，無仁義而修（仁義雖未表於行迹，而未嘗不修），無功名而治（雖無功名，而有化世之德），無江海而閒（不必學江海隱士，而能悠然自得），不導引而壽，無不忘也，無不有也，澹然無極，而衆美從之，此天地之道，聖人之德也」（刻意）。

之人也，之德也（郭注謂聖人），將旁礴萬物（與萬物混而爲一），……物莫之傷，大浸稽天（大水至天），而不溺；大旱金石流，而不熱。是其塵垢粃糠，將猶陶鑄堯舜者也（逍遙遊）。

眞人處世之態度，前已述及，此處所述爲眞人超世之境界。彼夫一往而不返者，或迷於現實之紛華，陷於慾海之中，而不能自拔；或因感凡塵之苦惱，乃作雲天之想，而憂煩厭世；眞人則上天下地，出世入世，翛然而往，翛然而來，逍遙自在，無往而不如意。莊子贊美老子關尹云：其動若水，其靜若鏡，其應若響(自然無爲)，未嘗先人，而常隨人，人皆求福，己獨曲全，淡然獨與神明居，關尹老聃乎！古之博大眞人哉。莊子又述其自身之境界云：獨與天地精神往來，而不敖倪(敖視)於萬物。不譴是非，以與世俗處。上與造物者遊，而下與外死生無終始者爲友(天下篇)，此是何等偉大自在！此卽所謂眞人也，非眞知妙悟何以至此，莊子卽眞人也。如此眞人，豈後世觀念中長生不死之神仙所可比擬哉！

此處附當述者：道家之精言妙義，在老莊之書，故老莊爲道家之代表。道教託於道家，老莊之學爲其所接收，然道教之本義，貴乎出世；道士之目的，在乎成仙；其所重者，只在引老莊之玄妙思想，以助神仙之說，道家之眞人與道教長生不死之神仙，雖然有異，而道教以眞人卽神仙，學神仙者以道教爲宗，道家之妙義仍自獨立，而神仙之說則皆歸於道教。後世對道教亦稱爲道家者，固不足異也。

第三章　道　教

一、何謂宗教

有人謂：宗教由古代之神權思想而來，此話自有其理；然此只可指拜物教及世俗祭閻羅，祀五通等簡單宗教而言。此項簡單宗教，其信仰之目的，大抵不外乎祈福與禳災，因此，在科學風盛之下，故有人直視宗教爲迷信，以爲科學發達到至高之程度，則宗教即不存在。彼蓋以爲以科學方法研究萬物之理，將來對宇宙一切問題，各得確實之解答，人心無所異疑，誰肯妄信虛無縹緲之事？例如天文地理之學昌明，則上帝即失其所在，所宗既失，何有乎教？此蓋徒見宗教之祈禱誦經種種外表儀式，而作是想；其實宗教之深切意義，並不在此，宗教另有其存在之道理。

須知人之思想行爲，甚至日常生活細微之事，不盡受理智支配；情志之支配，力量尤大。情志往往不受理智之干涉，有時理智不能解決問題，遇到無可奈何之事，惟有熱烈之情志出而破除一切，「佛來佛斬，魔來魔斬」，精誠所至，金石爲開，雨過天晴，風平浪靜。理智重在判斷利害，遇到危機，往往瞻顧審度，無可奈何而失却作用，乃不得不顯示其爲弱者。情志則義之所在，蹈湯赴火在所不辭，良心所安，死而無憾，故殺身成仁，舍生取義，皆情志爲之也。文文山被俘，威脅利誘，皆不能屈服，而甘心從容就義，愛國之熱情使之也，洪承疇被俘，審計生死利害，罔顧國家之恩，而屈身降敵，人情喪失也；故情志之力量大矣。聖人悲天憫人，苦心行道，知其不可而爲之，情志爲之也；節婦上奉翁姑，下撫孤兒，茹苦含辛而無怨，情志爲之也。乃至乞丐枵腹忍飢，而積資興學；勇士赴義捐軀，而捨己爲羣；皆情志爲之也。乃至販夫走卒，拾金不昧；男女熱戀，雙雙殉情；皆情志爲之也；理智不能左右之。

宗教者，情志之產物也，理智雖擯斥宗教，而不能搖動情志，故宗教自然存在。宗教顯著之功用，在乎勖勉人心，安慰人情。善人雖未必得福，然心神安怡，即福也；惡人雖儌倖免禍，然心情惶愧，即禍也；易曰「積善之家，必有餘慶；積不善之家，必有餘殃」；宗教家更善說此理，凡宗教無不勸人爲善，誠如老子所云「既以爲人，己愈有；既以與人，己愈多」；故救貧濟急，修路造橋，一切善行，惟恐不及。人在患難之中，大都怨天尤人，痛苦無那，佛云「我不入地獄，誰入地獄」？耶穌被釘於十字架而不悔；宗教家能視災難爲自然之事，安之若素，且更以分受他人之痛苦，始感慰心。其對人之情志勖勉、安慰，眞有不可思議之力量。

或曰勖慰人心，不必須宗教，其他道理亦可發生相同之力量，儒門之大賢，豈亞於佛門之菩薩？此話雖然而不盡然。夫醫師以同一藥劑療同樣之疾，而或愈焉，或不愈焉；人之體質不同，人之情志更爲不同，故有人以廟堂權勢之樂，不若山林淸閑之樂；現世功利之樂，不若方外逍遙之樂；人若陷於煩惱苦痛之中，對孔子之樂以忘憂，顏子之不改其樂，百思不得其解，惟感人生乏味，毫無意義，時時欲自殺以了此生，忽而一轉念間，頓悟妙境，或信上帝之啓示，或受佛陀之指點，立感心安理得，發現人生另有境界，世路不通，另有大道，乃振其勇氣，重新尋得人生意義，眞如起死回生一般，非宗教之力不能及此。

儒家之道，非宗教所能兼代；而宗教之力量，亦非儒家所兼有；且各派宗教，各有其勝義，亦各不能相代，唐朝詩僧賈島，後竟脫離佛教而從學於韓昌黎；元朝學士來復，以才名著當時，後竟遁入空門；姚廣孝自幼爲僧，後從道士席應眞受教；王陽明童年涉獵宋儒之學，繼又轉習道教之仙術，繼又轉習佛家之禪學，最後又出佛入儒。西洋人信佛教者，實爲罕見，民國四十五年，有一法國和尚來華訪道，問其出家之原委，據云：彼原係基督教之長老，二次世界大戰，在舉世惶恐之中，每日諷誦耶穌聖經，反覆追索，竟尋不出解脫之道，乃轉向佛法求救，竟豁然大有所悟，頓覺心境開朗，不禁喜曰「道在斯矣」！於是乃歸入佛門。——宇宙妙理無窮，人生思想廣大，情志所向，各走其心安理得之道，各得其安心立命之所，誰能阻限？宗教爲人生必有之一義，非人人所需要，亦非人人所能領悟，若以一己之臆見，而衡量天下一切事理，豈非以蠡測海以管窺天乎？

上述宗教有不可思議之力量，宗教何以有此力量？以其有二特質：

一曰超世：凡宗教皆有超世之境界，如無超世境界，而只講現世人生之道者，故儒家不能成爲宗教。儒門之學，愈深入其境，愈切乎現世；宗教程度愈超出現世，愈接近其妙理。娑婆世界，本多煩惱，看芸芸衆生，弱肉強食，殘忍之至，而無可如何；看人之生老病死，一切痛苦，而無法解救；塵世之惡濁，人間之悲哀，慘不忍睹，不學屈靈均投江自盡，一瞑不顧，自當改變心理，掉轉方向，使精神有所寄託，使情志得所勖慰，於是惟有出世一途，可以繼續向前生活。或滿腹熱情，立志濟世，而時運當阨，到處荆棘，橫遭打擊，傷心之下，槁木死灰，對現世已感無可留連。或在名利場中，鈎心鬬角，落魄失意者，走投無路，大感不如無生；富貴亨通者，曲終人散，黃粱夢醒，已感人世乏味。或在情天慾海之中，溺於所愛，執迷不悟，而好事多磨，美夢難成，欲殉溫柔之鄉，以斷相思之苦。凡此種種，皆對現世大生惡感，若不自殺以求解脫，惟有出世另尋境界以蘄離苦得樂。拋開煩惱之塵世，於是道教之仙界，佛家之涅槃，基督之天國出焉，凡此，皆極樂世界也；阿彌陀經云「其國衆生無有衆苦，但受諸樂，故名極樂」。此世界超出人世，所謂「別有天地非人間」，厭煩塵世者，非入此世界不足以安心立命，此世界非儒家之大同世界所能代替。

二曰神秘：萬勿以人智日益充實，科學日益發達，人間世解決一問題，便少一問題，最後一切問題皆得解決。須知解決一問題，又有無數問題接踵而來，人不能阻止智識進步，但亦不能阻止問題發生。昔者，人不能在天空航行，爲一難解決之問題，及至飛機發明，航行天空之問題雖已解決，爲人類開出一條方便之路，但又爲人類增加許多慘死之路；何也？若無飛機，人不能自天空墜地殞命；天空不能落炸彈毀滅人；天空不能降火燒殺人；天空不能放毒氣糜爛人；自有飛機，生出許多嚴重危險之問題，至今無法解決。乃至原子核子之發明，創出空前新奇之效能，而亦增添人類空前之危機。解決一問題，更生出許多無法解決之問題，此足證明宇宙萬理，人類永無法徹底明了，人生問題，永無法完全解決，故大科學家愛因斯坦云「我感到越研究，問題越複雜，越研究越與上帝接近」。亦即言問題愈解決愈多，愈研究愈深奧。愈多愈深奧，爲人類智量所不能測，如此便爲神秘。宇宙問題，永遠有人類所不能知之神秘，便永遠有宗教存在。

生老病死，一切無法解決之問題，亦卽非理智所能解決之問題。理智失却作用，無路可走，於是不得不用超理智之方法謀求解決，而神秘思想乃由此而與。就簡單之宗教而言，如拜狐仙、拜樹神，其禮拜供奉之效力，雖不能如其所願，但禮拜供奉之後，便覺心情安寧，對將來之生活，有如意之希望。又如道教諸神之中，掌人間之祿籍者曰文昌帝君，並有陰隲文，勸人爲善，謂爲善作惡，不但報及自身，且能報及子孫。元明士人拜文昌，以爲可保佑科舉登第；卽落榜失敗，亦只以祖先無德，或命當如此，而心安理得；不怨文昌無靈。

人不能斷定未來之禍福，功名利祿之成敗，亦無決定之把握，凡非智力所能及之事，必於常理以外求解決，於是宗教神秘之力量，乃發生作用。凡一切宗教，無不具有神秘力量。所謂神秘，其實並不奇怪，如人之讀書，往往有各種無意義之細微動作，或搖頭擺身，或手掐衣襟，或以足尖輕輕磕地作拍節，或持書吟誦，慢步徘徊；種種動作，各有不同；旁觀者以爲無意義，而動作者，以爲如此讀書方有趣；如此，且可有助於記憶。又有人，既不迷信，亦不作任何教徒，而每晨必誦般若心經一遍，謂不誦，則感胸中不怡；猶如殷仲堪謂：「三日不讀道德經，便覺舌本閒強」。二次大戰時期，余有戰友談君，偕數人潛伏於青島敵區，作情報工作；被敵方發覺，數人皆被捕，且搜出電臺及各種證據。自知必死，無容解辯，乃慷慨承認，大罵敵寇，甘願殺身成仁，談君智機過人，善爲說辭，在獄中用種種方法，感動獄吏，得以向外通信，乃密約我游擊隊，於夜間前往劫獄，一次未成，二次竟然成功，擊斃獄卒，將談君等盡皆救出。談君生平不信宗教，而此次死裏逃生，竟然作天主教徒，余大異，問其所以，據云：在獄中，且夕祈禱上帝，便覺必然有救，且胸中清朗，作突牢越獄之計畫，一一如祈禱而成功，故決心受洗，爲天主信徒。又友人程君，爲精於化學之專家，任職於石油研究所，一日聽印順和尚講唯識論，深信佛理，乃皈依印順爲弟子，此類事實，不勝備述，惟宗教之神秘，能發生此項力量。

人間永無圓滿之事，人對現世不滿，使想脫離現世，另尋樂土，然而塵世並無安樂之國，此問題非理智所能解決，於是理智只得退後，讓情志尋求安心立命之處。此安心立命之處，非人間所有；亦非常理所能測，而宗教家能對宇宙人生作常理而外之論斷，且能引人超出世間，而昇入仙界、涅槃、天國等極樂世界。此極樂世界，非夷所思，亦卽神仙之境界。人在平時，不易相信，而在無可奈何之時，在心神不寧之時，偶逢契機，便默然頓悟，怡然接受，深感已得安心立命之所矣。於是乃奉行教訓，遵守戒律，儼然再世爲人；凡禮懺、祈禱、誦經、超渡、結印、念咒、作法會、作彌撒等儀式，無不謹愼行事，旁觀者或有人笑其爲無意識之行爲，而彼則以爲大有深意在，此中妙趣，非一般人所知，彼以爲世人之役於物慾，爭名奪利，種種荒妄行爲，始爲無意識之行爲。故宗教者超越常理，超越智識，而能以超世思想，神秘力量，勖勉人生，安慰人生者也。

二、道教之創始人物

由長生不死之思想，演出神仙思想，神仙不食人間烟火，既超世，又神秘；道教之旨，即在成仙。神仙之說於戰國時，起自齊國，道教實由秦漢方士之服食、養生、圖籙、占驗、形解、飛昇、通神、致鬼種種神異之說，彙集而成，故方士徐福、李少君等，在道教中皆爲神仙（見仙傳拾遺及神仙傳）。茲述開創道教及完成道教之人物其見於史書者如下：並述道教書籍所載，其人之神秘事蹟，以明其在道教中之地位。

▲茅濛

史記秦始皇本紀，三十一年十二月，更名臘曰嘉平。集解引太原眞人茅盈內紀曰『始皇三十年九月庚子，盈曾祖父濛，乃於華山之中，乘雲駕龍，白日昇天。先是其邑謠歌曰「神仙得者茅初成，駕龍上升入太清，時下玄洲戲赤城，繼世而往在我盈。帝若學之，臘嘉平」。始皇聞謠歌而問其故，父老俱對，此仙人之歌謠，勸帝求長生之術。於是始皇欣然，乃有尋仙之志，因改臘曰嘉平』。

道藏茅山志，九錫眞人三茅君碑文：太元眞人司命君姓茅諱盈，字叔申，咸陽南關人，於漢景帝中元五年丙申生。定錄眞君諱固字季偉，太元君之次弟，景帝後元，元年戊戌生。保命眞君諱衷字思和，太元君之少弟，景帝後元三年庚子生。曾祖偃，事秦昭王，終車騎校尉。高祖濛，師鬼谷先生。祖憙，仕秦爲德信侯，終於會稽。父祚，德信侯第六子，不仕。

道藏洞仙傳：茅濛字初成，咸陽南關人，卽東卿司命君盈之高祖也。濛性慈憫，好行陰德，廉靜博學，逆睹周室將衰，不求進於諸侯，常嘆人生若電流，出處宜及其時，於是師北郭鬼谷先生，受長生之術，神仙之方。入華山，靜齋絕塵，修道合藥，乘龍駕雲，白日昇天。又云：漢茅盈少秉異操，年十八入恒山修道，後隱江南之茅山，人稱爲茅君。仲弟固，官執金吾，季弟衷，爲五官大夫，各棄官求兄於茅山，咸得仙去。老君拜盈爲司命眞君，固爲定籙眞君，衷爲保生眞君，世稱三茅君，皆能呼吸風雲，召役鬼神。

由上所述，始皇因茅濛成仙之歌，改十二月爲嘉平月，裴駰史記集解引茅盈內紀，謂濛爲盈之曾祖，而道藏三茅君碑文，則謂濛爲盈之高祖，碑文所載茅氏世系分明，較爲可信，盈之曾祖偃仕於秦昭王（始皇之高祖），則濛亦當爲秦昭王時人，秦昭王與燕昭王同時，濛在當時卽學神仙之道，而燕昭王亦好神仙，據道教仙傳拾遺謂：仙人甘需教燕昭王以道術，王後來果得道，無疾而殂，形骨柔軟，香氣盈庭，可見其時神仙之說已盛。

茅山在江蘇句容縣東南，本名句曲山，因山形似已，故以句曲爲名，因三茅君來隱於此，故稱茅山。三茅君之高祖卽爲神仙，可謂家學淵源。三茅君亦於西漢之初成仙，此爲第一班開創道教者。據茅山志云：「山上有神芝奇藥，如菖蒲、茯苓、黃精、禹餘糧等，皆有佳產」。此數藥，爲仙家服食之品，可見茅山爲天然仙境；陶弘景眞誥所述茅山，尤爲神奇。野史小說所稱「茅山道士」之神術，不亞於龍虎山之張天師。今之茅山道士，仍崇奉三茅君，不與天師道同科，普通皆謂道教始於天師張道陵，其實三茅君更遠在天師之前也。

▲張道陵

三國志張魯傳：「魯字公祺，沛國豐人也。祖父陵客蜀，學道鵠鳴山中（後漢書劉焉傳謂陵於順帝時客於蜀）。造作道書以惑百姓，從受道者，出五斗米，故世號稱米賊（按米賊蓋指張修奉五斗米道造反而言，與陵無關）。陵死子衡繼其道，衡死，魯復行之。益州牧劉焉以魯爲督義司馬。焉死，子璋代立，以魯不順，盡殺魯母家室，魯遂據漢中，以鬼道教民，自號師君。其來學道者，初皆名鬼卒，受本道已信，號祭酒，各領部從，多者爲治頭大祭酒，皆教以誠信不欺詐，有病教以懺過，大都與黃巾相似，諸祭酒皆作義舍，如今亭傳。又置米肉懸於義舍，行路者量腹取足，若過多，鬼神輒病之。犯法，三原，然後乃行刑，不置長吏，皆以祭酒爲治，民夷便樂之，雄據巴漢垂三十年」。魯以鬼道得衆勢盛，雄據漢中，朝廷不能征，遂寵魯鎮民中郎將，領漢寧太守。建安二十年，曹操擊破之，魯入蜀，操以魯不愛貨寶，本有善意，乃遣人慰喩，拜魯鎮南將軍，待以客禮，封閬中侯，又爲其子宇（丕之弟，丕即位，封爲燕王）娶魯女，結爲姻好，並封魯五子皆爲列侯。

張魯傳注引典略曰：「熹平中，妖賊大起，三輔有駱曜，光和中，東方有張角，漢中有張脩，駱曜教民緬匿法，角爲太平道，脩爲五斗米道。太平道者，師持九節杖爲符祝，教病人叩頭思過，因以符水飲之，得病，或日淺而愈者，則云此人信道；其或不愈，則爲不信道。脩法略與角同，加施靜室，使病者處其中思過。又使人爲姦令祭酒，祭酒主以老子五千文使都習，號爲姦令，爲鬼吏，主爲病者請禱。請禱之法，書病人姓名，說服罪之意，作三通：其一上之天，著山上，其一埋之地，其一沉之水，謂之三官手書。使病者家出五斗米以爲常，故號曰五斗米師。實無益於治病，但爲淫妄，然小人昏愚，競共事之。後角被誅，脩亦亡，及魯在漢中，因其民信，行脩業。遂增飾之，教使作義舍，以米肉置其中，以止行人。又教使自隱，有小過者，當治道百步，則罪除。又依月令，春夏禁殺；又禁酒。流移寄在其地者，不敢不奉」（不敢不奉其禁令也）。——因典略謂脩亡，魯「行脩業」，故裴松之張魯傳注，遂誤以張脩即魯父張衡，謂脩字爲傳寫之訛，非也；與後漢書劉焉傳相對照便可知。夫脩爲五斗米道，其道祖卽脩之祖道陵，其信徒頗多，不獨魯父衡奉其道，劉焉傳明言魯得漢中，殺張脩而並其衆；此處所謂魯行脩道，蓋脩先在漢中行五斗道，魯殺脩，據漢中，因其民信，仍行脩之五斗米道，其實卽仍行其祖傳之天師道也。徵諸正史皆謂天師道在當時，民樂信服；蓋當時天下大亂，民生塗炭，天師道據險自治，保民安生，故信者衆也。

李膺益州記曰：「張道陵避病瘧於丘社中，得咒鬼術書，遂解使鬼法，入鵠鳴山，自稱天師，漢熹平末，……子衡奔走尋無所……光和二年遣信告曰：正月七日，天師昇元都，衡爲係師，衡子魯爲嗣師」。

道藏歷世眞仙體道通鑑云：「張道陵爲子房八世孫」。陶弘景眞誥云：陵字輔漢，本大儒，晚學長生之道，得九鼎丹經，聞蜀中多名山，乃入鵠鳴山，著道書二十餘篇。

宋濂漢天師世家叙（與道藏中之張天師傳大同小異，茲摘其小異者錄之）及長，博習羣書，中直言極諫科，拜巴郡江州令，棄官隱洛陽北邙山，修煉形之術，章帝和帝召，皆不就，乃策杖游淮入鄱陽，上龍虎山合九天神丹，俄往嵩山石室，得黃帝九鼎丹書，道既成，聞巴蜀沴氣爲人災，乃入蜀，初居陽平山，遷鶴鳴山，感玄元老君，授以經籙之法，於是分形示化，復立二十四治，增以四治，以應二十八宿，妖厲爲之衰熄，如發鹹泉、破鬼城之事甚多。永壽二年復還渠亭山，乃以斬邪雌雄劍二，陽平治都功印一，授嗣天師衡，使世世相傳，乃乘雲上升，壽蓋一百二十又三云。（見宋學士文集翰苑文集卷六）。據近人盧弼考證，道陵生於建武十年，歿於靈帝光和二年，蓋一百五十七歲云。

道藏宋謝守灝所編混元聖紀，南北二斗經序所載張天師傳云：

張道陵字輔漢，以光武建武十年甲午正月十五日生於餘杭之天目山，七歲能誦道德經，後爲書生，博綜五經，通河洛象緯之文。章帝元和二年乙酉，以博士召，不赴，時年五十二，自謂儒學無益於年命，乃嘆曰「人生幾何？老死將及，不能復經生死之苦」。遂散其門人，學長生之道，隱居雲錦山（今信州龍虎山）。和帝永元四年，拜諫議大夫，辭疾不拜。復徵爲太傅，封冀縣侯，陵語使者曰「爲我謝天子，九霄之上，無何有之鄉，金闕帝君，某已爲之臣矣。惟清靜寡欲，天下自治，何以陵爲」？遂轉入嵩山，齋戒念道，常誦道德經，積九年，精感老君，遣神告云「中嶽石室中有上古三皇天文，黃帝九鼎大丹經，五嶽眞形圖，子可往受之」！

往尋果得。陵家貧，無資可鍊，聞蜀人朴厚可教，且多名山，乃將弟子入蜀，隱居鶴鳴山，既遇老君，遂於隱居之所備藥物修煉三年，丹成，謂服之當冲天，當興利濟民然後服之。老君又遣清和玉女教以吐納清和之法。修行千日，能內見五藏，外集萬神。乃三步九跡，交乾履斗，隨罡所指，以攝精邪，戰六天魔鬼，奪二十四治。老君又授以金液丹經、室中秘要、九天玄譜、五老寶經、魁罡玄經、遁甲山圖等書。老君復命陵驂侍龍駕，遊崑崙閬風。老君將陵朝禮玉宸，於是敕青童付陵天師印綬，賜雌雄二劍、符籙契經戒法律，使助國扶命，養生制惡，陵拜畢復還。建康元年，徙居閬州雲臺山，桓帝建和二年正月七日，天師納趙昇為弟子，永壽三年丙申，陵一百二十三歲，九月九日，老君遣使者降雲臺山，授陵正一眞人號，繼有五色雲龍來迎，遂與弟子王長趙昇同升天。

天師世家序云：衡字靈眞，有長材，詔徵黃門侍郎，避隱，居陽平山，誓以忠孝導民，君子謂其有繼宗開緒，納俗安善之功。

續道藏，漢天師世家所列自張道陵以下共四十九代天師，陵與夫人雍氏及子衡孫魯三代，皆白日飛昇，六代名椒字德馨，尸解而去。歷代天師多長壽，百餘歲，或九十八十餘歲，二十九代名景端，字仁敦，五十二歲而化，較為短壽者。

道藏正一龍虎玄壇大法序云：昔漢天師修煉大丹於鄱陽山，丹成，被山神竊而食之，天師怒，作法召神斬之。後過信州之貴溪，見其石壁岩竇奇怪，乃謂弟子王眞人曰：「山奇水秀，虎踞龍幡，可復成吾大丹」。遂與弟子入山結廬，修煉神丹（此山即龍虎山）。

按道陵三代皆於蜀成仙，四代名盛，魏封都亭侯，復還龍虎山，升壇授籙。傳及五季，代稱先生，其教益盛。至宋眞宗大中祥符九年，賜信州道士張道陵之後正隨爲貞靜先生。王欽若爲奏立授籙院及上清觀（在龍虎山），蠲其田租，自是凡嗣世者皆賜號，此爲天師世襲之始，然封號尚無天師之稱，元世祖召三十六代天師張宗演，命主領江南道教，賜宴、賜銀印，後又兩次入覲，世祖命取其祖傳玉印寶劍觀之，語侍臣曰「朝代更易不知其幾，而天師劍印，傳子若孫尚至今日，其果有神明之相矣乎」！嗟歎久之，封宗演爲嗣漢天師、演道靈應冲和眞人。此爲天師封號之始。元成宗召三十八代天師與材，授正一教主，武宗封之爲留國公。明太祖卽位，四十二代天師張正常入賀，太祖曰「天有師乎」？乃改授正一嗣教眞人，賜銀印曰「龍虎正一玄壇」。永樂戊子十月，敕四十三代天師宇初邀請眞仙張三丰，不得；次年，再敕尋訪張三丰。武宗卽位，四十八代天師彥頨入賀，召見問曰「卿之祖，非神仙乎？朕聞神仙長在，今還可見可學否」？對曰「臣聞君類愈於神仙者，堯舜是也，至今猶存，上自天子下及庶人，未嘗不見，願陛下慕而效之，則聖壽可等天地矣。乃若臣類爲神仙者，奚足尚哉」！清朝，天師或入覲，或召見，皆受禮遇，歷代天師多長壽，傳至清末，張元旭爲道陵六十二代孫。

▲于吉

後漢書襄楷傳云『順帝時琅邪宮崇詣闕，上其師于吉於曲陽泉水上所得神書百七十卷，皆縹白素朱介，青首朱目，號太平清領書。其言以陰陽五行爲宗，而多巫覡雜語，有司奏「崇所上妖妄而不經」，乃收藏之。後張角頗有其書焉』。

三國志孫策傳注引江表傳曰『時有道士，琅邪于吉，先寓居東方，往來吳會，立精舍燒香，讀道書，制作符水以治病，吳會人多事之。策嘗於郡城門樓上，集會諸將賓客，吉乃盛服，杖小函，漆畫之，名爲仙人鏵，趨度門下，諸將賓客三分之二下樓迎拜之，掌賓者禁呵不能止。策卽令收之，諸事之者悉使婦女入見策母，請救之，母謂策曰「于先生亦助軍作福，醫護將士，不可殺之」！策曰「此子妖妄，能幻惑衆心，使諸將不顧君臣之禮，盡委策下樓禮拜之，不可不除也」。諸將復連名陳乞之；策曰「昔南陽張津爲交州刺史，舍前聖典訓，廢漢家法律，常著絳帕頭，鼓琴燒香，讀邪俗道書，云以助化，卒爲南夷所殺；此其無益，諸君但未悟耳。今此子已在鬼籙，勿復費紙筆也」！卽催斬之，懸首於市，諸事之者，尙不謂其死，而云尸解焉，復祭祀求福』。

葛洪神仙傳云：『宮嵩（卽宮崇）者，琅邪人也，有文才，著書百餘卷，師事仙人于吉，漢元帝時，崇隨吉於曲陽泉上，遇天仙，授吉靑縑朱字太平經十部，吉行之得道，以付崇，後上此書，書多陰陽否泰災眚之事，有天道、有地道、有人道，云治國者用之可以長生，此其旨也。崇服雲母，數百歲，有童子之色，後入紵嶼山仙去』。

神仙傳謂于吉西漢時人，至順帝時已達二百歲以上。卽據正史江表傳，建安五年，孫策殺于吉，距順帝時代七十五年，則吉壽已有百歲。

道藏三洞珠囊卷九謂：老子尹喜至西國，作化胡經六十四萬言，以與胡王，歸中國作太平經。

于吉所得之神書卽太平經，又名太平淸領書。老子在道教中稱爲老君，亦卽天仙，亦卽神，故于吉之太平經爲神授，玄嶷甄正論云「太平經一百八十卷，是蜀人于吉所造。此人善避形迹，多說帝王理國之法，陰陽化生等事」。于吉自言太平經授自神，而或謂卽其本人所造，總之其書始自于吉。桓帝時襄楷上書，盛稱其書有「興國廣嗣之術」，楷爲當時之名儒，太傅陳蕃舉方正，不就；靈帝時與荀爽鄭玄，俱以博士徵，亦不就。官方重之，鄉里宗之，于吉之書經其贊揚，故大爲世人所信。

其書之內容，言順天之道，慈善忠孝，可以致太平。天運循環，帝王乘此運氣，奉天意，行善政，故天下太平。又勸善戒惡，謂好殺傷，燒山林，皆爲不順天道，天神咎之，地神非之。凡養性辟穀、誦咒除災、尸解成仙之說，皆備述。道藏中有黃帝陰符經，有伊尹、太公、范蠡、鬼谷子之注。有高上玉皇本行集經，內署「天樞上相張良校正」，顯爲後人之假託；前漢書李尋傳載：成帝時，齊人甘忠可僞造天官歷包元太平經，此書只講災祥之說；又有三茅眞經，其詞乃後人所述；然則太平經實爲道教最早之經典也。

今道藏中之太平經與原書有異，原書之文有散佚者；今書之文，有後人竄入者，而仍須稱爲于吉所作。張道陵於順帝時學道鵠鳴山中，吉與道陵同時，皆見於正史者，故吉亦道教創始人之一也。

▲葛洪

葛洪字稚川，句容人（洪自序云：曩祖爲荊州刺史，王莽簒位，棄官歸，起兵誅莽被敗，莽終虞有變乃徙居於琅邪，君之子浦廬佐光武有功爲驃騎大將軍，復南渡家於句容）。祖系，爲吳大鴻臚，父悌，爲晉邵陵太守。洪家貧，少好學，以儒學知名，尤好神仙導養之法，從祖玄，吳時學道得仙，號曰葛仙公，以其煉丹秘術授弟子鄭隱，洪就隱學，悉得其法。後師事南海太守上黨鮑玄，玄亦內學，逆占將來，見洪甚重之，以女妻洪，洪傳玄業，兼綜練醫術，凡所著撰，皆精覈是非而才章富贍。晉惠帝時，石冰作亂，吳興太守，顧秘邀洪爲將兵都尉，攻冰破之，遷伏波將軍。洪見天下已亂，還鄉里，禮辟皆不赴。愍帝時，以平賊有功，賜爵關內侯。後屢被薦爲要職，皆不就。晚年至羅浮山煉丹，優游閑養，著述不輟。年八十一歲，兀坐若睡而卒，顏色如生，體亦柔軟，舉尸入棺，輕如空衣，世以尸解得仙云。所著抱朴子，爲道教要典，其自序云「世儒徒知服膺周孔，莫信神仙之書，不但大而笑之，又將謗毀眞正，故予所著，言黃白之事，名曰內篇；其餘駁難通釋，名曰外篇；大凡內外一百一十六篇，雖不足藏諸名山，且欲緘之金匱以示識者，自號抱朴子，因以名書」。——見晉書葛洪傳。

抱朴子外篇，首二篇嘉遯、逸民，述拋却名利，超然物外之樂，謂隱者潔行於世，倡退讓之風，「亦堯舜之所許也」。議論閎博，甚得道家之旨。其餘諸篇，如崇教、君道、臣節、貴賢等等，皆爲發揚儒家之道；而文氣充沛，辭句絢爛，又爲文學中之稀珍，就外篇而言，抱朴子誠爲一代大儒也。而茲所述者爲其內篇對道教之重要。內篇首篇暢玄，言玄境之偉大與天地自然合一。得道者「乘流光，策飛景、凌六虛，貫涵溶，出乎無上，入乎無下，經乎汗漫之門，游乎窈眇之野」；以及明本篇謂道家包括衆家之善；辭理幽美，堪與莊子齊讀，其餘諸篇亦皆道教之宏論，述其要項如下：

神仙：論仙篇謂：宇宙萬理，人難盡知，仙道非庸人所能悟。秦皇漢武，徒有好仙之名，而無修道之實。方士以術牟利，何足論仙？常人囿於所見，不能絕俗，安能修仙？仙術必須口授，非文字所能傳。雜應篇述老君之神明。對俗篇舉陳寔異聞記所述人能辟穀而生，及後漢書所載魏尚能坐在立亡，張楷能興雲起霧（其書非范曄之後漢書，而范氏後漢書列傳第二十六亦言楷能作五里霧）。至理篇述有仙之證。遐覽篇述其師鄭隱之神通，以明神仙之事實，信而有徵；未見之事，不可謂無。

修道：至理篇謂：俗人惑於榮華物慾，不能修道，惟窮理獨見之士始能修仙。微旨篇謂：學道必須志誠堅果。養生必須多聞而體要，博見而善擇，不可固執一端。求長生必須積德立功，諸惡莫作。辨問篇謂：須拋俗務，守恬靜，方能作內視反聽、呼吸導引、長齋久潔、鍊形採藥種種工夫。勤求篇謂：信道者不能專志於養生，故多不成。不求明師，不煉異藥，空誦不要之書，無益也。

金丹：金丹篇：講神丹金液之妙用，九丹長生之要，及各種仙丹燒煉之術。

仙藥：論仙篇謂「以藥物養身，以術數延命」。仙藥篇講藥之品類及功用，及各種服食之法。

行氣：至理篇謂：善行氣者，內以養身，外以却惡。吳越有禁咒之法，甚有明驗，知之者可以入於大疫之中，與病人同牀，而己不染。釋滯篇謂：行氣可以治百病，可以居水中，可以行水上，可以辟飢渴。並述行氣之要訣。

仙術：雜應篇講辟穀法，及禦寒、防熱、避兵、隱身、却病、明目、聰耳、遠行不疲、預知未來，種種神術。登涉篇講制山精、蛇蟲，及水上行走等等法術。

符法：登涉篇謂：有老君黃庭中胎四十九眞秘符，佩之入山林，可避百鬼萬精及虎狼毒蟲。貼之戶內梁柱者，可以保安。本篇並記載老君入山符，及仙人陳安世入山避虎狼符各種式樣十八項。遐覽篇述符類五十餘種。

總覽抱朴子內篇，凡玄理、仙道、修煉、誦經（遐覽篇記道經目一百九十八種）、服食、吐納、畫符、唸咒、召神（金丹篇謂三皇文有召天神地祇之法）、驅鬼、鎭邪種種法術，無不備述，其書可謂全部道藏之縮影。又作神仙傳，以明神仙之事實。以抱朴子之博學才智，對神仙之道，言之如此鑿鑿，俗人焉敢謂其虛誕？而其微旨、塞難各篇，屢言：淺見之徒，謂神仙爲烏有；至微之旨，非下士所能喻；再三斥庸流之不能明道。然則其書中所講之道，既非一般人所能悟，其術亦非一般人所能信；而能悟能信者，是否按其術而可實驗成功？抱朴子謂：秘要之旨，非書文所能傳；至眞之訣，非隨師經久不能得；故學道必須訪良師（勤求篇）。劉向作金不成，世人謂其索隱行怪，「夫作金皆在神仙集中，淮南王抄出以作鴻寶，枕中書雖有其文，而皆秘其要文；必須口訣臨文指解，然後可爲耳。其所用藥，復多改其本名，不可按之使用也」（論仙篇）。況「道家寶秘」，得道之士，與世人異路而行，不輕易以仙術示人（辨問篇），且神仙之經，至要之言，又多不書，故仙術必須師傳口訣；苟非其人，道不妄傳；雖得其書，亦無實用（明本篇）。此卽明言，其書中所講之仙術，雖實驗無成，亦不可不信；此宗教之神秘。無神仙思想者，不能悟此言論。勤求篇謂陳安世年十三歲，得仙道；灌叔本年七十，虔誠執弟子禮，師事之；安世告之要方，遂亦仙去。「夫人生先受精神於天地，後稟氣血於父母，然不得明師告之以度世之道，則無由免死，鑿石有餘焰，年命已凋頹矣；由此論之，明師之恩，誠爲過於天地重於父母多矣，可不崇之乎？可不求之乎」？此眞宗教之士出家之思想也；抱朴子誠道教之功臣也。

▲陶弘景

陶弘景字通明，丹陽秣陵人。幼有異操，年十歲，得葛洪神仙傳，晝夜研尋，便有養生之志。及長，神儀明秀，讀書萬餘卷，善琴棋、工草隸。未弱冠，齊武帝作相，引爲諸王侍讀，雖在朱門，不交外物，唯以披閱爲務，朝儀故事多取決焉。永明十年，上表辭祿，詔許之，賜以束帛，公卿祖之於征虜亭，供帳甚盛，咸云宋齊以來未有斯事，朝野榮之。於是止於句容之曲句山(茅山)，乃於山中立舘，自號華陽隱居。始從東陽孫岳受符圖經法，偏歷名山，尋訪仙藥。時沈約爲東陽郡守，高其志節，累書招之不至。弘景爲人，圓通謙謹，出處冥會，心如明鏡，遇物便了。建武中，齊宜都王鏗爲明帝所害，其夜弘景夢鏗告別，因訪其幽冥中事，多說秘異，因著夢記焉。

永元初，更築三層樓，弘景處其上，弟子居其中，賓客至其下，與物遂絕，唯一家僮侍其旁。特愛松風，每聞其響，欣然爲樂，有時獨遊泉石，望見者以爲仙人。性好著述，尙奇異，尤明陰陽五行、風角星算、山川地理、醫術本草。又嘗造渾天象，云修道所需，非止史官是用。義師平建康，聞議禪代，弘景援引圖讖數處皆成梁字，令弟子進之。梁武帝既早與之遊，及即位後，恩禮愈篤，書問不絕，國家每有吉凶征討大事，無不諮詢，時人謂爲山中宰相。天監四年，移居積金東澗，善辟穀導引之法，年愈八十而有壯容。深慕張良之爲人，云古賢莫比。曾夢佛授其菩提記云名爲勝力菩薩，乃詣鄮縣阿育王塔，自誓受五大戒。大同二年卒，年八十五，顏色不變，遺令弟子薄葬之。詔賜中散大夫，諡曰貞白先生。弘景妙解術數，逆知梁祚覆沒，預制詩云「夷甫任散誕，平叔坐論空，豈悟昭陽殿，遂作單于宮」。詩秘在篋中，化後，門人方出之。大同末，士人競談玄理，後侯景篡，果在昭陽殿。弘景不妻無子，著述甚豐，有孝經、論語集注，本草集注、效驗方、玉匱記等，其占候合丹法式秘密不傳，唯弟子得之。——梁書及南史陶弘景傳

弘景生平亦儒亦佛，而對道教之助成尤大，既博通陰陽術數及醫藥養生之方，以顯道教之神異，又著眞誥，述神仙授受眞訣之事，有眞靈位業圖，將道教之眞靈分別班次排列，自元始天尊，至酆都大帝共七級，包羅天神地祇人鬼諸仙。稽神樞、闡幽微諸篇，講地獄轉生之說，及信道登仙之事實。弘景之事迹，爲道教建信仰增榮光，其著述爲道教之要典。茅山道士，自弘景而下代有異人，茅山與龍虎山齊名，弘景肇其功也。

三、道教之形成及其派系

道教由秦漢方士神仙之說演成。自戰國末，茅濛及漢初三茅君，以仕宦世家而修道學仙，非一般小術炫世之方士可比，深得帝王及世人之信仰，皆謂其昇天成仙，此卽道教之發萌。及于吉造太平

經，除服食導引一切仙術而外，又加以帝王致太平及人生道德善惡報應之說，於是道士有經典爲本，而其說益以充實。張道陵造道書，凡符籙、咒語、煉丹、戒律、祈禱、禳災、驅鬼、降魔之術，無所不備，至此道教已建基礎。當時從之受道者，出五斗米，故世稱五斗米教。道陵自稱天師，故又稱天師道。

漢靈帝時，益州牧劉焉之部屬張脩於漢中奉五斗米道，張角於鉅鹿倡太平道（角習于吉之太平經），二人之道相似，俱於中平元年造反，脩寇劫郡縣，角之勢尤盛，有衆數十萬，自號黃天，訛言「蒼天已死，黃天當立」，其衆皆著黃巾爲號，殺人祀天，劫掠郡邑，旬日之間，天下震動，時人謂之黃巾賊，旋爲皇甫嵩等所破，餘黨數年之後始平。獻帝初，張脩擊漢中太守蘇固，時張魯爲劉焉督義司馬，遂擊殺脩而奪其衆；自此魯雄據漢中，復行其祖道陵之術，後爲鎭南將軍，及其五子皆爲列侯，與曹操結姻親之好，富貴權勢雄榮一時。而天師之名爲世所崇，其道更易於流行。

天師道至晉而大盛，見於正史者，如王羲之傳「王氏世事張氏五斗米道」，何充傳「郗愔及弟曇，奉天師道」，荆州刺史殷仲堪幼奉天師道；孫恩世奉五斗米道，叔父泰煽動百姓，三吳士庶多從之，後被誅，衆人皆謂其蟬蛻登仙。恩復聚衆數十萬，殺官劫邑，輔國將軍謝琰、吳郡太守袁山松俱爲恩所攻歿，聲勢浩大，震動朝廷。恩敗亡後，餘衆復推恩妹夫盧循爲主，將軍何無忌、劉毅等，皆爲循所攻歿，前後叛亂十餘年，世人益信天師道奇門循甲，撒豆成兵種種神術（撒豆成兵見晉書郭璞傳）。

曹操欲滅羣雄，建安二十年，攻張魯於漢中，魯封貨寶倉庫，一無所取，率衆入巴中，操以魯不愛貨財，本有善意，乃慰喻之，結爲姻好（張魯傳）。道藏仙鑑云「曹操西征，魯以手板畫地成河，兵不得渡，使者以水師至岸，魯以手板蓋其河，水中輒出高峯，兵不得進。曹公遣使封之不受，後修煉，白日乘龍昇天」。仙鑑所述，爲民間之傳說，謂魯有神術以阻曹兵。而操未滅魯，以善意待之，亦爲事實；故可以附會。民間崇天師爲神，故云不受操之封。民間述張魯之事，以明天師道果有神術。然則張角孫恩等與張魯同道，爲何敗亡？此則信天師道者亦有解釋，謂天師教人行善悔過，張角等殺人造反，違悖天師經戒法律，爲天師之罪徒，故敗亡。

於是民間信其治病禳災，祛邪役鬼之術；士大夫崇其守一守靜、丹藥養生之道；加以抱朴子、陶弘景等，位高學博，皆著專書以神其說而發揚之，於是信徒益衆，而道教遂具體實現矣。

道教盛而宗派分，其分派始於遼金之世，大體可分爲南北兩派，北宗號曰全眞，南宗號曰正一，玆分述之：

北宗：北宗全眞教又分爲南北兩派，北派教祖重陽子王嚞（一作壽）、金咸陽人，世稱重陽眞人。諸眞宗派總簿云「重陽祖師姓王名允卿，生於宋徽宗時，係咸陽大魏村人」。性倜儻尚義，不拘小節，遇異人（純陽子呂嵒），得道大定初，東遊海上，棲息登州府城南修眞觀，邱長春（處機）、馬丹陽（處鈺）、王玉陽（處一）、譚長眞（處端）等，皆其弟子。南派教祖，劉海蟾，名操，遼進士，後爲呂純陽弟子。道藏金蓮正宗記云「姓劉諱操，字宗成，號海蟾公，燕山人也。十六歲以明經擢甲科，遷至上相，平生好談性命之說，受正陽子度化」，（正陽子爲純陽之師鍾離眞人）。明胡應麟少室山房筆叢玉壺遐覽引靑崖重錄云：北派南北二宗之分，「實自宋南渡後，而皆始於呂嵒」。又云「海蟾授張紫陽伯端，伯端授石翠玄泰，玄泰授薛紫賢道光，道光授陳泥丸楠，楠授白海瓊玉蟾，玉蟾授彭鶴林耜，此所謂南宗也」。

道教之修煉，卽修煉性命也。性卽神，命卽氣，性卽眞我，命乃壽命。全眞北派，由邱長春發揮王重陽之旨，其道益盛，其說有似佛家之禪宗而疏簡，可以破服金石煉鉛汞之誤人，對符籙亦不甚注重，而其徒則不盡然。簡而言之，北派不重服食，專主煉養，南派則二者兼之也。

南宗：南宗正一教，亦卽天師道。至元十三年，元世祖封第三十六代天師張宗演爲嗣漢天師，子孫世襲領江南道教，主領三山符籙（龍虎山、閣皂山、茅山）。宗演傳子與棣，棣傳弟與材爲三十八代天師。元成宗大德八年，封與材爲正一教主，此正一教名所自始。

道教系出一源，雖分宗派，而其教義則一。惟修行之道各有其所重而已。淸劉獻廷廣陽雜記卷三云：「道家有南北二宗，南宗不言性，北宗則性命雙修」。日本小柳司氣泰云「徵之於今，北方純陽派者性宗，而南方天師道者命宗也。性宗先了心性，命宗主祈禱巫祝」。故北宗服食養性以完天眞，重乎自力，南宗符咒祝禱，兼重他力。然南宗並非絕不講性，北宗亦非擯棄符咒，只所重之點有差別而已。至其顯然之別，則全眞教不飲酒茹葷，不畜家室，授徒傳教，是爲出家道士（馬丹陽夫婦係先婚而後入教）。正一教雖亦授徒，但天師世襲，應有妻子，雖亦齋戒，而有定日（俗云吃花齋），定日而外，亦可飲酒食肉，故其徒皆屬在家者，是爲火居道。此南北兩宗之大較也。

此外有眞大教，創自金季道士劉德仁，其教以苦節危行爲要，而不妄取於人，不苟侈於己者也。五傳而至酈希誠，居燕城天寶宮，見知於元憲宗，始名其教曰眞大教，授希誠太玄眞人，領教事。又有太一教，始於金天眷中道士蕭抱珍，傳太一三元法籙之術，因名其教曰太一。四傳至蕭輔道，元世祖悅之，留居宮邸以老，請授弟子李居壽掌其教事，並建太一宮於兩京，命居壽居之（元史卷二百二）。又有武當道，因湖北武當山之道士而稱名，宋之陳摶、明之張三丰，皆曾於此修煉，郝眞人（大通）之弟子亦於明朝來此傳教；因而武當道之名遂盛。

北京白雲觀所藏諸眞宗派總簿所載南北各派出家、在家者，其派系頗多，例如三茅君各自一派，皆名曰淸微派。張天師門下亦有淸微派、有正乙派、天師正乙派、天師張眞人正乙派、天師張道陵眞人正乙派。正陽派教祖鍾離權、純陽派教祖呂嵒，嵒即權之弟子，重陽派教祖王重陽，重陽即嵒之弟子。丘長春爲重陽之弟子，而長春爲七眞派之教祖，又自開龍門派。——如此所分之派系，蓋指傳教特有顯名者而爲之特立派名，例如丘長春一派，在元朝最受隆遇，長春名處機，自號長春子，年十九爲全眞，師事王重陽。金宋之季，俱遣使來召，不赴。成吉思汗在雪山，遣使求之，長春乃與弟子十八人西遊，路涉萬餘里，經無數險阻，自崑崙歷四載而達雪山，對成吉思汗講敬天愛民之道，謂欲統一天下，惟有不嗜殺人，成吉思汗稱爲神仙，重禮之，遣使送還，其後屢遣使勞問，賜宮名曰長春，元世祖對長春弟子益加尊禮，於是長春之教大盛，儼然自成一派，而其實仍爲重陽派。派名雖多，蓋因人而成派，其教義則一也；惟稍有分別者，則爲全眞與正一兩派而已。

四、道教之祖師

原夫神仙之說，只重長生不死之方，及漢初加以陰陽家神異之術，及黃老養生之道，滙爲一流，於是方士學說之內容，更加充實，遂建立道教之基。陰陽之說附會易經，易經爲儒門之經典，故陰陽之說遂爲儒家之附庸。黃帝之書甚拗，只有醫學專書，其論道之言，散錄於莊列淮南諸書中。當時老子之書頗爲流行，義理玄奧，有致虛守靜之論，有長生久視之說，可作方士說法之依據。黃老之學雖盛，然國家政治，社會倫理，皆爲儒家之道，儒家爲現實之規範，上下莫不服從。儒家以孔子爲先師，孔子問禮於老子，老子爲孔子之師，老子之學稱爲道家，於是方士乃直接推崇老子爲祖師，故于吉讀道書，天師道亦教人讀老子。而太平經、丹經、符籙等書，亦皆爲老君所授，於是創出道教。

史記老子列傳云「老子百有六十餘歲，或言二百歲，以其修道而養壽也」。又云「著書五千餘言而去，莫知其所終」。長壽二百餘歲，可謂神異，而又莫知其所終，則世人未見其死也；道教卽據此而神化老子之人格，並上尊號，稱爲太上老君，試看道藏所載老子略傳云：

老子父姓李，名無果，母尹氏，名益壽。當商二十二王武丁之九年歲在庚辰，二月十五日卯時，生於楚國苦縣瀨鄉曲仁里渦水之陰。至紂二十一年丁卯歲，居岐山之陽，西伯聞之，召爲守藏史，武王克商，轉爲柱下史，歷成康之世，潛默卑秩。居周久之，見周衰而退官。至昭王二十五年癸丑歲，五月二十九日壬午，乃乘青牛薄輦車，徐甲爲御，遂去周，出關化西胡。幽王時還中夏。孔子適周事老子而問禮焉。老子受學於容成，問道於常樅，皆古之隱君子也（見道德眞經藏室纂微開題，宋楊仲庚序）。

老子名聃，字伯陽，眞人李龍飛之子也。當商之世，老子爲西伯柱下史，周武王時，爲守藏史。昭王二十五年，出關西化。秦始皇時，老子降於下邳，授張良素書，號黃石公。漢文帝時，老子降於陝河之濱，號河上公。成帝、安帝、順帝時，老子皆曾降世。靈帝時，老子降於天台山，授葛玄上清、靈寶、太玄等經。北魏太武帝時，老子降於嵩山，命寇謙之授帝以太平眞君之號。隋煬帝時，老子降於終南山，語山人李淳風以唐公受命之符。直至宋時，皆有老子降世之事（見續道藏天皇至道太清玉册）。

老子無世不出，數易姓名。出於黃帝時，號廣成子。周文王時，號爕邑子，爲守藏史。武王時，號育成子，爲柱下史。康王時，號郭叔子。漢初爲黃石公。漢文時，號河上公（葛洪枕中書）。

老子先天地而生，以資萬類，上處玉京爲神王之宗，下在紫微爲飛仙之主，千變萬化，有德不德，隨感應物，厥迹無常，授軒轅於峨嵋，敎帝嚳於牧德，大禹聞長生之訣，尹喜受道德之旨，至於丹書紫字，昇玄飛步之經，玉石金光，妙有靈洞之說，如此之人，不可勝紀。其爲敎也，咸蠲去邪累，澡雪心神，積行樹功，累德增善，乃至白日昇天，長生世上，所以秦皇漢武，甘心不息，靈帝置華蓋於濯龍，設道場而爲禮。及張陵受道於鵠鳴，因傳天官章本，千有二百，弟子相授，其事大行。齋祠跪拜，各成道法。有三元、九府、百二十官，一切諸神，咸所統攝（魏書釋老志）。

三皇之代，金闕後聖玄元老君下化。在天皇時號玄通天師，一號玄中大法師，地皇時號有古先生，人皇時號盤古先生。神農時下化爲都默子，嘗百藥，分五穀，而說長生經。伏羲時下化爲元化子，正八方演陰陽，說靈寶元陽經。黃帝時下化爲廣成子，說靈寶道戒經。帝堯時號務成子，說靈寶政事經。帝舜時號尹壽子，說太淸經、靈寶赤書。夏禹時號眞寧子，說五篇眞文經、龍蹻經。周時號郭叔子，說靈寶赤精經、道德二篇。秦始皇時授以鬼林經，並策役鬼神之符。漢世名赤松子，說三一經。文帝時號河上公，說道德篇章（靈寶無量度人上經大法）。

上述老子之神化人格，乃魏晉道士，爲尊崇祖師，弘揚道教所創出。因正史謂老子西出關，莫知所終，故東漢時卽有西入天竺爲浮屠之說（見襄楷傳）。意謂佛教之祖亦爲老子。自晉而後，佛教與道教爭勝，於是東晉道士王符乃作老子化胡經，因而道藏中又有西昇經，謂老君西去所說之經，又有文始眞經，謂老君偕關尹西去傳道，命關尹爲文始先生，此經卽關尹所說，又名關尹子。因老君歷代化身傳道，故又有八十一化經。如此，老子神矣聖矣！有此神聖之教祖，弟子亦榮矣。

然在一般人之心目中「惟天爲大」，故佛教徒謂釋迦係兜率天宮仙人化身；基督教徒謂耶穌係上帝之子降世。老子雖被尊爲教祖，然人所知者不過周之守藏史耳，雖云八十一化，乃神乃聖，然不配天，則不足以爲大，故葛洪枕中書，又推出二儀未分之時元始天王（元始天尊）爲道之祖，神仙傳謂「老子蓋得道尤精者也」。陶弘景眞靈位業圖，將道教之眞靈分爲七級，第一級爲元始天尊，而太上老君爲第四級。如此，老子雖得配天，然教祖爲元始天尊，則老子之地位，豈非明升暗降？如此，則與初創道教者之說相分歧，而道教之名義及系統皆搖動，乃不得不另有解釋。蓋平常之人，不能至兜率天宮直接聞道，必有天使下降爲衆說法，教徒以老子、釋迦、耶穌，皆天使也；天使代表天意化導世人，則天使亦卽天尊（道教有元始天尊，佛教無量壽經亦有天尊，爲佛之別號）。故基督徒有三位一體之說。如此，則老子之地位，仍爲至高無上。如釋老志所云：上爲神王之宗，下爲飛仙之主。道藏混元聖紀（宋謝守灝編，記述老子名迹變化，及其遺事微言。）謂「太上老君者，大道之主宰，萬教之主，元出乎太無之先，起於無極之源，經歷天地不可稱載，終乎無終，窮乎無窮者也。其隨時設教，歷劫爲師，隱現有無，罔得而測；然垂世之教，應現之迹，昭昭然若日月」。

老子既爲孔子師，道士謂佛教亦受老子之化，佛徒又謂耶穌教自佛教演出（虛雲法師所談），於是老子眞爲「萬教之主」矣。

附注：虛雲和尚湘鄉人，生於道光二十年。十九歲至福州鼓山湧泉寺爲僧。光緒三十二年，御賜紫衣缽具，封號慈雲洪法大師。民國三十二年，答蔣公問法書有云『或謂「基督教亦脫胎於淨土宗阿彌陀經。試觀耶穌身上搭衣與佛同，阿彌陀經說西方極樂世界；耶氏亦說天國極樂。淨土往生分九品；耶教李杕天神譜，亦言天神分九品。彌陀經說不可以少善根，福德因緣，得生彼國；耶氏亦言「你不在人間立功，上帝不許你到天國」。淨土念佛名號，求佛接引；耶氏亦以祈禱，求上帝哀祐。佛門有灌頂之法；耶氏亦有洗禮之儀。觀此，耶氏教義，與淨土宗趣大致相同。而耶氏誕生於釋迦後千有餘年，當是曾受佛化，得阿彌陀經之授，歸而根據之，另行創教，似無疑義。且耶氏曾晦迹三年，當是赴印度參學。事雖無據，而迹其蛛絲馬跡，似非厚誣云」。其言良非向壁虛構。惟表面耶氏雖類淨土初機之持名念佛，實則遠遜之。耶教着於他力，明其然，而不明其所以然，迹近勉強。持名念佛，則重他力自作相應。例如楞嚴經云：「十方如來，憐念衆生，如母憶子，若子逃逝，雖憶何爲？子若憶母，如母憶時，母子歷生，不相違遠。若衆生心，憶佛念佛，現前當來，必得見佛。……』。

五、道士

道教由方士之說彙集而成，道士亦卽方士之化身。方士含有兩種意義：一爲方外之士，莊子大宗師謂「彼遊方之外者也」。方者境域也，卽現實之域內也，此所謂方外，卽超出世外，不涉世事，異於世人之謂也。一爲方術之士，史記秦始皇紀「悉召文學方術士」。此所謂方術，卽煉藥成仙之術。此兩義合一，而爲後來之道士。

道士爲有道之士之簡稱，呂氏春秋謹聽篇「故當今之世，求有道之士，則於四海之內，山谷之中，僻遠悠閒之所，若此、則幸得之矣。得之則何欲而不得？何爲而不成？太公釣於滋泉，遭紂之世也，故文王得之而王」。此所謂有道之士，卽隱居巖穴，道家「自隱無名」之人物，並舉太公以爲例，太公以道術治齊，道教尊之爲神仙。道士之稱，西漢已有之，春秋繁露循天之道篇「古之道士有言曰：將欲無陵，固守一德」。抱一守靜，爲道家修身之要義。漢武帝聽方士公孫卿之言，立神明台，高五十丈，上設九室，置道士百人（見漢郊祀志下注），此道士卽方士之流。漢書王莽傳下「先是衞將軍王涉素養道士西門君惠，君惠好天文讖記，爲涉言星孛掃宮室，劉氏當復興，國師公姓名是也」。後漢書光武紀「初，道士西門君惠、李守等亦云劉秀當爲天子」。桓譚新論云「陽曲侯王根迎方士西門君惠，從其學養生却老之術」。天文讖記，養生却老，爲方士之學問，故方士亦卽道士，西漢之末，道士之稱遂代替方士之名。東漢時，道教出現，陰陽長生之說，皆歸於道教，倡導道教之于吉，時人稱之爲道士；崇奉張陵之道者，亦稱爲道士，於是道士遂爲道教徒之專稱。

後漢書第五倫傳「自以爲久宦不達，遂將家屬客河東，變名姓，自稱王伯齊，載鹽往來太原上黨，所過輒爲糞除而去，陌上號爲道士」。清靜寡欲爲道家之生活，第五倫此時灰心仕途，隱爲鹽賈，而所過處，輒灑掃以求清靜，時人就其生活之表徵，而稱之曰道士。道士之表徵爲清靜寡欲，與世無競，講述神異，勸人爲善；佛教徒亦然，故亦有道士之稱，盂蘭盆經疏云「佛教傳此方，呼僧爲道士」。行事鈔資持記云「道士本釋氏之美稱，後爲黃巾濫竊，遂不稱之」，道士名稱之原義，卽爲有道之士，故當日佛徒亦受此美稱，後因黃巾賊冒此名，佛徒遂避棄此稱。而道教徒則不能避棄，因道教寄託於道家，道教之名不可改，道士之稱亦不可改也。

釋道本有相通之義，祈福禳災爲道士與沙門必修之法，故皆接受法師之稱號。天師衣冠黃色（見晉書王恭傳），道士祖述之，當日黃巾賊亦黃冠，道士不避忌，故仍有黃冠之稱。後周時僧人亦黃衣，明時西藏刺麻之新教亦黃衣。釋道兩教之外表儀式，亦多相似；足徵人之心理百慮而一致也。

道士之目的在成仙，經過修行工夫，始能成仙，其修行之要道如何？試看道藏所述：以道爲事，故曰道事，道士有功，故號道士（道典論，太上太眞科經）。有道之士，取諸我身，無求乎人，道言修之身，其德乃眞之謂也（本願大戒經）。明戒須專，專必有應，應則通神，何勞乎感？欣戚兩遣，日夜專勤，誓進無退，號爲道人。人行大道，號爲道士，士者何也？理也，事也，身心順理，唯道是從，以道爲事，故稱道士（太上太霄琅書經）。

天尊言：學道之士，深處山林，或宮觀壇靖，積行修功，輔元贊化，以冀仙道。當發四方大願，朝夕行之，自然與道合眞。一飮一食，皆有祝願，念念不忘於國於己，以及一切能依修之仙道；可冀於道近矣（太上洞玄靈寶四方大願經）。

祖師曰：修眞之士，誠心以立其志，苦節以行其事，精思以徹其感，忘我以契其眞。苟能如此，經云「宇宙在乎手，萬化在乎身矣」。又曰「人能常淸靜，天地悉皆歸」。世人未必知此。能於喧中得靜，濁中得淸，作平等觀，了一切念，動無滯礙，得大安樂，是謂之道。如其不然，瞻星禮斗亦可也，念經誦咒亦可也，吾不知矣（海瓊白眞人（玉蟾）語錄）。

矜式篇——太上出家經訓云：出家因緣經云：道士凡有七階。天尊言：一者天眞，謂體合自然，內外靜純。二者神仙，謂變化不測，超離凡界。三者幽逸，謂含光藏輝，不拘世累。四者山居，謂幽潛學道，仁智自安。五者出家，謂捨諸有愛，脫離囂塵。六者在家，謂和光同塵，抱道懷德。七者祭酒，謂屈己塵凡，救度危苦。所以名道士者，謂行住坐臥，舉念運心，惟道是修，惟德是務，持齋禮拜，誦經燒香，奉戒修身，燃燈懺悔，布施願念，講說大乘，敎導衆生，發大道心，造諸功德，普爲一切，後己先人，不雜塵勞，惟行道業。故得天上地下，六道四生，禮拜皈敬，最爲尊勝，不朝天子，不揖諸侯，作人天福田，爲三界依怙（正乙部、道門通敎必用集）。

太上天尊曰：出家者有三義：一曰出家，斷絕恩愛纏縛之煩惱，常得自在。屛除六根三業之穢累，以求解脫。　二曰入道，道有二種：一者道境，謂玄壇靈觀，山林靖治，樹下花園，清淨無爲，不交凡世，身登此地，面對眞容，口誦靈文，無諸囂雜，燒香禮拜，行道誦經，講說大乘，專精守一，棄彼俗境，入此道場，陶煉心形，必至常樂，無去無來，湛然常住。　二者道體，謂端身靜慮，觀想內心，省察己形，遠觀諸物，同爲有待，俱是空無，暫爾暫住，欻有欻無，萬法不停，一生非久，熟看世界，念念無常，好體我身，誰爲眞者，當知假合，旣備因緣，聚散須臾，豈能常住？當復存三守一，鍊質成眞，長與道同，免其生死，常樂我淨，證果道場，轉此漏身。　三曰捨凡，凡有二種：一者凡境，謂天地日月山河石壁，草木蟲魚一切衆生，皆是有物，暫生暫滅，不可耽著，穢染我身。當知三界，悉爲空假，並能捨棄，永絕貪求。　二者凡身，謂我此身眼耳鼻口血肉皮膚手足毛髮，百骸九竅，總相聚合，名之爲人，究竟尋求，人無有處。生老病死，念念無常，不淨臭穢，暫時依倚，何須執著？而有是非彼我，殺生偸盜，嫉妬慳貪，罵詈嗔怒，愛憎取捨種種罪惡；今斷諸欲，除却惡根，澄淨一心，永絕煩惱，故曰捨凡。——總此三者，名爲道士（太上洞玄靈寶出家因緣經）。

道士修行之要則如上。出家三義之言，與佛教幾無分介。老子闡「有」「無」之道，釋氏講「空」「有」之論。談及「空」「無」，便感現世虛幻，引起超世思想。凡宗教皆有超世思想，其義殊途而同歸。道教後出之書，每混用佛經語詞，故前人嘗言道教某經某典，襲自佛教。其實理既相通，言有相類，此不足爲道教之短也。

天師子孫世代相承，古之道士，未必出家。然後世通常所謂道士，必爲出家之人。俗人因有家務之累，故汲汲皇皇，憂勞終身。釋氏要覽謂「家者，是煩惱因緣，出家者，謂滅垢累」。釋道弟子，當前志願，皆爲斷煩惱，求解脫，故屛去室家之牽絆；世人見其獨身主義，淸閒生活，以爲超然自在，故目之爲方外之人。欲斷煩惱，須屛棄諸慾，故淨除三業六根，爲釋道修行共同之要點，然此豈易事哉！此非苦修不可，不苦修不能悟道，悟道始能捨凡；捨凡修眞，始能入仙佛之境，悟道者卽爲有道之士，亦所謂道士，古今出家之人多矣，有道之士，則不可多覯也。

第四章　道教之道

方士所傳神仙之術，秦皇漢武求之，皆無所得。其長生之說，縱有所驗，而最大功用，只是延年益壽，如此則不能成爲宗教。宗者，本也；有所本，而成爲一種教化，對人生自有其一套理論，其理論有神秘之趣味，能使入其教者，信而不變；如此，方能成爲宗教。長生不死之術，雖不見實徵，而神仙思想（超世思想），則仍自存在；何也？蓋旣超世、旣神秘，不可以常理推測，則不可引現實以爲憑，故神仙思想仍不搖動。於是方士乃擴大神仙之說，謂欲成仙，不全賴方術；必須修行得道，始能超凡入聖，脫俗登仙。易言之，亦卽由修身而變化氣質，解脫煩惱。故于吉、張陵，皆以道德經爲傳教之法典。借道家之言以演神仙之說，使受其教者對現世生活有淸奇之趣，對未來有仙界之遠景，對社會有勸善懲惡之影響，如此，故成爲宗教。

依道家之言，而融合神仙之說，以成其宗教理論。例如道教之功臣抱朴子，其書之首篇暢玄，贊美道之玄妙，擯斥世俗紛華之虛妄，稱述學道者超然高尙之樂；其道卽自然適性，超世達觀之哲學；此乃道家之旨。其餘諸篇，則皆講學仙之道，神秘思想蘊於其中，此爲道教之本義；總覽道教全書，皆不外乎此例。其道可分爲兩部：第一爲宏揚道家所講天地自然之理與人生應行之道，第二爲修煉成仙之道，本書第六章中專述之，茲述其第一部：

一、以道德經爲基本聖典

道藏中收羅歷代道德經之注疏頗多，劉惟永道德眞經集義大旨，採七十八家之集注而編成。儒釋兩家之注亦採入其中；蓋道教有三教合一之論也。故道士講老子，亦有與儒家同流者，如宋當塗道士杜道堅自稱教門高士，著有道德玄經原旨，王易簡爲之序云：

道德經注者以百數，皆不究其著經之本意。南谷杜君原旨最後出，乃斷之曰「吾師採古史而作，以述羲軒堯舜之道者也。」蓋老氏職藏室史，舊聞未遠，垂衣結繩之治，粲然在目；文莫信於史，以古史徵之，而使人易信，實自今杜君始。

雖有謂老子之道，與儒釋不同者，然據杜氏所著，以平易之理解老子之玄義，與儒家所解似乎大同小異，而且對道士「好高」之論，加以非議，而道藏亦採其說，劉惟永道德眞經集義有云：

石潭曰：老子之解多矣，以學儒者解之，多以儒之所謂道者言之，若程大昌、林竹溪之類是也；以學釋者解之，多以釋之所謂性者言之，如蘇潁濱（轍）本來子之類是也；皆不得其本意。蓋儒者之所謂道，乃日用常行事物中之道，而老氏則以虛無自然者爲道，豈可強以合之於儒？釋氏之所謂性者，乃露倮倮，赤灑灑之性，老氏之所謂道者，乃形神俱妙之道，豈可強而合之於釋？雖曰天下無二道，聖人無兩心；然仁者見之謂之仁，智者見之謂之智，其所指地頭，則不可不明辨之也。蓋老子專指虛無爲道。而儒者則謂形而上者之道，不離形而下者之器。釋氏專指眞空爲性，而不雜乎形氣。而老子則欲形神俱妙，而與道合眞，此其所以不同也。若各據本教而言之，不惟失老子之宗旨，亦自失其宗旨矣。至於道家之解，如白玉蟾之類，固是本色；然但一向好高而務簡徑，其辭多不可曉，反成郭象之注莊子焉。故今之爲解，一以老子本教言之，庶不失老子之本意，又不敢如白玉蟾輩好高而辭意不明焉。

如講道德經與儒門所解者同其義理，而擯斥道士「好高」之說，則只成爲一部用世哲學，不合神仙思想，道教何所依託？所以道士不得不神化老子，並不得不神化其書，故道藏有云：

夫玄宗之爲教也，以清虛靜一爲宗，以長生不死爲樂。故浮黎元始天尊，未知其幾千萬劫方至三清。又自三清不知其幾千萬年，方且化身下降而爲老子，以度眞人尹喜（洞神部道德眞經三解、玉賓子鄧錡序）。

此經（道德眞經）是三教之冠冕，衆經之領袖，大無不包，細無不入，窮理盡性，不可思議（道德眞經玄德纂疏）。

老子之道卽金丹之大道也。夫金丹之道，先明三綱五常，次則因定生慧。綱常既明，則道自綱常而出，非出綱常之外而別求道也；是謂有爲，故云和其光同其塵也。乃至定慧圓明，是謂無爲，故云知其雄守其雌也。道至無爲，則神仙之事備矣（上陽子金丹大要、虛無篇。上陽子陳致虛，號觀吾，元人）。

道德五千文，經之大者也。是道也，故通乎天地人，萬物從之以終始也。上士受誦爲太上仙王，中士受誦爲飛仙，下士受誦生轉輪聖王家，不經地獄，常生福國，命過之時，天帝雲車迎其魂神，安處福堂也；此度人無數量，不可具言者也。昔有婦人，受誦是經，夫恒惱怒之，婦遂白日昇天，夫遂入地獄，婦令讀道德經，後亦脫苦昇仙（太上洞玄靈寶智慧本願大戒上品經）。

如上所述，以老子爲天神化身，則其書當爲神書，以其書無所不包，不可思議；謂其道卽金丹大道，其道通乎天地人，誦之者，能昇天成仙。如此，將道德經納於神秘之中，方合宗教之旨趣。故道士白玉蟾注老子，其辭多不可曉，卽老子之本文，亦有難解之辭，隱晦之語，蓋道之深境，只可意會者，本非言辭所能表達，對難曉之義，精心追究，如釋迦之冥坐，達摩之面壁，深奧妙義，須苦思乃能得也。

二、由道家之言而演出道教之言

儒門學者，代聖人立言；道士則代神仙立言。道藏五千餘卷，其義理部門，除道德眞經（老子），南華眞經（莊子）、沖虛至德眞經（列子）、淮南眞經（淮南子）等等而外，其餘有道士代神說法者，如三洞寶經，爲元始天尊所講；陰隲文、爲文昌帝君所講；又作陰符經、代表黃帝之言；又作文始眞經、代表關尹之言。亦有道士自表其明道之言者。略舉如下：

洞玄靈寶自然九天生神章經解義——經文「天寶君者，則太洞之尊神，天寶丈人，則天寶君之祖炁也。」此言教迹之本。洞眞教主，卽天寶爲跡，祖炁爲本。祖炁卽混洞太無元高上玉皇之炁也。天寶君乃萬道之主，故爲大洞之尊神也。天者以玄爲義，取其自然，故以天名，寶者至貴之稱，君者至尊之號，謂爲羣生之所尊貴也。大洞者，乃三洞未分，總爲大洞，如二儀未判，謂之混沌也。尊神言其主也，蓋高而無至仰之曰尊。炁母混成，不測爲神，此合理氣而言也。又稱丈人者，是炁之主宰，而最高最先者也。

又經文云「丈人是混洞太無元高上玉皇之炁。九萬九千九百九十億萬炁，後至龍漢元年化生天寶君，出書時號高上大有玉清宮。」混以不分爲義，洞以虛通爲義，萬化之樞紐，通謂之元。九萬九千九百九十億萬炁者，乃混沌之先，未有歲數可紀，故但以氣言數，積至此，然後龍漢劫開，九乃陽數，經云「積陽成天」是也。龍漢乃始劫之名，屬東方天境，元年是初始之號。所謂化生者，乃有而無形，無而有精，非由形生，故稱爲化，此乃無象之象，非狀之狀，惟道爲身，不盡空有矣。出書時者，即龍漢劫初之時，出洞眞十二部之書也。且當是之時，人物未兆，何由出書？殊不知是書之文，是炁之所結也。纔有是炁，便具是書，而炁之所以然者，皆書之理也。高上大有玉清宮，乃天寶君之所治也。

天尊言：道者以誠而入，以默而守，以柔爲用。用誠似愚，用默似訥，用柔似拙。夫如是，則可與忘形，可與忘我，可與忘忘。入道者知止，守道者知謹，用道者知微。能知微則慧光生，能知謹則聖智全，能知止則泰定安。泰定安則聖智全，聖智全則慧光生，慧光生則與道爲一。是名眞忘，惟其忘而不忘，忘無可忘；忘無可忘，即是至道。道在天地，天地不知，有情無情，惟一無二（洞眞部、天尊玉樞寶經）。

老君曰：上士無爭，下士好爭；上德不德，下德執德；執着之者，不名道德。衆生所以不得眞道者，爲有妄心。既有妄心，卽驚其神；既驚其神，卽着萬物。既着萬物，卽生貪求；既生貪求；卽是煩惱。煩惱妄想，憂苦身心，便遭濁辱，流離生死，常沉苦海，永失其道。眞常之道，悟者自得，得悟道者，常淸靜矣（洞神部、太上老君說常淸靜妙經）。

得道者，自得玄機，了生滅法。而於智慧，無有限量，生滅之理，自然無畏，一切種智，普及後來。如聞是法，亦皆得度無上至眞要路，登大法橋，直超道岸。……帝王得之，則垂拱無爲，天下自治。賢者得之，盡其孝悌忠信，上輔其君，安鎭國祚，災害不生，妖孽永消，吉星常照，禍星自滅，兵戈不起（上淸境靈秘經）。

天地至大，人生其間，一身至微，而能與天地相參，而曰三才者，唯此心耳。此心之體在乎天地之先，而量包乎天地之外，主宰一身，賅具衆理，本來至善。但以氣稟有純粹偏駁之殊，未免爲物慾所蔽，染習所移。若習於善，則此心廣大光明，與天合德，是名白業；若習於惡，則此心昏昧慘塞，同地卑汚，是名黑業。爲白業而又能棲神鍊氣，返陰成陽，道行日高，世緣既滿，自然乘輕淸之炁，上昇乎天而爲仙矣。其端人正士，孝子忠臣，雖未通仙道，而仙之標格已具，故其剛明正直之炁，自不可已，則爲神明而廟食千載，復降於世，則爲聖爲賢。或雖未爲惡，然其心馳逐事物之表，素無存養之功，則其死也，神識迷亂，滯着業緣，浮蕩幽冥，不能解脫。故須攝鍊乃可超生，彼沉溺愛河，往而不返，黑業日深，福緣一謝，自然隨昏濁之氣，沉淪地下，則爲魔爲鬼；或生於世，則爲愚頑下賤，猶執飲食男女之慾，寃親報復之念，如醉弗醒，如夢弗覺，繼續作惡致罪（玉宸經法鍊度內旨、趙宜眞序）。

夫道者，入聖超凡，福資九祖，逍遙無礙之鄉，逸樂有玄之境，聚則成形，散則爲風。三清共論，玉帝同談，不屬五行，超離三界，此乃證虛無之妙道。欲證此道，先修人道，去除妄想，滅盡六識，明立玄牝根基，須分陰符陽火，如鷄抱卵，出有入無，功行圓滿；身外有身，仙丹妙寶，隨意自取；玉室金樓，隨心自化。呼風叱雨，坐役鬼神，噓氣可以治病，點石可以爲金，不與凡同，奉膺天詔，證果眞仙矣（道法會元）。

以上根據道德經形容道體之言「有物混成，先天地生」，及「天下萬物生於有，有生於無」等義，以神化道體。依據「古之善爲士者，幽微玄通」、「致虛守靜」及「上德不德」、「常德不忒，復歸於無極」等義，以明道之妙用。河上公謂：歸於無極，卽「長生久壽，歸身無窮極也」。故能得道之妙用者，卽爲眞仙矣。

無人世，亦卽無所謂仙界，宗教之最高程度，在乎超世，然必以現實爲依據，故道教有「欲修仙道，先修人道」之訓；人道者，普通之人生道德也。略舉道藏所述者如下：

貴莫大於無罪，樂莫大於無憂，富莫太於知足（雲笈七籤、七部語要）。

眞人非難學，學之先以孝。孝弟非難行，順事父母心。父母本天尊，汝其悟於心（太上靈寶淨明洞神上品經、淨明正印篇）。

凡學黃素（黃帝素書）者，要在忠孝，忠孝之人，持心直諒，秉氣溫恭，是非不能搖，淫邪不可入。十善俱備，五逆咸消，一心之中，外物不泊，自然成就。畢竟有成，則黃素之士以忠孝爲本也（黃帝素書入道品）。

道者性所固有，非外而鑠。孝弟道之本，是以上士學道，忠孝以立本也，本立而道生矣。學道以致仙，仙非難也，忠孝爲先，不忠不孝而求乎道而冀乎仙，未之有也（太上靈寶首入淨明四規明鑑經）。

世謂仙道者，遺世絕物，豈其然乎！西山玉眞劉先生（劉玉字頤眞，南宋江西建昌人，道藏列爲神仙）繼旌陽仙翁（許遜、晉汝南人，曾爲旌陽令）淨明之道，必本於忠孝。匪忠無君，匪孝無親，八百之仙，率是道矣。噫！非忠非孝，人且不可爲，況於仙乎！維忠維孝，仙猶可爲，況於人乎！古人云「欲修仙道，先修人道」，舍是何以哉？（淨明忠孝全書，光祿大夫蔡國公張珪序）。

元始無量度人上品妙經、頌云：道本無聲豈有言，聖人立法強宣傳。求魚須是因荃力，獲得魚時豈用荃。數里巡行漫役形，要須行善作規箴。長生度世無他事，只要修持一片心。學人修習洞玄章，慈愛之心不可忘。爲國爲家兼濟度，度人功德始無量。

以上所述，已可見道教之教義。道藏諸經，除講修煉之法而外，大抵皆如上舉之例。于吉之太平經，講慈善忠孝可以致太平，天師張衡誓以忠孝導民，抱朴子謂求仙必須慈心於物（微旨篇），北派教主王重陽，教人先誦孝經及道德經。元始洞眞慈善孝子報恩成道經謂「有德之人，孝心高遠，道合天地」，謂一切惡行皆爲孝道所忌。上方靈寶無極至道開化眞經，講孝義賞罰治天下之道。弘道錄，講五倫五常之道。是以道教大師劉玉云「道藏諸經，無非教人捨惡歸善」，道教教人所修之「人道」，與儒家無貳，惟儒家之目的，爲求自心之所安，實行人生之當然；道教則在乎修德積功，獲得仙果而已。

三、三教並稱

天下事每多巧合，老、孔、釋迦，俱爲周靈王時人，當西漢之末，道教出現之時，亦正佛教傳入之時。道教既奉老子爲天神，爲教宗，自此，道教遂代表道家。道教，教人焚香祈福，佛教亦然；初期崇佛教者，以佛與道作同等觀，故對僧人亦稱道人（見南朝宗炳明佛論），僧人亦自稱貧道（見釋惠遠答桓太尉書）。爾時未注重佛理，只作譙祭祈禱而已。後漢書光武十王、楚王英傳云「晚節更喜黃老學，爲浮屠齋戒祭祀」。漢桓帝於宮內立祠、奉祀浮屠老子。當時襄楷上書云「聞宮中立黃老浮屠之祠，此道清虛，貴尙無爲，好生惡殺，省慾去奢」（襄楷傳）。可見當時對佛與道視爲同等，二者並稱。原夫儒家敎化，普遍廣大，居正統地位，自此佛教道教出而勸人爲善，亦有淑世之功，人生思想大抵不出此三家，於是乃有三教之稱。東漢牟融理惑論，每以老、孔、佛三家之理，相提並論。吳王孫權，問三教，尙書令闞澤對曰「孔老設教，法天制用，不敢違天；諸佛設教，天法奉行，不敢違佛」（見廣弘明集法雲所著翻譯名義集）。自東漢以來，三教並稱，成爲流行之語。

蓋儒家之道，上自政治，下及民俗，已成爲天下之達道，而宗教亦能取得一般人之信仰，自其對社會之功用而言，三家皆教人修身濟世，故儒家雖異於宗教，而亦與宗教同稱，晉書司馬懿傳「博學洽聞，服膺儒教」。將三家之道視爲三種教化，道並行而不相悖，故儒生亦習佛經道典，釋子道士亦習五經，三家之書亦相提並講；六朝時梁邵陵王綸、馬樞講三家之書，道俗聽者二千人，所發問題，皆一一詳答（見陳書馬樞傳）。南齊張融臨終時，左執孝經老子，右執法華經，蓋素日卽抱三教一致之思想。北周衞元嵩作三教論（見舊唐書、經籍志）。唐孫思邈亦作三教論。遼史太祖紀神冊三年五月，詔建孔子廟、佛寺、道觀，以示三教並重。至明朝林兆恩則更欲合三教爲一而造成宗教。此可見昔人三教一家之觀念。

儒家講人生日常實行之道，宗教則重乎出世思想，儒家當然不同乎宗教；故有人反對三教並稱之說，其實亦片面之見也。莊子德充符引孔子之言云「自其異者視之，肝膽楚越也；自其同者視之，萬物皆一也」。天下安有絕對相同之事物？三教合一之說，蓋自其同者言之也。道教最好講三教一致之論，茲略述其言如下：

讀聖人之書，行聖人之道，循乎禮義，儒道一理也（天皇至道太淸玉冊經）。

或問全眞教大類於釋，何也？曰：老氏之虛無自然，無爲淸靜，未嘗不類於釋氏也。其存性養命之術，乃聖人不得已於第二雲頭捺下一門，蓋引漸修之士也。上乘一脈，非聖人孰能與於此（玄宗直指萬法同歸，建安仰山道院牧常晁撰）。

道出於一，教或有異，出於一者，宗也；或有異者，派也。自派求宗，異乃合一，又奚有差別哉？今人以釋道爲殊途，不啻朱墨，豈知釋道同乎一宗，初無少異。故天尊經說：玉帝放光，而金仙之衆，並獲入會，此蓋聖眞同心，釋道同宗也（高上玉皇本行集經卷上注）。

紫淸白眞人云「若曉金剛圓覺二經，則金丹之義自明」。何必分釋老之異同也。或問：老釋之教旣同，而儒教同否？答曰：教雖分三，道則一也；學者根器不等，聞見淺深、各宗其宗，互相是非，皆失其本，殊不知一身本具三教（金丹直指，永嘉周無所注述）。

上陽子曰：天下無二道也。昔者孔子曰「吾道一以貫之」。老子曰「萬物得一以生」。佛祖云「萬法歸一」。是之謂三教之道一者也。聖人無兩心，佛則云明心見性，儒則云正心誠意，道則云澄其心而神自淸；語雖殊而心同，是三教之道唯一心而已。當知此心乃天地正中之心也，當知此心乃性命之原也。是以中庸云「大命之謂性」，大道歌云：「神是性兮氣是命」。達摩東來直指人心，見性成佛。是三教之道，皆當明性與命也（上陽子金丹大要發眞）。

無垢子何道全隨機應化錄，三教一源詩云：「道冠儒履釋袈裟，三教從來總一家，紅蓮白藕青荷葉，綠竹黃鞭紫筍芽。雖然形服難相似，其實根源本不差。大道眞空原不二，一樹豈放兩樹花」。

譚處端眞人水雲集三教詩云「三教由來總一家，道禪淸靜不相差，仲尼百行通幽理，悟者人人跨紫霞」。

以上所述，雖未將三教合一之理詳細闡明，然其教人修身之旨，可謂志同道合，誠如葛仙翁所云「天下無二道，殊途而同歸；聖人無兩心，百慮而一致；古今一道，聖賢同心」（西山羣仙會眞記、華陽眞人施肩吾撰）。是以聖賢仙佛合爲一家。江祿列仙傳所列神仙百四十六人，其七十四人在佛經。葛洪枕中書，列仙之中，周公孔子皆居要位。道藏黃帝陰符經、有雲峯散人夏元鼎宗禹所譔之三教同歸圖，自注云：三教殊途同歸，妄者自生分別，釋道修眞養性，正心誠意之道，與吾儒有何畦畛哉？

四、三教相攻

宗教之旨雖在出世，亦必以現實爲依據，惟其有益於世道人心，成爲一種教化，故能取得社會地位。即謂宗教偏於獨善其身之道，然亦不違儒家之旨。而釋道兩家，皆重出世之想，則更不應互相非難，然而釋道二教於東漢同時流行，不久便發生互相攻擊，儒者亦或謗佛、或譏道，或對兩家皆排斥之；而彼此攻擊之理由，皆浮淺而不着實際，甚至無理嘲罵。儒者反對出世，猶有可說；釋道相攻，則大抵各爲其本教之社會地位而競爭，其教義小異而大同，故彼此之攻擊只有皮毛之痛癢，而根本皆無所損。茲略舉其相攻之語如下：

佛教非中國所產，爲夷狄之道。孝經言「身體髮膚，受之父母，不敢毀傷」，沙門剃頭，違聖人之教；而棄妻子，或終身不娶，尤悖孝行。談生死之事，鬼神之務，亦非聖哲之語。——以上見牟融理惑論。融好講佛理，當時反對佛教者向融問難，融作論以答之。融本爲儒者，崇儒信佛，尊老子而反對道教神仙不死之說。道士向融質詢：爲何詘神仙而信佛說？豈道不如佛乎？融毅然回答，謂長生不死之說乃妖妄之言。

佛教戒殺，乃無意義之事，佛教不能懲暴止姦。沙門棄親出家，背理傷情。——以上之說，晉孫綽作喻道論以駁之。

南朝宋世顧道士（名歡，南史有傳）作夷夏論以闢佛，謂不可捨華而效夷，中夏之性不可效西戎之法。佛經繁而顯，道經簡而幽。佛教無生之論，不如道教不死之說。且下棄妻子，上廢宗祀，爲悖德犯順。荒夷之禮節，爲狐蹲狗踞。——以上之說，當時朱昭之作難顧道士夷夏論、朱廣之作諮顧道士夷夏論、釋慧通作駁顧道士夷夏論，以駁之。

南朝毀佛者造三破論：第一謂佛教入國而破國，不田而食，不蠶而衣，不生人口，國窮人絕。第二謂佛教入家而破家，使父子殊事，兄弟異法，遺棄二親，骨肉生仇。第三謂佛教入身而破身：一有毀傷之疾，二有髡頭之苦，三有不孝之逆，四有絕種之罪，五有亡禮從誡，不跪父母之謬。　又云：佛舊經本云「浮屠」，羅什改爲佛徒，知其源惡故也，所以名爲浮屠。胡人兇惡，故老子云化其始，不欲傷其形，故髡其頭，名爲浮屠。況屠、割也，至僧褘後改爲佛圖。本舊經云喪門，喪門由死滅之門，云其法無生之教，名曰喪門。至羅什又改爲桑門，僧褘又改爲沙門。沙門由沙汰之法，不足可稱。——以上之說，劉勰作滅惑論，釋僧順作釋三破論以駁之。

釋僧愍因顧道士謗佛，乃作戎華論以詆道教云：道經則少而淺，佛經則廣而深，道經則近而闇，佛經則遠而明。首冠黃巾者，卑鄙之相也；販符賣籙者，天下邪俗也。

釋玄光作辨惑論以詆道教云：鍊身鍊丹，皆無實效；拜神帶符，皆爲妖法。

佛徒由道經中尋摘問題作笑道論以擊道教（北周天和五年甄鸞上笑道論，羣臣詳議，以爲傷蠧道法，卽於殿廷焚毀）。道士亦作道笑以敵之。

笑道論曰：文始傳（文始卽關尹子）曰：「道生東方爲木，男也；釋生西方、爲金，女也。案金克木，官鬼爲夫，佛應是男；道乃爲女」。道家笑曰：「循檢後漢佛書初入中國，卽有彌勒爲女身經，轉女身菩薩經（唐、智深開元釋教錄、猶載其目），佛本是女，是好女子，何勞深諱」。

笑道論曰：「臣就觀學，先教臣黃書合氣之法，三五七九，男女交接之道，四目四鼻，兩口兩舌，兩手兩心，正對陰陽，法二十四氣之數行道」。道家笑曰：「就寺披經，尤堪撫掌，大集經云「賢劫初，大三摩多夫人貪欲，驢根出現，就之生子」。觀佛三昧經云「佛出身根，繞須彌山七匝」。又云「佛化人與淫女妙意行於世事，乃至六日，纏綿不已」。大威德陀羅尼經云：「佛告阿難，如一夫人，以千數丈夫，受欲果報，不可令其知足。有五疽蟲在陰道中，常惱彼女，令其動作」。

由上所舉，可見釋道相攻，皆未有精義之辨論，道教指責沙門棄親眷，廢宗祀；釋子譏笑道士煉丹賣符；此類口實，彼此尚有痛癢之感。循至以禮節服形相異而誹詆；甚至於對浮屠、沙門名詞之字面加貶斥；更甚至於各爭男子之名義，而使對方居女子之名義；更甚至於以「驢根」「淫女」穢言惡語相罵，直等於無理取鬧。至於僧人攻擊道士講男女之私，傳房中之術；道士攻擊僧尼不婚，而夭胎殺子；僧道之惡行，於其教義無關，彼此互不能相服也。

二教相詆，儒者亦參與其間。攻擊佛教之主因，即以佛教處世之方，與華夏之倫理不合，父子之親，君臣之義，為人生之大倫，佛教出家，割捨親屬，與中土人情相違。國君雖為至尊，而佛徒不慕富貴，天子不得而臣，釋迦以國王仁愛利人，人民自然親附，故不勸民眾向國王誓忠（中含本起經）。因此，沙門不敬王者，成為一大問題，自東晉辯論激烈，如太尉桓玄，宰相庾氷等，均謂沙門亦國民也，國民受王者保養之德，豈可不敬？而尚書令何充、司徒王謐等，則謂沙門守一修善，禮儀之簡，出乎自然，宜遵武帝明帝之例，不使之屈膝致敬。當時高僧慧遠亦有答桓太尉書，據理爭辯懇求；辯論結果，朝廷允許沙門不致禮，以表示「兼愛九流，各遂其道」之意。此問題至唐時，又辯論甚烈；唐高祖自稱係老子之裔，令道士居僧人之上，僧智實上論道士處僧尼前表，謂僧人亦在臣子之列。以諍臣自居，然其用意只在乎引「事君有犯無隱」之義，謂道士非老君之徒，乃黃巾之遺孽，使之居僧人之上，有損國化，未言僧人當遵臣子之禮。當時名僧如崇拔、宣業、威秀、元範等皆奏述出家人不應拜君親；靜邁則上僧尼拜父母有損表，彥悰則著沙門不應拜俗論。士大夫如馮神德、程士禺等，亦上沙門不應拜親表，謂佛有成教、道俗殊津。而李義範、楊思儉等議沙門不應拜俗狀，則謂君臣父子之禮不可廢，孝敬之風不可泯，主張僧人亦不得不拜君親，辯論結果亦聽沙門之自便。儒者攻佛，大抵卽以其不合中國倫理思想。韓昌黎以保衞儒家之道統以自任，其論佛骨表、闢佛之理由，亦不外謂佛非中國之法，「衣服殊製、不知君臣之義，父子之情」而已。

佛與道之理想，皆爲出世，道士出家，其離親屬，「不田而食，不蠶而衣」，與佛徒同，因此，儒者又對釋道一齊攻擊。自魏晉至唐，釋道與儒家鼎足而三，盛行已久，學者感長生飛昇之說，既恍惚而無憑；而涅槃空寂之途，亦幽遠而難達；於是宋儒出而重振孔孟之道，排斥佛老之教，而建立理學，其實理學乃潛吸釋道兩家之說而構成其特色，然而理學家不肯公然承認也。

三教互爭，帝王亦嘗召三家名流開辯論會（續高僧傳、曇無最傳：元魏正光元年，明帝召釋道兩家上殿，請諸法師與道士論義，清通觀道士江斌與無最對論。舊唐書李泌傳：敬宗寶曆二年，詔兵部侍郎丁公著、太常少卿陸亘、大理少卿李繁等三人，抗浮圖道士講論。）。民間則造三教吸醋圖以譏誚，畫儒釋道三人，共圍一醋甕，持杯蹙眉而吸醋。蓋嫉妒之情生則心酸，以心酸比喻吃醋，三酸圖之意，卽言三家之相攻，純屬無謂之嫉妒，如世俗所說「吃醋」一般也。

五、三教合一

韓非子顯學篇云「孔墨之後，儒分爲八，墨分爲三」，荀卿尚不在韓子所說之八派以內。荀子非十二子篇，斥子思孟子「見聞雜博，甚僻遠而無類」，同屬一家，而攻擊如此，而況宗教與儒家出世入世，兩路不同，門戶對立，豈非必然之事。

然而宇宙一切，自其異者視之，萬物莫不異；自其同者視之，萬物莫不同；孿生之子，面目相同，而有其相異之點；東西人之言辭各異，而有其相同之語。儒分爲八，不離孔子之道；墨分爲三，仍本墨子之旨。蓋人情大抵不相遠，人同此心，心同此理，所謂「天下殊途而同歸，一致而百慮」也（繫辭）。

儒家務經世之道，而孔子以道不行，睹鼓方叔入河避世，乃亦作入海居夷之想；釋道志在出世，而沙門托鉢、天師封侯，仍重現世生涯。蓋人旣不能遺世獨立而生存，則必走儒門之路。而世事煩惱，人生無常，現世旣使人不滿，乃有超世之思想，尋淸靜之境界，以安心神，此則必走宗教之路。儒釋道皆爲解決人生問題之道，各從人之心願，不應有所衝突。

大學云「自天子以至於庶人，壹是皆以修身爲本」。教人修身，三教同義，其在社會，皆有教化之功，故昔人有三教合一之論。三教互攻，其主因爲三家之理趣不同，生活情調亦異。志趣所向，信仰隨之，崇信某一家，便擁護某一家，爲尊重其信仰，宣揚其教威，便貶抑他教，因此而發生互攻。再其次，則爲社會地位相爭，如俗人之爭權一般，其互相攻擊，乃皆無謂之訕譏，各不能相勝。理趣至高之境，雖不相同，而各有其妙，又豈至互相爲敵！是以歷代不乏哲人對三教皆能悟其妙旨，而以爲道並行而不相悖也。玆略述三教合一之談。

儒與道

道教依託老子，孔子問禮於老子，儒道本有相當關係。道教發起人張道陵，本爲大儒，晚年始學長生之道。抱朴子、陶弘景，俱爲初期道教之元勳，抱朴子外篇講「君道」「臣節」，純爲儒家之言；其內篇論神仙之事，極贊其叔祖葛仙翁之弟子鄭隱有種種仙術，謂「鄭君本大儒士也，晚而好道，猶以禮記尚書教授不絕。其體望高亮，風格方整，授見之者皆肅然，每有諮問，常待其溫顏，不敢輕銳也」（遐覽篇）。陶弘景爲博學鴻儒，齊武帝引作諸王之侍讀，其著述除道教書而外，有學苑百卷、及孝經論語集注，精於儒家之學。

歷代儒道兼修之士頗多，南齊杜京產，不求仕進，聚徒講學，博通經史，學賅玄儒。沈驎士、隱居講經教授，屢徵不起，著莊子內篇訓，注易禮尚書論語孝經。隋朝徐則、不娶不仕，精通三玄、後學數百人，苦請教授，謝而遣之，入天台山，絕穀養性，餐松餌朮以終。宋朝道士种放，亦儒亦道，著孟子上下篇。葉夢得避暑錄話、謂歐陽修蘇軾皆好神仙。

黃庭經、參同契，爲道教之要典，歐陽修曾託名「無仙子」刪正黃庭經。朱晦庵最愛參同契，並作參同契考異，署名爲「空空道人鄒䜣著」。宋儒論宇宙本體之太極圖，即華山道士陳摶所傳，周濂溪得之，作「太極圖說」，爲宋明理學宇宙論之本。

道藏中許多經典純講儒家之道，例如弘道錄五十五卷，講五常五倫之義。上方靈寶無極至道開化眞經，講孝弟賞罰，治天下之道。洞玄靈寶太上六齋十直聖紀經，十善：第一爲孝順父母，第二爲忠事君師。太上靈寶淨明洞神上品經，淨明正印篇云「眞人非難學，學之先以孝，孝弟非難行，順事父母心。父母本天尊，汝其悟於心」。玉眞靈寶壇記云「太上忠孝，大道之門」，此門即成仙之門。道典論、太極眞人飛仙寶劍上經云：「至忠至孝之人，將來漸升而爲天官」。——此與儒家之教義何異？惟儒家以孝弟爲作人之本；而道教以忠孝爲成仙之門而已。

▲儒與釋

佛教以「諸惡莫作，衆善奉行」，爲處世之準則，不悖儒家之旨。或謂佛家講因果報應，爲迷信之說。夫天下事，有因必有果，爲顯然之事，善人固然未必得善報，且善人亦不在乎得報，其心安理得，即報應也。惡人固然未必得惡報，然罪惡在身，晝夜惶愧不安，即報應也。清平之世，彰善癉惡，是非分明；喪亂之世，善人無保障，惡人愈危險，書曰「天道福善禍淫」（湯誥），易曰「積善之家，必有餘慶；積不善之家，必有餘殃」（坤卦），是儒家亦講因果報應也。

反對佛教者，或以佛說非六經之言；或以佛徒出家，違乎中國之孝道；禮節服形，不合中國之禮俗。牟融理惑論謂「書不必孔孟之言，藥不必扁鵲之方，合義者從，愈病者良，君子博取衆善以輔其身。子貢云：夫子何常師之有」？晉朝學者，好談三玄，亦崇佛教，孫綽、郗超俱爲名臣，皆篤信佛法，孫綽作喻道論謂：釋迦爲太子，學道成佛『遊步三界之表，恣化無窮之境，意之所指，無往不通。大範羣邪，遷之正路；衆魔小道，靡不遵服。于斯時也，天淸地潤，品物咸亨，蠢蠕之生，浸毓靈液；枯槁之類，改瘁爲榮；還照本國，廣敷法音，父王感悟，亦升道場，以此榮親，何孝如之？佛有十二部經，其四部專以勸孝爲事，慇懃之旨，可謂至矣』。又謂『周孔卽佛，佛卽周孔，蓋外內名之耳。故在皇爲皇，在王爲王，佛者梵語，晉訓覺也；覺之爲義，悟物之謂，猶孟軻以聖人爲先覺，其旨一也』。郗超作奉法要謂：對佛教「宜略其事，而喻深領幽旨，若乃守文而不通其變，徇教而不達教情，以之處心循理，不亦外乎」？又謂『佛經云「心所不安，未嘗加物」，卽近而言，則忠恕之道；推而極之，四等之義；四等者何？慈悲喜護也』。南朝宗炳作明佛論云「佛經包括五典之德」。沈約答釋法雲書、贊美法雲「孔釋兼弘」。皆謂儒釋不相悖也。

夫道有不同，各適其用，能洽於心，便悟其美，能悟其美，便傾好焉。不識其趣者，兩相隔膜，表面之褒貶，皆不能得當也。歷代名儒，精於佛理，皈依佛教者多矣，南朝周續之、雷次宗，皆精通詩禮，皆入廬山師事沙門慧遠。劉虯抗節好學，篤信釋氏，梁太始中罷官歸家，衣粗布衣，禮佛長齋，注法華經。唐裴休能文章，操守嚴正，精於法政財務之學，宣宗常贊之曰「休眞儒者」，尤深佛典，公事之暇，輒入山寺，與僧講求佛理，中年後，不食葷，齋中香爐貝典，詠歌贊唄以爲樂。以及大詩人王摩詰白樂天等，皆奉佛，與僧人爲友。宋儒堅持儒門旗幟，而尤好佛學，程史云『王荆公問張文定公方平曰「孔子去世百年，生孟子，後絕無人，何也」？文定言「豈無，尚有過於孟子者」。公問「是誰」？文定言「黃梅、曹溪、馬祖、無業、雪峯、巖頭、丹霞、雲門是也」。公問「何謂」？文定言「儒門淡薄，收拾不住，皆歸釋氏耳」。荆公欣然歎服』。好佛學，故多與僧爲友：如周濂溪之於慧南，歐陽修之於圓通，陳了翁之於明智，程伊川之於靈源，楊時之於常總，張九成且爲大慧高弟，濂溪曾參佛印，陸象山曾參德光，朱晦庵曾參大慧、道謙，晦庵自謂「某於釋氏之說，蓋嘗師其人，尊其道，求之切矣」。又謂「少年亦曾學禪」。爲保衞儒家之道統，後來雖貶抑釋道，然其學佛家跏趺靜坐，始終不懈。故顏習齋云「朱子教人半日靜坐，半日讀書，無異於半日當和尚，半日當漢儒」。以及王陽明、王龍溪皆深受禪學之啓導。儒者既好佛學，釋子亦好講儒家之學，好與士人交遊，宋僧智圓，自號中庸子，作中庸子傳，契嵩作中庸解。儒釋如此融洽，可知兩道之不悖。

▲道與釋

釋道皆志在出世，出世思想，意皆相通。六朝時，三教之論辯頗盛，當時有論者曰「泥洹仙化，各是一術，佛號正眞，道稱正一，一歸無死，眞會無生」。「無生卽無死，無死卽無生，名反實合」；此謂釋道如一也。而南齊明僧紹駁之云「老子之教，蓋修身治國，絕棄貴尙，事止其分，虛無爲本，柔弱爲用，內視反聽，深根寧極，渾思天元，恬高人世，浩氣養和，失得無變。窮不謀通，致命而俟；達不謀己，以公爲度；此學者之所以詢仰餘流，而其道若存者也；安取乎神化無方，濟世不死哉！……經世之深，孔老之極也」（弘明集，正二教論，諮顧道士夷夏論）。此以孔老並論，蓋以孔老之學，皆非出世之道也。謂孔老所講者，爲修身治國之道，道教「符咒章劾，咸謂老君所傳，學無所依，考之典義，不然可知」。此乃攻擊道教，而非攻擊老子。然道教依託老子，此等言論，攻擊道教於老子無傷；而贊美老子則於道教有榮。蓋宗教雖講出世法，然不能離入世法，道教之入世法，講老子之道德經，佛徒不能非議，而誦咒諷經，神秘之事，與老子無關，乃宗教之特色，佛教亦然，以此非議道教，乃自相矛盾也。

有以道經中有佛經語詞，便謂道襲經取佛經者，其實不盡然；佛經傳入中土，將天竺文譯爲漢文，當然有與道經相同之語；如此便不得謂道經襲自佛經，或佛經襲自道經。而況宗教義理相通，不但其譯語可能雷同，而其實際亦有相仿，或互相採納，當有類似之處。茲略舉其相同之點：

道教謂其符籙之經典爲天尊所授。印度宗教最古禱謝祝禳之經籍，如四吠陀典、吠世吏迦經等，亦謂爲仙人所撰集。祈福禳災種種法術，爲釋道對人精神勖慰之秘方。

佛經常講六根、三業、因緣、報應等義。道教太上靈寶朝天謝罪大懺經、亦講此義。青溪孟道士所集之道教義樞，其篇目有三業義、十惡義、三乘義、自然義、福田義（明因果之源）、淨土義、三世義，此書幾乎與佛經無異。

佛說天地八陽神咒經（唐僧義靜譯）云「日遊、月殺、大將軍、黃幡、豹尾、五土地神。青龍、白虎、朱雀、玄武、六甲禁諱，十二諸神，土府伏龍，一切鬼魅，皆盡隱藏，遠屏四方，形銷影藏，不敢爲害」。又，文殊滅淫慾我慢陀羅尼云「行此法者，斷酒肉五辛血食，男子九九八十一日，女子七七四十九日，晝夜謹心讀誦」。此九九七七之數，本於易之陰陽奇偶，此皆道教所言者。

佛教五戒：不殺生、不偷盜、不淫邪、不妄語、不飲酒。道教亦定五戒：不殺生、不嗜酒、不口是心非、不偷盜、不淫色（見洞玄靈寶太上六齋十直經），兩相同也。

道教以諸天日月星斗皆有神名，凡一切重要之事，俱須選擇吉日，以求庇祐。佛教密宗承傳印度古代之「宿曜術」，如文殊菩薩及諸仙所說吉凶時日善惡宿曜經、七曜禳災訣等，皆專講禁忌之方；其神有四大天王、諸神將等，謂祈神保護，對於禁咒有萬能之功效。以及輪廻、地獄、轉世、托生之說，兩教相同。

道教抱朴子登涉篇謂：老君所傳四十九眞秘符，可以避百鬼萬精及虎狼毒蟲之害。九天應元雷聲普化天尊玉樞寶經，凡消災治病、水陸行藏，皆有符文，以助神通。佛教穢跡金剛禁百變注經（唐阿質達霰譯），其中亦有治病、隱身、避水火之難，種種符文，其符形式，與道教之符相似。

道教以北極爲天星之極尊，故有拜斗之禮，謂可以通神。佛教密宗、七佛所說神咒經第二云「我北辰菩薩，名曰妙見，今欲說神咒，擁護諸國土，所作甚奇特，故名曰妙見。處於閻浮提，衆星中最勝，神仙中之仙，菩薩之大將」。此菩薩足踏龜蛇，與道教所崇之玄武大帝象同。

道教以人死精魄歸於泰山，故有東嶽大帝之神。佛說十王經、有泰山府君之神，密教稱爲深沙大將，謂爲閻魔王太子。佛說預修十王經、有司命、司祿之神，皆道教書中所有者。

道教有房中術，密教之瑜祇經、理趣經，亦有此說。又有雙身大聖天歡喜毗奈耶迦經、記歡喜佛之夫婦，俱象頭人身，紅教刺嘛亦供歡喜佛。元史哈麻傳『哈瑪爾嘗陰進西天僧運氣術、媚順帝、帝習之，號「延徹爾法」，延徹爾、華言大喜樂也。圖魯特穆爾，亦薦西番僧教帝「秘密大喜樂禪定」，帝又習之，其法亦名「雙修法」，皆房中術也』。

道教以「道」爲宇宙萬有之本體，不增不減，吾人悟得之，則可與天地並壽。抱朴子對俗篇云：「延年久視，出處任意，寒溫風濕不能傷，鬼神衆精不能犯，五兵百毒不能中，憂喜毀譽不爲累」，此卽所謂神仙。佛教禪宗言卽心卽佛，其他顯教亦有言卽身成佛者，然只是理論中之成佛，所謂將來成佛。密宗則視吾身與圓滿具足胎藏界（理）、金剛界（智）之大日如來爲一體，謂之理具法身，故大日經卷三悉地出現第六云「不捨於此身，速得神通境，遊步大空位，而成身秘密」。菩提心論云「若人求佛慧，通達菩提心，父母所生身，速證大覺位」。佛家以自在之心爲「眞我」，凡夫於五蘊身強立主宰執之爲我，是謂「妄我」（見大藏法數）易言之，卽人之肉體爲假我，性靈主宰爲眞我，卽莊子齊物論所謂「眞君」，佛教入涅槃而證眞我，道教以修鍊而成眞君；故金丹眞指、紫淸白眞人云「身外有身爲脫體」；楞嚴經云「形神出胎，親爲佛子，其心離身，去住自由」。皆謂眞我能脫離假我而存在。成仙成佛，其義一也。

仙之境界爲「逍遙」，佛之境界爲「自在」，仙佛名異而實同，故大比丘多研道經，名道士亦通佛理。支道林講莊子逍遙遊，能別立新義，一時爲衆賢所盛贊。庾承先、玄經釋典靡不賅通，講老子、遠近名僧，咸來問道，承先一一酬答。單道開、涉公，俱爲高僧，俱信道教，單則服食松脂，涉則不食五穀，日行五百里（梁高僧傳）。玄奘譯道德經爲梵文以遺西域；憨山著道德經解及莊子內篇注，皆深得奧旨。南朝道士吳景翼作正一論略謂「寶積云：佛以一音廣說法；老子云：聖人抱一以爲天下式；

一之爲妙，空玄絕於有境，神化贍於無窮。爲萬物而無爲，處一數而無數，莫之能名，強號爲一，在佛曰實相，在道曰玄牝，道之大象即佛之法身。曠劫諸聖，共遵斯一，老釋未始嘗分，迷者分之而未合」（南史顧歡傳）。高僧高道皆能貫通二教之義理，相輔爲用，不存執見也。

綜上所述，論自修之道，儒家之盡心知性，佛教之明心見性，道教之靜心養性，其義相通。論處世之方，儒家之仁義，佛教之慈悲，道教之修善，其德相合。論得道之正果，儒家之聖人，釋教之佛陀，道教之神仙，地位平等。以客觀眼光衡之，其道一也。如必強抉其異點，則天下無絕對相同之事物，誠如周顒重答張長史書所謂「登老氏之地，則老異於釋；涉釋氏之意，則釋殊於老」；而儒與釋道，更有顯然之別矣。

六、道可相融而三家分立

三教不悖，略如上述。三家之徒，雖各守其立場，然淹博貫通者，多有持平之論。牟子博本爲鴻儒，而銳志於佛道，其理惑論云「堯舜周孔，修世事也；佛與老子無爲志也。仲尼栖栖七十餘國，許由聞禪洗耳於淵，君子之道，或出或處，或默或語，不溢其情，不淫其性，故其道爲貴，在乎所用，何棄之有」？又曰「五經則五味，佛道則五穀矣」。葛稚川身爲通儒，文武全才，建功封侯，爲道士鄭思遠（名隱）入室弟子，爲道教之功臣，其抱朴子明本篇云「夫升降俯仰之教，盤旋三千之儀，攻守進趣之術，輕身重義之節，歡憂禮樂之事，經世濟俗之略，儒者之所務也。外物棄智，滌蕩機變，忘富逸貴，杜過勸沮，不恤乎窮，不榮乎達，不戚乎毀，不悅乎譽，道家之業也」。孔稚珪幼讀儒書，官至顯貴，而自稱「積世門業，依奉李老，以沖靜為心，以素退成行，迹蹈萬善之淵，神期至順之宅，民（自稱）仰攀先軌，自絕秋塵，而宗心所向，猶未敢墜，至於大覺明教，般若正源，民平生所崇，初不違背，常推之於至理，理至則歸一；置之於極宗，宗極不容二。……民之愚心，正執門範，情於釋老，非敢異同」（答蕭司徒書）。王陽明云「道一而已，智者見智，仁者見仁，釋氏之所以為釋，老氏之所以為老，百姓日用而不知，皆是道也，寧有二乎」？此皆對三教作同等觀也。

夫物各有宜，事無絕對，昔司馬談論六家要旨，儒、墨、法、名、道、陰陽，各有長短；習其道者，各顯其所長。自東晉、三教相爭，至六朝而爭愈烈；然無勝負之別，且三教並崇，每多名流：徐伯珍，精通尚書，學者宗之，尤好釋氏老莊，兼明道術。高僧慧遠，博綜六經，尤善老莊。吳苞名儒，善三禮及老莊，過江聚徒教學，冠黃葛巾，竹麈尾，蔬食，齊隆昌元年，徵為太學博士不就，始安王蕭遙光，為之立館於鍾山下教授，朝士多到門焉。時有沙門僧巖、奇人也，深慕苞之為人。庾詵、篤學經史百家，著易林二十卷，尤尊釋教，宅內立道場，環繞禮懺，誦法華經，每日一遍。何胤齊武帝時為國子監祭酒，著毛詩隱義、禮記隱義，尤通佛典而修道教。劉歊、不娶不仕，自言以孔釋為師，而好講老莊。張譏年十四通孝經、論語，篤好玄言，梁武帝於文德殿解釋乾坤文言，令議論，諸儒莫敢先發，譏從容諮詢，辭令溫雅，帝甚異之。講周易老子、教授生徒，吳郡陸元朗、沙門法才、道士姚綏等，皆傳其學（以上俱見南史及梁書列傳）。李士謙「博覽羣籍，北齊時屢徵不就，客問三教優劣，答曰「佛日也，道月也，儒五星也」（隋史隱逸傳）。此皆以三教各有精義，故齊修並重也。

三教各有精義，而可相融，故儒者亦有歸於佛門者，如劉勰（南史本傳）、王守愼（舊唐書隱逸傳）等，是也。僧人亦有兼儒業者，如沙門彥琮於隋文帝時任翻經館學士，僧懷義於唐武后時任新平道大總管、討突厥是也（見淵鑑類函僧部）。道士亦有就儒業者，如魏徵、尙獻甫（舊唐書）等是也。儒士亦有去官而爲道士者，如李泌、賀知章等，是也（淵鑑類函道士部）。三教之道可相融，對於處世行事，互不相礙，是在高明者能貫通之也。

天下無絕對之事，三教究非絕對相同，故仍分而爲三；因有分介，故有爭論，儒者之維持道統，釋道之各撐門戶，偏見者，或以此之長，攻他之短，此類相爭，皆無須論。而明達者深通三教之旨，對三家一視同仁，無所非薄；然甘辛鹹酸，味各不同，各從其好；好之者深得味外之旨，因而贊譽溢美，則其他便相形減色，甚至作高低之評，於是便有持相反之見者，起而辯駁，因此，爭端乃起。

宋儒胡安定、孫明復、石守道等，欲振救儒學之衰沉，乃對釋道下攻擊，此不足以貶抑佛老。王陽明對仙佛皆曾深入研究，雖認爲「仙佛到極處，與儒者同」，然又以爲「聖人之學明，則仙佛自泯」（傳習錄、王嘉秀所問）。抱朴子雖亦崇拜儒門，然謂「仲尼儒者之聖也，老子得道之聖也。道者萬殊之源也；儒者大淳之流也」（塞難篇）。又曰「道者儒之本也，儒者道之末也。唯道家之敎，使人精神專一，動合無形。包儒墨之善，總名法之要，與時遷移，應物變化，指約而易明，事少而功多，務在全大宗之朴，守眞正之源者也」（明本篇）。道藏混元聖紀、謂老子爲「大道之主宰，萬教之主」。牟融爲儒者，而爲佛門護法，其理惑論云「堯事尹壽，舜事務成，旦學呂望，丘學老聃，四師雖聖，比之於佛，猶白鹿之於麒麟，燕鳥之於鳳凰也。堯舜周孔且猶與之，況佛身相好變化，神力無方，焉能捨而不學乎」？釋僧愍謂「夫佛者是正靈之別號，道者是百路之都名，老子者，是一方之哲，佛據萬神之宗」（戎華論折顧道士夷夏論）。

以上所擧三教鉅子之言，三家相對，此一家雖亦稱述彼兩家之美，然各自以其道高於一切；如此，雖無是非之爭，而有高下之爭，於是乃互相爭爲師長。道教之徒以老子爲孔子師，儒家已不否認，謂「道」爲儒之本，儒者當然應拜下風。因佛教不肯遜下，於是乃造老子化胡經，謂老子欲化西土，乃入天竺而爲佛，釋迦卽老子之化身（南史顧歡傳亦載此說）。老子化胡經、在唐時被焚禁，其書已絕。道藏中有西昇經，謂爲老子至西方所說之經。又有文始眞經（卽關尹子），謂老子偕關尹西去傳道，命關尹爲文始先生，此經卽關尹所說，文始者，謂西土文化之開始也。此卽言佛教出自道教，亦卽言道乃佛之本也。儒者本以爲道教不能代表老子學說，既發生高下之爭論，儒者雖承認孔子問禮於老子，然不承認孔子爲道教老君之弟子，則儒家卽不落在道教之下。並維護儒門之道統，以儒與宗教不同，乃將釋道併爲一類而冷視之。儒道既表明地位在佛教以上，佛徒亦不甘示弱，乃謂孔老皆佛之弟子，道笑論引佛教淸淨法行經、有此說。唐釋法琳破邪論、亦云「佛遣三弟子，教化震旦，儒童菩薩，彼稱孔子；光淨菩薩，彼稱顏回；摩訶迦葉，彼稱老子」。此種爭論，無形之中顯示三家之道不相敵對，只是爭高下之地位而已，此皆無謂之爭也。無謂之爭，無傷於三家之道，三家仍各張其幟而獨立。

孔子曰「吾道一以貫之」，孟子曰「夫道一而已矣」。所謂一者，凡道俱爲解決人生之問題也。人生問題頗多，解決之方不一，故不能固執一端。三教俱爲化導人心，修身濟世之道，惟其法不同而已；聖人對症而下藥，緣情以制禮，誠如宗炳所云「教化之發，各指所應也」（明佛論）。由此言之，三教之爭，仍爲門戶之見，無關宏旨。門戶之見，同爲一理，而佛教之言辭，儒家避之；儒家之言辭，釋氏忌之。例如：三教皆講性理，李翺復性書，即釋氏所常言者，而一以吾儒之說表達之，便爲儒家之言。韓退之作原性，對當時之言性者雜佛老之說而不滿；以爲佛老爲儒者所不取，而其答孟簡書論高僧大顚謂「實能外形骸，以理自勝，不爲事物侵亂，胸中無隔礙」。如此，則孔門之大賢何以過之？是知道之實際，原無二致，張融門論云「吾見道士與道人（僧）戰儒墨，道人與道士獄是非。昔有鴻飛天道，積遠難亮，越人以爲鳧，楚人以爲乙，人自楚越耳，鴻常一鴻乎」。三教之互爭，實固執一端者之弊也。孔子云「道並行而不相悖」，孟子云「所惡執一者，爲其賊道也，舉一而廢百也」（盡心篇）。執一而不通，遂廢百家之善，實自趨狹路，自隘心神也。

至若三家之徒，有敗壞宗風者，則與其教義無關也。以張角、孫恩誦道經而作亂，便歸罪於道教；然則王莽秦檜讀儒書而害國，可歸罪於儒家乎？善乎蕭彥瑜之言曰：「釋氏蠹俗傷化，非佛之尤也」（蕭琛難神滅論）；善乎文中子之言曰「詩書盛而秦世滅，非仲尼之罪也；虛玄長而晉室亂，非老莊之罪也；齋戒修而梁國亡，非釋迦之罪也」（周公篇）。三教之徒以行爲而相攻，尤於其教義無關也。

前已言及，宇宙一切，「自其異者視之，肝膽楚越也；自其同者視之，萬物一體也」。余所述三教之同，蓋就其對現世人生之功用而言，如必言其不同，當然各有其異。儒家經世之學，顯然與宗教不同。凡宗教皆有出世意味，然其間亦有分判，吾師梁漱溟先生印度哲學概論云：

尋常宗教恒別闢一神之境地，如天堂之類，爲人生最後希望所歸，不過爲世人廣其意，而濟世間之窮，雖教之出此世而彼固猶是一世，不得爲眞出世教也，他土宗教大都如是。印度宗教則多爲眞出世教，蓋尋常宗教並不反對世間生活，不過不以此世間爲究竟。印度則根本反對世間生活，故其出世匪獨超出斯世而已，乃舉一切生活而廢之，即所謂斷滅是也。自吠檀數論、瑜伽、勝論、尼耶也，諸大宗派，以至各種宗計殆罔不如是，此爲印度宗教之殊觀。又其對於世間既爲出離，其所歸將胡在？乃在其哲學辨證所得之宇宙本體，如吠檀多則歸於梵，數論則歸於自性神我之類，即彼土盛道之還滅論是也。故印度宗教、可謂之哲學的宗教，以其宗教建於哲學故，此其高明過乎他方遠矣。

道教求長生，耶教求永生，而佛教則求無生。娑婆世界，煩惱多端，人世之悲哀，目不忍睹，誠不若一瞑不顧也。故佛家只求解脫，在印度古代典籍所載：自餓不食，投入寒淵，赴火炙灼，赤身裸露，效法牛狗，齕草吃糞，臥路墊車，入山尋虎，種種離奇之行爲，皆爲求解脫而發。此其一貫之精神，直至釋迦始悟到苛刻之苦行不能解脫；然其對人生加三字判語云「一切苦」，對自身生老病死之苦可以泰然處之；而對他人之生老病死，同情惻隱，何以解救？大般涅槃經卷下，佛云「我今雖是金剛之體，亦復不免無常所遷，生死之中，極爲可畏，汝等宜應勤行精進，速求離此生死火坑，此則是我最後教也」。故釋尊之教，千言萬語，目的只在涅槃寂靜，滅絕一切生死之苦。欲使世人皆達涅槃之境，實不可能；人皆知佛心慈悲，由慈悲始能振奮救世之志。樂觀主義者，未必有力行之心；悲觀主義由仁心而發，仁者必有勇，悲觀者未必消極，故大乘佛法，不厭生死，不住涅槃，苦渡世人。

「道教」化世度人之功用與佛教同，而其理致則不同；佛教自「離苦」之點開宗，道教自「求樂」之點開宗。佛教之人生態度偏重出世，道教之人生態度在出世入世之間。兩家皆以「神道設教」，而其神秘之情致不同，仙佛之理想亦不同，此非片言可盡者也。

第五章　仙

一、神仙之法相

神仙具體之形客，見於莊子，莊子之神人（已見第二章），即道教之神仙；其生存不受時空之限制，其生活逍遙自在，其智能神妙莫測，「上與造物者游，下與外死生無終始者爲友」，「乘雲氣御飛龍而遊乎四海之外」；此即一般人之神仙概念。凡宗教皆含神秘，故皆有神仙。玆所謂法相，即一般人觀念中所有之神仙體相，其體相即由下列諸說所形成。玆先述道教之神仙：

抱朴子云：長生久視，天地相畢，登虛躡景，雲轝霓蓋，餐朝霞之沆瀣，吸玄黃之醇精。飲則玉醴金漿，食則翠芝朱英，居則瑤臺瑰室，行則逍遙太清。掩耳而聞千里，閉目而見將來。或委華駟而轡蛟龍，棄神州而宅蓬瀛，或遲廻於流俗，逍遙於人間（對俗篇）。

蹈炎飆而不灼，躡玄波而輕步，鼓翮淸塵，風駟雲軒，仰凌紫極，俯棲崑崙（論仙篇）。夫得仙或昇太淸，或翔紫霄，或造玄洲，或棲板桐。聽天鈞之樂，享九芝之饌，出攜松羨於倒景之表，入宴常陽於瑤房之中（明本篇）。

元君者，老子之神也。元君大神仙之人也，能調和陰陽，役使鬼神風雨，驂駕九龍十二白虎，天下衆仙皆隸焉（金丹篇）。

上陽子（陳致虛）金丹大要發眞、脫胎去留篇謂：煉丹已成，眞炁化爲陽神，「陽神出入，來往無礙，是云脫胎而去也」。常人謂神仙既得道矣，必合留形長生，永居於世，仙佛則不然。蓋有身則爲患，仙者欲去其患也。雖然，仙道已成，無所不可，各隨其所欲焉。有白日而飛肉身者，黃帝之謂也。有優游而住世間者，彭祖之謂也。有受命而居天職者，天師之謂也。有或隱或顯者，黃石公之謂也。有拔宅而上昇者，旌陽之謂也。有示疾而終者，重陽之謂也。有尸解而脫殼者，紫清之謂也。有入仕而匡世者，東方朔之謂也。各隨其所欲，初不拘於長生而住世也。

淮南子精神訓云：夫至人倚不拔之柱，行不關之途，稟不竭之府，學不死之師，無往而不遂，無至而不通。生不足以挂志，死不足幽神，屈伸俛仰，抱命而婉轉(抱天命而婉轉不離違)。禍福利害，千變萬紾，孰足以患心？若此人者，抱素守精，蟬脫蛇解，游於太清，輕舉獨往，忽然入冥。勢位爵祿，曷足以槩志也！

道教之神仙，概如上述。得道成仙，有肉身飛昇者，有「形解銷化」者(卽尸解、蟬脫)；與宇宙並壽，上天下地，無往而不自在，神通萬能，其所傳之小術，如「斷穀、避兵、厭劾鬼魅、禁禦百毒、治救衆疾、入山則猛獸不犯、涉水則蛟龍不害、經瘟疫則不畏、遇急難則隱形」。如「後漢魏尙能坐在立亡，張楷能興雲起霧」，李根能化鉛爲銀，黃山子云「天地有金，我能作之」，此皆小道，只明乎此，不足以爲仙；故李寬能祝水治病，而不能成仙，未得道也；鄭隱得道，年八十歲而鬢髮變黑，顏色豐悅，能引強弩射百步，日行數百里，體力輕便，登危越險，少年不能追，五十日不食亦不饑，此葛稚川所目睹者。故曰道者本也，術者末也。(以上所述見抱朴子微旨、對俗、黃白、道意、遐覽等篇。)——其他宗教之神仙，亦與道教相似，試看釋、耶兩教之神仙：

佛教、修行本起經卷下「菩薩累劫淸淨之行，得變化法(列子周穆王篇謂、西極之國有化人來)，所欲如意，不復用思，身能飛行，能分一身作百作千，至億萬無數，復合爲一。能徹入地，石壁皆過，從一方現，俯沒仰出，譬如水波，能身中出水火，能履水行虛，身不陷墜，坐臥空中，如鳥飛翔，立能及天，手捫日月，欲身平立，至梵自在」。大般若波羅密多經、卷八、轉生品「有菩薩摩訶薩，神境智證通，起無量種大神變事，變一爲多，變多爲一，或現或隱，迅速無礙，山崖墻壁直過如空，凌虛往來，猶如飛鳥，地中出沒如出沒水，水上經行如經行地，身出烟焰，如燎高原」。解脫道論卷第九、五通品第九「彼坐禪人，不一種變，以一成多，以多成一，或現徹過壁，徹過墻，徹過山，身行無礙，猶如虛空。於地或沒或出，猶如在水，於水上行猶如行地，行於虛空猶如飛鳥，手摸日月。如是大神通，如是大力身，乃起至於梵世。彼坐禪人，如是作意，成童子，如是龍形、鳳凰形、夜叉形、阿修羅形、帝釋形、梵形、海形、山形、林形、獅子形、虎形、豹形、象形、馬形」。長阿含經卷十三、阿摩晝經、大方廣佛華嚴經十地品、第二十二之一……等經，皆有神仙之描述。

基督教、舊約、民數記：上帝之僕人摩西，向上帝要求赦免埃及人之罪，上帝說「我照你的話，赦免了他們」。摩西能擊磐石使之出水，又能治被蛇咬死之人，使之復活。約書亞記：約書亞繼摩西爲上帝之僕人，上帝教以短槍破敵之法，殺滅約旦河西諸王，使以色列人享太平之福。　撒母耳記：童子撒母耳受上帝啓示，有先知之慧，說話每句皆有驗，不落空。非利士人攻打以色列人，撒母耳向上帝祈禱，於是上帝大發雷聲，非利士人驚亂，大敗而逃。　以色列王掃羅違背上帝耶和華之命令，撒母耳死後，非利士人攻打以色列人，掃羅恐懼，求問耶和華，耶和華亦不顯靈回答。掃羅曾禁止交鬼行巫之人，此時乃尋一女巫使之以法術招撒母耳，撒母耳現身與掃羅會話，謂掃羅不從上帝命令，決將以色列人交於非利士人管治。三日後，非利士人與以色列人戰，以人大敗，掃羅兒子三人皆陣亡，掃羅亦受傷自殺。　新約、馬太福音：耶路撒冷巡撫將耶穌釘在十字架，耶穌氣絕，忽然殿中之幔子裂爲兩半，地大震，磐石崩碎，墳墓裂開，聖徒之身體多起而直立，及耶穌復活之後，聖徒自墳墓出，入聖城，對衆人顯現。　馬可福音：耶穌在約旦河受約翰之洗禮後，自此聖靈開發，便有神通，能爲人治病，解除人之痛苦，患熱病者，被耶穌扶起，熱便退消；有一女子患血漏，一摸耶穌之衣便愈；盲人被耶穌吐唾沫在眼上，便看見一切；以及耳聾、癱瘓、一切病，耶穌一着手，便皆痊愈。耶穌死後，三日復活，對門徒訓話完畢，便被接到天上，坐在上帝之右。

神仙之性體，概如上述，各教所稱，大致相似。總之，神仙解脫肉體之束縛，而有萬能之神通。宗教以外之人，以之爲神話，爲玄虛，不究其意義也。

二、神仙之品位

抱朴子謂神仙分三等，其論仙篇云「按仙經云：上士舉形昇虛，謂之天仙；中士遊於名山，謂之地仙；下士先死後蛻，謂之尸解仙」。金丹篇云「上士得道，昇爲天官；中士得道，棲集崑崙；下士得道，長生世間」。道教又分仙爲九品，雲笈七籤卷三、三洞宗元曰「太清境有九仙，上清境有九眞，玉清境有九聖，三九二十七位也。其九仙者：第一上仙、二高仙，三大仙、四玄仙、五天仙、六眞仙、七神仙、八靈仙、九至仙」。

佛教九品蓮臺之說，分佛徒證果之地位爲九品，曰：上上、上中、上下、中上、中中、中下、下上、下中、下下九等。楞嚴經卷八、謂十種仙「堅固服餌而不休息，食道圓成，名地行仙。堅固咒禁而不休息，術法圓成，名道行仙。……堅固思念而不休息，思憶圓成，名照行仙。堅固交遘而不休息，感應圓成，名精行仙。堅固變化而不休息，覺悟圓成，名絕行仙」。——此十種仙，「存想固形」，與道教所修煉者同，佛家以爲此乃不依正覺，別修妄念，別得生理，「斯亦輪廻妄想流轉」，非正定也。基督教徒李杕天神譜「天神分九品：至愛者（愛主至切，其情篤摯）、普智者（認主至明，知理至博）、上座者、統權者、異力者、大能者、宰制者、宗使者、奉使者（即護守世人之天神、一人一神）。九品合爲三軍，前三者爲上軍，中三者爲中軍，後三者爲下軍。品愈在前則稟性愈美，膺寵愈隆。合九品三軍，則有總領天神，即彌額爾是也」。——回教則分其信徒爲九品，漢書、古今人表，將人分爲九等，以聖人、仁人、智人爲首。神仙之等級，亦人之所安排也。

葛洪枕中書：以元始天王、太元聖母、東王公、西王母等爲天仙，廣成子、安期生、四皓等爲地仙。又爲諸仙安排職務，其例如下：

許由、巢父，今爲九天侍中、箕山公。夏啓、周發、受書爲四極明公，或住羅酆、或在洞天。漢高祖、光武，並爲四明賓友。郭景純爲都籙司命，治虛臺也。葛玄受金闕君命、爲太極左仙公、治蓋竹山，又在女几山，常駕乘虎騎也。鄭思遠在南霍，常乘虎豹白鹿，未有職事也。張衡、楊雲爲北方鬼帝，治羅酆山。周乞嵇康爲中央鬼帝，治抱犢山。伯夷叔齊等，爲九天僕射，治天台山。孔丘爲太極上眞公、治九嶷山。顏回受書，初爲明泉侍郎，後爲三天司眞，七十二人受名元洲，門徒三千不經北酆之門。周公旦爲北帝師，治勁革山。莊周爲太元博士，治荆山。孫權受任，治亦在荆山。張道陵爲三天法師，統御六虛，數侍金闕，治在廬山。王方平今爲上相，治月支國人鳥山。墨翟爲太極仙卿，治馬跡山。嚴君平今在峨嵋山。屈原爲海伯，統臨八海。王弼爲北海監。于吉爲太虛左椽侍史。馬鳴生今在鍾山。陰長生爲地肺眞人。孫登爲閭北眞人。——此乃摘錄，其所述尚多。

上述諸仙，時代之先後既不順序，而或有職，或無職，或有治或無治；未有說明，令人難解。陶弘景之眞靈位業圖，將道教之眞靈分別班次，列爲七級，宛如佛教之道場，列述如下：

第一　上淸虛皇道君，應號元始天尊。

第二　上清高聖太上玉晨玄皇大道君（爲萬道之主）。

第三　太極金闕帝君姓李（壬辰下教太平主）。

第四　太淸太上老君（爲太淸道主、下臨萬民）、及上皇太上無上太道君。

第五　九宮尚書（姓張，名奉，字公先，河內人。先爲河北司命禁保侯，今爲太極仙侯，兼領北職，位在太極矣）。

第六　右禁郎定錄眞君中茅君（治華陽洞天）。

第七　酆都北陰大帝（炎帝大庭氏，諱慶甲，天下鬼神之宗，治羅酆山，三千年而一替）。

以上所列第一級以天尊爲正位，左方二十九君，右方十九君。第二級以大道君爲正位，左方太微天帝，赤松子以下三十君，右方爲八君，並上眞東宮衛夫人、方丈臺昭靈李夫人等三十餘名女眞。第三級以李帝爲正位，左方五十餘君，其中有尹喜、葛玄、孔丘、顏回、軒轅黃帝、顓頊、帝嚳、帝舜、夏禹、周穆王、帝堯、巢父、許由等。右方三十餘君，其中有莊周、蕭史、秦佚、接輿、老聃等。第四級以老君及大道君爲正位，左方六十餘名，其中有張陵、鬼谷先生、張子房、燕昭王、赤松子、東方朔、彭鏗、墨翟、商山四皓等，右方百餘名，其中有徐福、葛洪等。第五級以九宮尚書爲正位，左右各十九名，中有召公奭。第六級以茅君爲正位，左方五十餘名，中有鮑靚、許邁、葛玄、鄭思遠等，右方百餘名，中有盧生、李惠姑（夏侯玄婦）、比干、務光等。第七級以北陰大帝爲正位，左方有秦始皇、魏武帝、周公、漢高祖、吳季札、周武王、齊桓公、晉文公、漢高祖、光武帝、孔融、李廣、庾元規、李廣、何晏、殷浩、劉備等五十餘名。右方有劉封（備之養子）、周魴、陶侃、曹洪、曹仁、馬融、王逸少等五十餘名。

上述眞靈位業圖，其安排亦令人難解。道教以老子爲教祖，謂老子先天地而生，上處玉京，爲神王之宗，歷代降世顯神，千變萬化，故尊稱曰太上老君，老聃、赤松子，皆老君之化身。此圖將老君列爲第四級，而第三級中有老聃；赤松子在第二級，而第四級亦有赤松子；第三級有葛玄，而第六級亦有葛玄，其他亦有重複；此未注明原因，令人不解。抱朴子對俗篇謂求仙當以忠孝和順仁信爲本，若作惡或積善未滿，雖服仙藥無益也。論仙篇謂：學仙須恬愉澹泊，滌除嗜慾，若人君之烹肥宰腯，食前方丈；又因開拓疆土，泯人社稷，而殺人流血，伏尸千里，人鬼齊恨，故秦皇漢武，徒有好仙之名，而無修道之實，不能成仙。然而位業圖中有秦始皇、曹孟德、司馬懿、劉封諸人，此又令人難解者也。

三、仙界洞天

神仙超脫塵俗，當然在淸高之境，「高飛兮安翔，乘淸氣兮御陰陽」。「乘龍兮轔轔，高駝兮冲天」。「駕龍輈兮乘雷，載雲旗兮委蛇」。「孔蓋兮翠旍，登九天兮撫慧星」。（屈原九歌）。此卽形容神仙逍遙於天界，故得道成仙者，每云白日飛昇，或騰雲而去，是以宗教皆有天國之境界。釋道皆有三界諸天、四天、九天、三十三天之說，道教增至八十一天，以求勝過佛說。在想象中天國爲神仙所居，非凡人所能達，亦即所謂極樂世界也。

然無人世，亦無所謂仙界，神仙如皆居天上，與人隔絕，則人即無法談神仙之事；因此，神仙亦有下凡之時，「乘赤豹兮從文貍，辛夷車兮結桂旗」，「據青冥而攄虹兮，遂儵忽而捫天」，「乘白黿兮逐文魚，與汝遊兮河之渚」，「使湘靈鼓瑟兮，令海若舞」（屈原九歌、悲回風、遠遊），此即形容神仙在人間之活動。而且人間亦有仙境，爲衆仙棲居之地：

列子湯問篇：渤海之東，有大壑，其中有五山，曰岱輿、員嶠、方壺、瀛洲、蓬萊，其上所居者，皆仙聖之類。

史記、秦始皇紀：東海中有三神山，名曰蓬萊、方丈、瀛洲、仙人居之。

道藏所記人間仙境頗多，枕中書、衆仙記謂：西方有崑崙玄圃，金爲墉城，四方千里，城上安金臺五所，玉樓十二，瓊華之屋，紫翠丹房，七寶金玉積之連天，西王母，九光夫人所治，羣仙無量也。

東方朔海內十洲記：祖洲、瀛洲、長洲、生洲、鳳麟洲，皆在東海；炎洲、流洲，在南海；玄洲、元洲在北海；聚窟洲在西海，皆爲仙人所居之地。

以上所述之仙境，雖不在天上，然謂爲「人跡所稀絕處」，亦即謂「非人跡所能到」。如此則仍無實據，豈不使人對神仙失望？因此、故天下名山勝地皆有神仙，人間既有仙境，人與神仙不遠，只在人之修行與靈感是否能相洽耳。例如元始五老赤書玉篇眞文天書經，謂：五方各有五帝，下有五嶽應其方位，枕中書謂並有人間五帝之神治之，列述如下：

東方蒼帝，下爲泰山，其氣如春草之始萌，其光如暉日之初昇。下有朝華之淵，上有流英之宮。——太昊氏治之。

南方赤帝，下爲霍山，其氣如絳雲之包日，其光如玄玉之映淵。下有赤泉之丹池，上有長生之朱宮。——祝融氏治之。

中央黃帝，下爲嵩高山，上出黃氣、下治地門，其雲如煙，徑蒸九天，其光如飛影之羅朝日，其明如朗月之照幽域。——軒轅氏治之。

西方白帝，下爲華陰山，其氣如明月之落於景，其光如幽夜之睹明珠。下有玉泉長河，上有流英之樓。——金天氏治之。

北方黑帝，下爲常山，其氣如飆風之激於炎林，其光如流星之墮於洪波，下有長生之淵，上有太上之家。——顓頊氏治之。

雲笈七籤卷二十七，有天地宮府圖，敍洞天福地，有十大洞天，謂「十大洞天者，處大地名山之間，是上天遣羣仙統治之所」。又有三十六小洞天，謂「在諸名山之中，亦上仙所統治之處也」。例如：鍾山、桃源山、龍虎山、峨嵋山、九嶷山、麻姑山、若耶溪等處，皆有小洞天。茲列十大洞天如下：

第一王屋山洞 號曰小有淸虛之天，去王屋縣六十里，屬西城王君治之。

第二委羽山洞 號曰大有空明之天，去黃巖縣三十里，靑童君治之。

第三西城山洞　號曰太玄惣眞之天，所在未詳，屬上宰王君治之。（杜光庭謂在蜀州，王方平所理）。

第四西玄山洞　號三元極眞洞天，莫知其所在。（杜光庭云在金州，裴君所理）。

第五青城山洞　名曰寶仙九室之洞天，屬青城丈人治之。

第六赤城山洞　名曰上淸玉平之洞天，在台州唐興縣，屬玄洲仙伯治之。

第七羅浮山洞　名曰朱明暉眞之洞天，在循州博羅縣，屬青精先生治之。

第八句曲山洞　名曰金壇華陽之洞天，在潤州句容縣，屬紫陽眞人治之。（此卽茅山，又有小洞天，眞人謝允治之。又名地肺山）。

第九林屋山洞　號曰尤神幽虛之洞天，在洞庭湖口，屬北嶽眞人治之。

第十括蒼山洞　號曰成德隱玄之洞天，在處州樂安縣，屬北海公涓子治之。

此外，洞淵集（冲妙先生李思聰集）有三十五洞天，七十二福地。洞天福地嶽瀆名山記（杜光庭撰）、亦有十大洞天，七十二福地，大抵相似，總皆爲實有其地。名山佳境，有神仙居之，亦有俗人居之，神仙居之，則爲仙境；俗人居之，仍爲塵寰；猶之青山綠水，紅葉白雲，同一美景，詩人睹之，興發靈感，雅趣橫生，故爲詩人；俗人視之，不過土石草木而已，故爲俗人；神仙、詩人、俗人，相差幾希，惟在一點靈明而已。

四、如何成仙

(一)須爲善立德　神仙之道由人心所悟出，仙道不能脫離人道，成仙必須由爲人作起，故抱朴子對俗篇謂：求仙者，當立功德，以忠孝和順仁信爲本。微旨篇謂：求長生者，必須積善立功；若乃憎善好殺，口是心非，作種種惡事者，皆不得長生。道藏譜錄類：華蓋山、浮丘、王、郭、三眞君事實云：「夫學神仙者，皆累世修行，積功盈德，內修其身，外潔其行，如是，則世世卽有神仙降而爲師，以傳至道、道之成也，功及於人；功之備也，升而仙矣」。太上靈寶首入淨明四規明鑑經，謂「學仙非難，忠孝爲先」。故比干大舜皆列仙班。——道教書中所舉忠臣孝子，樂善好施之人，或成仙，或得善報，頗多，此學仙之第一步。

(二)必須志誠　抱朴子微旨篇云：凡學道，當階淺以涉深，由易以及難，志誠堅果，無所不濟，疑則無功。是故非積善陰德，不足以感神明；非誠心款契，不足以結師友。無上三天玉堂正宗高奔內景玉書，淸微齋法云：道家之行持，卽儒家格物之學也。蓋行持以正心誠意爲主，心不正則不足以感物，意不誠則不足以通神；神運於此，物應於彼，故雖萬里可呼吸於咫尺之間，非至誠孰能與於此？嗚呼！廣大無際者心也，隔礙潛通者神也；然心不存則不明，神不養則不靈，正以存之，久而自明；誠以養之，久而自靈；世之學者，不務操履於平時，而遽施行於一旦，亦猶汲甘泉於枯井，採奇藥於枯木，吾見其不得矣。——蓋「精誠所至，金石爲開」(韓詩外傳卷六)，故中庸云：「至誠如神」。

（三）**必須恬靜無慾**　抱朴子辨問篇云：至於仙者，唯須篤志至信，勤而不怠，能恬能靜，便可得之，不恃多才也。有入俗之高具，乃爲道者之重累也。極言篇謂：學道者「或有怠厭而中止，或有怨恚而告退，或有誘於榮利，而還修流俗之事；或有敗於邪說，而失其淡泊之志；或朝爲而夕欲其成；或坐修而立望其效。若夫睹財色而心不戰，聞俗言而志不沮者，萬夫之中，有一人爲多矣。故爲者如牛毛，獲者如麟角也」。道意篇謂：人能淡默恬愉，不染不移，養其心以無慾，頤其神以粹素，掃滌誘慕，收之以正，薄喜怒之邪，滅愛惡之端，則不請福而福來矣。道樞（宋至游子，曾慥集）云「虛心無欲，非求於道，而道自歸之」。——莊子大宗師云「其嗜欲深者，其天機淺」，人被物慾所迷，其靈感消沉，豈能得道哉！

（四）**必須博學**　抱朴子論仙篇云「仙人以藥物養身，以術數延命」。凡「內視反聽，呼吸引導，長齋久潔，入室煉形，登山採藥，數息思神，斷穀清腸」（辨問篇），皆仙術也。故『凡養生者，欲令多聞而體要，博見而善擇，偏修一事，不足賴也。又患好生之徒，各仗其所長：知玄素之術者，則曰「房中之術可以度世矣」。明吐納之道者，則曰「唯行氣可以延年矣」。知屈伸之法者，則曰「唯導引可以難老矣」。知草木之方者，則曰「唯藥餌可以無窮矣」。學道之不成，由乎偏枯之若此也。淺見之家，偶知一事，便言已足，而不識其眞者，雖得善方，猶更求無已，以消工棄日，而所施用，意無一定，此皆兩有所失者也』（微旨篇）。——蓋以仙道繁難，修煉之方術不一，就養生而言，或適於此法，而對於其他法則不相應，故或得效於丹藥，或得效於吐納，不能固執一道，故必須博學，擇善而從，乃克有成。

（五）必須有良師　抱朴子論仙篇謂：仙書秘文，必須有師授口訣，「臨文指辭，然後可爲」。明本篇云「五經之事，注說炳露，初學之徒，猶所不解。況金簡玉札，神仙之經，至要之文，又多不書，登壇歃血，乃傳口訣。苟非其人，雖裂地連城，金璧滿堂，不妄以示之。夫指深歸遠，雖得其書，而不師受，猶仰不見首，俯不知跟」。仙道有非文學所能傳者，故必有師。微旨篇謂「務學不如擇師，師所聞素狹，又不盡情以教之，因告云：爲道不在多也」。師之所學不博，則學者亦難深造自得。——夫日常事理，猶須從師受教，而況仙道之玄妙乎！苟不得法，雖酒醬醋羹，猶作不成，而況製藥煉丹之術乎！故曰「未遇名師，而求要道，未可得也」（微旨篇）。

（六）學仙出自天性　抱朴子微旨篇云「夫尋常咫尺之近理，人間取舍之細事，浮沉過於金羽，皀白分於粉墨，而抱惑之士，猶多不辨焉，豈況說之以世道之外，示以至微之旨，大而笑之，其來久矣，豈獨今哉」。神仙之理，豈下士所能喩哉。世人惑於物慾，「榮華勢利誘其意，素顏玉膚惑其目，清商流徵亂其耳，愛惡利害攪其神，功名聲譽束其體，此皆不學而已成。自非受命應仙，窮理獨見，識變通於常事之外，運清鑒於玄默之域，寤身名之親疏，悼過隙之電速者，豈能棄交修賖，抑遺嗜好，割目下之近慾，修難成之遠功哉」（至理篇）。是以辨問篇謂：「仙經以爲諸得仙者，皆受命偶值神仙之氣，自然所稟，故胞胎之中，已含信道之性，及其有識，則心好其事，必遭明師而得其法；不然，則不信不求，求亦不得也。苟不受神仙之命，則必無好仙之心，未有心不好之而求其事者也」。

上方天尊說眞元通仙道經云：「太淸時公告子明曰：吾聞學因徒進，道在師傳，徒弟雖然從師發蒙，尋其至理，出自天性，故伯樂不能御駑駘爲騏驥，良匠不能伐樗櫟爲棟梁，蓋朽木不可雕也」。——抱朴子釋滯篇謂「學仙之士，未必有經國之才，立朝之用」，蓋長於其他才智者，未必能學仙道；能悟仙道者，未必長於其他天才，故呂純陽、陳希夷，皆舉進士不第而皆修道成仙，天性使然也。

以上所述，前四項在乎人之自爲，後二項求良師、受仙命，不能任人所願；然有志者事竟成，不必灰心，涅槃經謂「一切衆生，悉有佛性」，能誠心修道，即爲有仙性，無仙性便不能誠心修道，且仙道由人心之靈所悟出，成仙不必需丹藥之術；通天人之理，脫慾海之苦，便可成仙，雖不得良師，而精心研求，「誠則明矣」，仙境實由人道而達也。茲舉道典所述者如下：

雲笈七籤、七部語要謂：能實踐道德忠孝，便可達乎仙境。淨明忠孝全書（淨明爲道敎之派名，尊洪崖爲經師，尊郭璞爲監督師。淨明者無形大道，先天之宗本也），玉眞靈寶壇記（旌陽子許眞君撰，眞君名遜，字敬之，吳赤烏二年生。宋劉玉述）云：太上設忠孝大道之門，甚易知，甚易行，勉而宏之，人能宏道，非道宏人；要不在參禪問道，入山煉形，貴在乎忠孝立本，方寸淨明；四美兼備，神漸通靈，不用修煉，自然道成。

玉眞先生語錄內集——或問此敎何以名曰淨明忠孝？先生曰：淨明只是正心誠意，忠孝只是扶植綱常，但世儒習聞此語爛熟了，多是忽略過去，此間却務眞踐實履。或問：淨明敎正心修身之學，眞忠至孝之道，緊要處乞示一二。先生曰：某自初年修學以來，只是履踐三十字，年來受用，甚覺得力，卽「懲忿窒慾，明理不悖心天。纖毫失度，卽招黑暗之愆。霎頃邪言，必犯禁空之醜」（心如明鏡，失度則如蒙塵埃而黑暗失光。度人經謂：有飛天大醜魔王，其類甚衆，上帝委以檢察過惡，常飛虛空鑒觀下界，邪言一出，冒犯其禁）。 先生曰：道藏諸經，無非教人舍惡歸善，棄邪順正，所以曰經者徑也，是入道之徑路，每見世人不肯力除惡習，却於晨昏誦念不輟，此譬猶能言之猩猩也。我諸法子要此心如鏡之明，如水之淨，纖毫洞照，日以改過，崇行爲第一義，勝於念千百遍經也。若不務修德，而求道，難望有成。德是道之基址，道是德之華實，靜心端坐，誠自思之。

先生曰：吾初學靜明大道時，不甚誦道經，只是將舊記儒書做工夫，如崇德尚行，每念戒愼乎其所不睹，恐懼乎其所不聞。言悖而出者亦悖而入；貨悖而入者亦悖而出，此等言語，發深信心，不敢須臾違背。至於用心道妙，每到「人有鷄犬放，則知求之；有放心而不知求」。及「夜氣不足以存，則其違禽獸不遠矣」。便自知恥，一時感激，如湯火芒刺之在身，心便思惟道是我，若不了此道，未免作先覺之罪人，後來庶幾有進矣，感格穹霄，得些樂趣，靜而思之，實由當時知恥之力也。

玄敎大公案、玄宗直指萬法同歸（建安仰山道院牧常晁撰）云：或問世之不明理者，但欲固形不死，苟學不至此，則何如？答云：此一問，雪裏蓮花，古今希有，世間學道者，只學全形聚氣，寳養皮囊，期望長生，不明生死事大，及至臘月三十日，脚忙手亂，不免奔趨諸趣；經曰：鬼道常自凶，此也。學者切須究竟末後一着，莫作等閑。 問曰：生死事大，末後一着，幸望指迷！曰：人稟父母之遺體，肖天地以成形，假五氣以養生，借衆緣而立命，摩頂至足，盡屬無常，故彌勒偈曰「饒君八萬劫，終是落空亡」，惟有太無之始，本來元陽，劫火洞然，此物不壞，其餘假貸，孰可不死？老君有曰，「吾有大患者，爲吾有身」，又曰「聖人外其身，而身存」，則此身畢竟爲患，惟道可以獨存，古人爲道，不爲身也。若能體取長不死，證取寂滅不生，至於不死不生之地，何患乎末後哉！ 或問萬物無常，古今不易之理也，外有不死之道乎？答曰：古人云「有物先天地，其形本寂寥，能爲萬象主，不逐四時凋」。老君謂「谷神不死」者此也。物則無常，吾道獨常，物不免死，吾獨不死，非不死之道乎？ 或曰：如子之道，則長生之道可無也？答云：長生不死，天地之眞心也，上世聖人得之者多。謂無則成謗道，謂有則又難逢，吾恐世人不能不死，故願之早悟末後着也。 或曰：生且今日不知來日，死又孰能知之？答云：傳曰「知存知亡，其惟聖人乎」！生死之理，非衆人所能知，但明得來處，便明得歸處；明得生處，便明得死處；陰陽無二理，生死卽一條，未默斯要，何足與言道哉！

天隱子（序云天隱子不知何許人，著書八篇，司馬承禎述），茲錄第一二篇要義云： 第一神仙——人生時，稟得虛氣，精明通悟，學無滯塞，則謂之神宅於內，遺照於外；自然異於俗人，則謂之神仙。神仙亦人也，在於修我虛氣，切勿爲世俗所淪折；遂我自然，勿爲邪見所凝滯，則成功矣。（喜怒哀樂愛惡欲，七情之邪也；風寒暑濕饑飽勞逸，八者氣之邪也；去此邪，成仙功也）。　第二易簡——易曰：天地之道，易簡者何也？天隱子曰：天地在我首之上足之下，開目盡見，無假繁巧，故曰「易簡」，易簡者，神仙之德（經曰至道不繁，至人無爲），然則何以求之？曰：無求不能知，無道不能成，凡學神仙，先知易簡，苟言涉奇詭，適足使人執迷，無所歸本，此非吾學也。（世人學仙，反爲仙所迷者有矣；學炁反爲炁所病者有矣）。——下六篇見本書第八章。

以上所述，皆仙家之言，可見仙界之路，並非高不可攀，超世離凡，不必登天；悟道逍遙，不爲物役，不爲形累，便是神仙。洞眞太上太霄琅書云：凡學上道大乘之人，修己化世，勿逃山林，合藥試術，研習奇方，是建德之細，非立功之基。山中立功無所，所以出世市朝，起創治舘繕寫經書，宣行妙法，助國濟時，慈心精勤，抑惡揚善，孜孜匪懈，執正治邪……。——此爲仙家大乘之道，然則神仙亦卽聖賢，是以上自堯舜文武周孔，下至王次仲、孔安國、孔文舉，在道教中皆爲神仙。吾故曰仙道不離乎人道也。

五、神仙之實況

小雅賓之初筵「屢舞僊僊」，朱注「僊僊，軒舉貌」。軒舉爲鳥飛之形容詞，釋名云「仙遷也，遷入山也，故其制字人旁作山也」。飄然高舉，入山遠俗，皆爲脫離塵世之意，超凡脫俗，即爲神仙。在人之理想中神仙爲至樂，人於適意之時，胸懷恬淡，煩惱盡消，靜觀宇宙，萬物藹然，無不諧和，便自感飄飄乎如遺世獨立羽化而登仙；此種心情引人入於莫可名狀之樂境，此即神仙境界。

神仙思想由長生不死之說而來，然而人未有不死者，史稱老子西去，莫知所終，可謂不死；然莊子養生主明言「老聃死，秦佚弔之」，是老子亦未嘗不死。乃至道教所稱之神仙，彭祖之長壽，安期之不老，亦未嘗不死，然不妨其爲神仙，何也？宗教有三生之說，今生結束，猶有來生，本章第一節已言及道教謂：成仙不拘於長生住世，仙人之顯示不一，有形解銷化者，即所謂尸解，言其神靈離尸體而去也。元始無量度人上品妙經內義謂「嵇康寄戮於市，淮南託形於獄，馮夷溺于大川，封子焚于大樹」。皆爲尸解而去，尸解之後，皆爲神仙。

神仙之實際，爲人生一種樂境，能達此樂境便爲神仙。道教以神道設教，對聖賢達人、忠臣孝子，皆封爲神仙，謂行道有德之人，今生雖或受苦，而將來必能成仙。成仙不在現世地位之高低，而在人生行爲之善惡；故販夫走卒亦能成仙，暴君汙吏則轉爲禽獸。此賞善罰惡之威權，在冥冥中名曰天理，道教將天理加以神化，因而有諸天神出現，首爲元始天尊，亦即元始天王，隋書經籍志云「道經云：有元始天尊生於太元之先，稟自然之氣，沖虛凝遠，莫知其極」，言天尊之體常存不變也。天尊而下有玉淸、上淸、太淸、三天君，以及五方老君，皆分職主持天理之權，此皆所謂天神，有天然固定之尊位，無量劫數，永不變易。此非人類所能爲，人爲天理中之一物，人只能尊重天理，體天行道，而不能以天理自居，天爲無上之威權，故稱曰元始天尊。人所能成之仙，只能飛昇天國，受天神之使命，或逍遙宇宙陶然自在而已。

孟子曰「人皆可以爲堯舜」，道教列堯舜於仙班，然則亦可謂人皆可以爲神仙。道經所載：如堯舜之大仁大智，兼善天下，造福人羣之聖君明主，固然成爲神仙；而修身踐道，獨善其身之隱人處士，如許由、務光、楚狂接輿等，亦皆爲神仙；乃至採藥之翁，沽酒之婦（見列仙傳），淳樸爲懷，與世無爭，亦可成仙。仙傳所列：三皇五帝、禹湯文武、伊呂周孔、墨子范蠡、張良郭璞，歷代之聖賢哲人，皆爲神仙，其事跡詳載史書，已可見神仙之實際，此外神仙之傳記頗多，玆略舉數則如下：

吳猛豫章人，少有孝行，夏夜手不驅蚊，懼其去己而噬親也。年四十，邑人丁義授以神方，嘗渡江，波浪甚急，猛不假舟揖，以白羽扇畫水而渡。庾亮爲江州刺史，患疾，迎猛問疾，猛辭以算盡，請具棺服，旬日而死，狀如生，未及大殮，遂失其屍（見晉書藝術傳）。——修眞十書玉隆集，逍遙山羣仙傳（白玉蟾著）謂：猛字世雲，於東晉寧康二年，乘白鹿車與弟子四人，白晝沖昇。

陳勳字孝舉，博學治聞，時鍾會伐蜀，劉禪降，孝舉時尚少，已有出塵之志。入青城山，歸谷元子，求度世之法，後成仙而去（見逍遙羣仙傳）。

王奉仙，當塗縣民家女也。嘗以忠孝正直之道，淸淨簡約之言，修身密行之要，訓于人，故遠近瞻仰。金玉委前棄而不顧，後入洞庭山，無病而化，有雲鶴異香之瑞，仙去（見神仙傳）。

李公佐字顓蒙，唐隴西人，元和進士，爲鍾陵從事，有僕夫自公佐布衣時執役，勤瘁恭謹迨三十年，不知其爲異人也。一日告別去，留詩一章，其詩曰：「我有衣中珠，不嫌衣上塵；我有長生理，不厭有生身。江南神仙窟，吾當混其眞，不嫌市井喧，來救世間人。蘇子跡已往（蘇耽，桂陽人，少以孝著，後爲仙人），顓蒙事可親，莫言東海變，天地有長春」。自是出門而去，不知所之。鄰里見其淩空而去。（見道教靈驗記、神仙感遇傳）。

劉玉字頤眞，玉眞其號也，南康建昌人。南宋寶祐丁己八月生。家貧，力耕而食，篤志於神仙之學。初，太史許眞君以晉寧康甲戌歲於豫章西山昇仙，嘗留讖記云「吾仙去後，一千二百四十年間，五陵之內，當出弟子八百人，師出豫章河西岸，大揚吾教」者，卽先生也。先生道行日隆，而益自韜晦，爲人祈禬禳解，無不出奇。五十二歲，擧手拱揖，就榻側臥而逝。後三年啓窆視之，惟存空函。（見淨明忠孝全書）。

張三丰遼東懿州人，名君寶、字玄玄，身長七尺，鬚髯如戟，手持刀尺一笠一衲，寒暑御之，不飾邊幅，人目爲張獵猲，日行千里，靜則瞑目，旬日所啖斗升輒盡，或辟穀數月，自若也。元末，居寶鷄金台觀，留頌辭世而逝，上人揚斬山，置棺殮訖，臨窆發視之，復生，乃入蜀。洪武初，至太和山修煉，結庵於玉虛宮，庵前古木五株，常栖其下，猛獸不距，鷙鳥不搏，人益異之。後入武當，嘗語鄉人云「玆山異日當大顯於時」。居二十三年，拂袖遊方而去（見逍遙墟經）。——明史亦有此傳，謂永樂中，成祖遣使訪之數年不遇，乃發夫三十萬，大修武當山宮觀。

眞誥，稽神樞云：有一人好道，而不知求道之方，惟朝夕向一枯樹拜跪，輒云「乞長生」，如此二十八年不倦，枯木一旦忽然生華，又有甜汁如蜜，有人教令食之，遂取此華及汁並食之，食訖，成仙。如是用心，精誠之至也。

聖賢哲人倶列仙班，使人有顯明之師法，故神仙並非邈不可及。雖云人人皆可爲堯舜，然自古爲堯舜者有幾人？如堯舜之大仁大智，立德立功，實非凡人所能爲。必如堯舜始能成仙，則普通之人望塵莫及，必不能成仙，故俗語云：「神仙還得神仙作，那有凡人作神仙」？然如上舉之例，成仙者不必如堯舜之聖智；孝子善人卽可成仙。然自古孝子善人多矣，未聞盡爲神仙。如只修德行，便可成仙，而講人倫道德者，莫精於儒家，如此，則道教卽不能獨立。故修德而又須學道教之「道」，得「道」乃可成仙。道教之「道」爲何？卽修眞養性，導引服食，種種法術，有此法術，始能有淩空飛昇，蟬蛻尸解種種神秘之說產生，此道教之所以爲道教。

大抵人能淡泊爲懷，不爲物慾所累，不爲煩惱所侵，其心胸有超然之境界，必別有其理想之妙趣。如雅人逸士，在衆人心目中其人本自非凡，故郭泰與李膺同舟，人望之以爲神仙；何晏出遊，觀者盈路，咸謂神仙。當世卽爲神仙，死後當然亦爲神仙。道教順衆人之心理，將此等瀟灑出塵之人物，皆列入仙籍。

柳宗元龍城錄謂退之嘗言：太白仙去，元和初，有人自北海來，見太白與一道士於碧霧中共跨赤虬，向東而去」。張志和自稱烟波釣徒，隱居江湖，吟詩自娛，道教稱之謂玄眞子，有玄眞子外篇，列入道藏。駱賓王敗亡後，宋之問於杭州靈隱寺夜間遇之，曾助宋以詩句。李商隱作李賀小傳謂『賀晝見一緋衣人，駕赤虬，持一板書太古篆曰「帝成白玉樓，立召君爲記」。賀旋卒』。宣室志謂：李賀卒後，託夢於其母，自言「今爲神仙中人，甚樂」。對于詩人之飄逸灑脫作如此想，因而有此諸說出現。乃至王子喬之善吹笙，蕭史之善吹簫，皆得道成仙；王質之觀棋，劉晨之採藥，皆有世外之想，卽皆遇奇跡。此其人在塵世之中，自有不俗之人生，其淸奇之情操，如「登仙撫龍駟，迅駕乘奔雷，鮮裳逐電曜，雲蓋隨風廻」（郭璞詩）。「我昔東海上，勞山餐紫霞，親見安期生，食棗大如瓜」（李白詩）。其自述之奇趣如此，世人欣悅，因而增溢其美以神其說，言之鑿鑿，傳爲事實；於是其人便成爲神仙活躍而出。以此而言，不必如堯舜始爲神仙，然其人之所以如此，必冥冥之中有所敏悟，劉向校書天祿閣，自謂夜間有神人助以光明；謝靈運登池上樓詩，自謂其佳句若有神助；精誠所至，每有意外之靈感應機而發，或謂得神明之啓示，或謂遇異人之指點，此卽所謂得道，得道之人始能成仙；易言之，卽有深思妙悟之人始能得道，如此，則不必堯舜始能成仙，然未必人人皆能得道。就道教之說而言，忠孝卽可成仙，人患不爲耳，此則成仙本爲易事，而必須得道始能成仙，則易而又難矣；此其言「不離於宗」，而有神秘在其中焉，此卽宗教家之論也。

綜上所述，神仙之實際，並非玄虛無據。人生如不願在物慾紛爭之中，受煩惱之熬煎，則必趨向神仙生活；欲學神仙生活，首學神仙在現世時之超然無慮，久之天機自發，自有妙悟，人人有一太極，人人皆有靈府，道不遠人也。

第六章　修鍊

以慈善忠孝化導世人，乃道教在社會建立宗教之基本，此乃其對人處世之方；其個人之目的則在乎成仙。成仙須有法術，徒善不足以爲法；然而無固定之法術，若有固定之法術，如今之科學方法，則成仙何難？成仙等於儒家之成聖，釋家之成佛，實非易事，故無定法；猶如却病延年之方，千頭萬緒，有人採取某方，恰相適應，便爲有效，如不適應，便爲無效。然此方不適應於此人，而或適應於他人，故仍自流傳，自古積存之方頗多。學仙亦然，鍾離眞人謂「道法三千六百門」，可知仙道法術之多，總括言之，在乎修煉工夫。修者、修養也，即修眞養性；老子謂宇宙本體爲「道」，道乃無形，「其中有精，其精甚眞」，性爲人之本體，眞爲天然具有之靈明，眞即在性分之內。修眞養性本爲一事，修眞必須養性，養性即所以保養眞我。煉者、煉丹也，煉本身丹田之精氣以益神，謂之內丹；煉丹砂藥物以服食，謂之外丹。方士所傳長生不老之方，效驗無多，習其術者，未嘗不死，於是加以解釋曰：其死乃眞神離體，屍解蛻化，眞神即眞我，即人身之主宰，即人之知覺靈明，亦即所謂心性。有形之物能毀滅，無形之物則不能毀滅，故許多哲人以爲人之軀體雖死，而心性（或曰靈魂）不滅，是以老子云「死而不亡」，莊子曰「已化而生，又化而死」，死乃人之變化，並非滅亡；如此，尸解蛻化之說乃有依據，方士神仙之說乃可成立，此道教修煉宗旨之所出。故修煉以修眞養性爲主，煉丹服食次之，仙體在「眞性」，而不在肉身，煉丹服食，僅足爲現世延年之助，仙道固不在此。性爲身之主，如不養性而徒服藥，亦無益於年壽。故歷代服丹而致死者不乏其人。是以煉內丹亦即煉心性，道士因而對修煉又加以別名曰「金丹大道」，金丹大道實即心性大道，故上陽子陳致虛謂：「老子之道，即金丹之大道也」。於此可見修煉之宗旨矣。

一、心性

陸象山云「心即理」。朱子云「性即理」。心與性本爲一體，不易強分。邵子云「性者道之形體也，心者性之郛郭也」。胡仁仲云「性者天地之所以立也。心性二字乃道義之淵源，未發只可言性，已發乃可言心」。朱子云「心者人之神明，所以具衆理而應萬事者也。性則心所具之理，而又天理之所從出者也」。王陽明云「就其主宰說，便謂之心，就其稟賦說，便謂之性」。性猶太極，爲一渾圓之眞理，心猶陰陽，爲所以表現此理者。中庸云「天命之謂性」，天然命定人所當然之理，即謂之性；性爲生命本體，心者妙悟衆理之知覺靈明也。無生命即無知覺，無知覺亦不成爲生命。易言之，性者心之體也；心者性之用也。二者不能強分，故養心亦所以養性，煉性即所以煉心。

先談煉心：紫陽眞人張平叔云「心者，神之舍也；心者衆妙之理而宰萬物者也。性在乎是，命在乎是。人之所以憔悴枯槁者，誰使之然？心也」。登眞隱訣云「教人修身，即修道也；教人修道，即修心也」。純陽子云「千言萬語，只不過發明煉心二字」。儒家講「正心」，教人心無邪念，不受私慾之侵擾；佛家講「明心」，教人明其自然之心，勿受塵埃之汙染；道教講「煉心」，教人鍛鍊其純眞之心，不被雜念所淆亂。老子云「虛其心」，莊子云「游心於淡」，孟子云「收放心」、「不動心」，佛經云「制心於一處」、「生清淨心」，三家皆重修心，其義一也。

如何煉心？呂祖唱道眞言云「煉丹先要煉心，煉心之法，以去閒思妄想爲清淨法門；仙家祖祖相傳，無他道也」。煉心以靜坐爲工夫，玄中子云「當坐時，欲求能靜，務宜萬緣放下，一念不生。是非莫問，人我兩忘。百惡俱息，八風不動」。白玉蟾云「大道以無心爲體，忘言爲用，柔弱爲本，清靜爲基」。清靜經云「夫人神好清，而心擾之；人心好靜，而慾牽之；故常能遣其慾而心自靜，澄其心而神自清」。

心爲人身之主宰，受外物之擾亂，則人之生命卽隨之受傷。淮南子原道訓云「人大怒破陰，大喜墜陽，薄氣發瘖，驚怖爲狂，憂悲多恚，病乃成積。好憎繁多，禍乃相隨，故心不憂樂，德之至也；通而不變，靜之至也；嗜欲不載，虛之至也；無所好憎，平之至也；不與物散，粹之至也。能此五者，則通於神明」（莊子在宥篇亦有此說）。三元延壽參贊書（九華澄心老人李鵬飛集）云「喜怒無極則傷魄，悲哀動中則傷魂。黃帝曰外不勞形於事，內無思想之患，以恬愉爲務，以自得爲功，形體不敝，精神不散，可以延壽」。庚桑子曰「全汝形，保汝生，勿使汝思慮營營」。張平叔云「心和則氣和，氣和則形和，形和則天地之和應矣。（欲求心和，惟在靜字，收視反聽，不喜怒，方能靜心）。口訣曰：目不亂視，神返于心。神反于心，乃靜之本」。

靜心不但可以養命，而尤可以生慧，陳白沙云「靜中養出端倪」，聶雙江云：「歸寂以通天下之感」。故朱子學釋家之靜坐以悟理學，王陽明常端居默坐，靜心精慮，始悟五經之言。道樞（宋至游子曾慥集）坐忘篇云「心者一身之主，神之帥也。靜而生慧矣，動則生昏矣。學道之初，在於收心，離現境入於虛無，則合于道焉。虛心無欲，非求于道，而道自歸之」。古眞云「靜能通神，定能入化」，「靜能增慧，靜能開悟，靜能入聖，靜能證道」，大學云「靜而后能安，安而后能慮，慮而后能得」，得，即得道也。宗教家講打坐，宋儒講靜坐，皆有實驗之效。

再談煉性：人性本善，故道家謂人皆可以爲仙，釋家謂人皆可以成佛，儒家謂人皆可爲聖賢。儒家講「率性」，教人率循天然純善之性；佛家講「見性」，教人徹見天然眞我之性；道家講「煉性」，教人修煉天然清淨之性。三家之主張相同，能保持天然之眞性，方能與天道合一，不陷于後天慾海苦惱之中。天玄子曰「煉性者，在證天人之性一如，物我之性一如，使天人物我之圓明本性，渾爲一體，萬古長存」。

如何煉性？王重陽云「大凡學道，先要煉性。性屬先天，必須收他煉得圓陀陀光灼灼的，方爲妙用。性動則爲情爲慾，如龍虎之猖狂，若不煉之使其降伏，焉能去其猖狂而歸于降伏也？煉性之道，要混混沌沌，不識不知，無人無我，煉之方得入法。降龍伏虎之道既行，又必鎖心猿而拴意馬，使歸於靜定。靜定之功，能奪天地造化，陰陽妙理」。

良心善性本爲一體，煉性與煉心同義，皆須從靜定作工夫。樂記云「人生而靜，天之性也；感于物而動，性之慾也；物至知（智）知，然後好惡形焉。好惡無節於內，知誘於外，不能反躬，天理滅矣」。人性指人特有之性而言，特有之性即理性。但人亦有欲性，理性即純然之善性；欲性雖不可謂惡性，但其易於放縱，易流爲惡，必須由理性節制之，使之合理，方不失於善。尙書云「人心惟危，道心惟微」，人心由欲性而發，易私而難公，故曰危；道心由理性而發，易昧而難明，故曰微；欲性最易泛濫，故當約束之；理性最易汨沒，故當發揚之。欲性即物慾之性，此性與一般動物之性同，不須啓導而自能發達。理性則惟人類有之，人之所以異於禽獸，所以爲萬物之靈者以此，聖賢仙佛皆由發揚理性而成功。天理在理性中，若忽略理性，任慾性之飛揚，則理性銷沉，而天理滅矣。失却理性，則愚昧狂妄，自造罪孽，自陷苦阱，尙何談聖賢仙佛哉！

總之心性之修煉，皆在乎靜定。何以能靜？無欲則靜；但人不能無欲，孟子云「養心莫善於寡欲」，名利爲伐性之斧，貨財爲作惡之媒，人之貪嗔痴妄，大都由名利貨財而起，除却貪嗔痴妄，人心始能平靜，平心靜氣，始能保「天和」而適眞性，故莊子以小人以身殉利，士以身殉名，皆爲斵害天性（駢拇篇），老子云「五色令人目盲，五音令人耳聾，五味令人口爽，馳騁田獵，令人心發狂」。人慾肆則天理滅，大亂由此而起，是以儒家制之以禮法，宗教家更立嚴格之戒律，其意義深遠矣。釋尊語弟子曰「我在世，汝等以我爲師；我滅度，汝等以戒律爲師」，語意深長。戒律所以防非止惡，非與惡皆由慾而來。能守戒律，不被物慾所奴役，不墜于慾壑之中，始能破除煩惱，大開覺路，躋達佛境。故佛教有律宗，專以持戒律爲修行之本。其戒律有五戒、十戒、十善、乃至二百五十戒，可見其嚴格。

道教之五戒（殺盜淫妄酒），與佛教同，又有七戒、十戒、十二善，金蓮正宗記，玄都律文，有「百病律」，列舉人之百病，例如：喜怒無常是一病，鬼黠諂諛是一病，多憎少愛是一病，危人自安是一病。又有「百藥律」，例如：好生惡殺爲一藥，廉潔貞信爲一藥，恬淡無欲爲一藥，仁恕慈讓爲一藥。雲笈七籤、學仙雜記，亦有「說百病」「崇百藥」，皆大同而小異，總之勸人「諸惡莫作，衆善衆行」。

作惡皆由私慾而起，慾火熾張，不但傷害他人，且足以燬自身，而戕賊天性，淮南子原道訓云：「好憎者心之過也，嗜慾者性之累也」。宗教戒律不但禁絕名利之心，以防與世有爭，而且分內之日常生活，亦盡量節欲，不但不飲酒、不食肉，四十二章經云「沙門受道法者，日中一食，樹下一宿，愼莫再矣」。襄楷傳云「浮屠不三宿桑下，不欲久生恩愛」。言沙門精心求道，不貪安逸也；其物慾生活，儉約如此。神清氣爽，心性靈活，方可產生妙悟，莊子云「其嗜欲深者，其天機淺」，禮記云「清明在躬，志氣如神」，清心寡欲，爲學仙之要道。

二、三　寶

心性之修鍊爲仙佛聖人成功之不二法門，道教依黃老養生延命之道，闡演爲長生不老之術。鍊三寶可謂生命之修鍊，其所謂鍊眞精眞氣眞神之工夫，仍須以修鍊心性爲本。

精氣神爲吾人生命中之三大元素，道教名之曰三寶。三寶衰虧則體病，枯竭則身死；三寶健旺則身體康強，故三寶又稱曰三藥，入藥鏡云「上藥三品，神與氣精」。陳繼儒云：「精能生氣，氣能生神，則精又爲生神之本也。保精以裕氣，裕氣以養神，此長生之要方」。仙家鍊內丹，卽鍊三寶「鍊精化氣，鍊氣化神，鍊神還虛，鍊虛合道」。此爲修鍊工夫之四大綱領。丹書云「精是氣之母，神是氣之子」。又云「陽中之陰，其名曰精，陰中之陽，其名曰氣。兩者相須，而物生焉」。元始無量度人上品妙經注云「神氣精爲內三寶，耳目口爲外三寶，能尊其外三寶而不妄動，則內三寶方結還丹，而成胎嬰也」。所謂「而物生焉」，所謂「成胎嬰」，卽鍊三寶，發育新生命，使眞氣化爲陽神，陽神在人身出入，來云無礙，此卽所謂仙體，能脫肉體而獨存。金丹大要上藥篇云「精氣神，三物相感，順則成人，逆則生丹。何謂順？一生二，二生三，三生萬物，故虛化神，神化氣，氣化精，精化形，形乃成人。何謂逆？萬物含三，三歸二，二歸一。知此道者，怡神守形，養形鍊精，積精化氣，鍊氣合神，鍊神還虛，金丹乃成。

象川翁曰「精能生氣，氣能生神，榮衞一身，莫大於此。養生之士，先寶其精，精滿則氣壯，氣壯則神旺，神旺則身健，身健則少病。內則五臟敷華，外則肌膚潤澤，容顏光彩，耳目聰明，老當益壯矣」。三寶之鍊，首在保之，使其圓滿無虧；次在補之，使其充盈周全，最後則在鍊之使其生化而還眞。

保精：枕中方云「凡欲求仙，大法有三：保精、引氣、服餌」。保精以遠色寡慾爲要，「油盡燈滅，精竭人亡」爲自然之理。少壯之年，不能禁錮性慾，亦宜注重節慾，孫思邈說房中補益有云「人生二十者、四日一洩，三十者、八日一洩，四十者、十六日一洩，五十者、二十日一洩，六十者、閉精勿洩。若體力猶壯者，一月一洩。年過六十，久而意中平平者，自可閉固也」。若夫習交而不漏之術以保精者，此乃忍精逆回，爲害最大。保精之道，由撙節而恬淡，仙經曰「毋勞爾神，毋搖爾精，歸心靜默，可以長生」。金丹秘要云「人惟淡然無慾，精氣散於三焦，榮華百脈。慾事一作，撮三焦精氣，從命門而洩。即無慾者，而慾想一萌，命門火動，精氣流溢，不復歸根，不洩猶洩也」。

補精：丹經指南有「補虧正法」，專講補精之道。補精之法：一爲聚補，即聚精以補精。一爲採補，即採精以補精。採補即「房中術」所謂採陰補陽，此法最不可施；蓋男女交合，雖能忍精而不洩，然其精已搖，離却根本，雖不洩猶洩也。聚補之法，平實易行，袁了凡論聚精法有云：「聚精之道：一曰寡慾，二曰節勞，三曰息怒，四曰戒酒，五曰愼味」。精由血成，不獨房事之交足以損精，凡損血之事皆當戒之，如目勞於視，耳勞於聽，心勞於思，怒動肝火，酒激血熱等等，皆足以耗血，皆當節之，血得其養，則精自積矣。又，內經云「精不足者，補之以味」。淸淡之味，可以補精，故修鍊家皆素餐淡食，醲香厚味，列爲戒禁。又，鍊氣亦可補精，故吐納導引，有氣功之效用。鍊形亦可補精，故武當道士張三丰，爲武功專家，有武當派拳術傳世，此外如「取坎塡離」、「採氣爲爐」等等法術頗多，皆爲專家之秘法。

鍊精：鍊精之旨，在鍊精化氣，其法甚繁，簡要者有「凝神寂照」之法，凝神之道，首須平心靜氣澄神，凝神者首先澄神，清靜經曰「遣其慾而心自靜，澄其心而神自淸」。其次須能定眞息，息不能定，則心不能定，氣不能定，則神亦不能定矣。俞琰云「心虛則神凝，神凝則氣聚，氣聚則精生」；「內鍊之道，至簡至易，惟降心火於丹田之中耳」。袁了凡有簡明之鍊精法謂「鍊精有訣，全在腎家下手。內腎一竅，名曰玄關；外腎一竅，名曰牝戶。眞精未洩，乾體未破，則外腎陽氣至子時而興。人身之氣與天地之氣兩相吻合，及精洩體破，而吾身陽生之候漸晚，有丑而生者，次則寅而生者，又次則卯而生者，有終不生者，始於天地不相應矣。鍊之有訣，須夜半子時卽披衣起坐，兩手搓極熱，以一手將外腎兜住，以一手掩臍，而凝神於內腎，久久習之而精旺矣」。此法簡明，惟陽生不定在子時，靜坐時及虛極靜篤無人我之境，皆爲陽生之時，坐功深者，每睡每坐必有陽生，可隨時鍊之。精有元精凡精之別，石函記曰「元陽卽元精，發生於玄玄之際」。元精無形，寓於元氣之中，若受外感而動，與元氣分判，依於淫根，是謂凡精。故鍊精以鍊元精爲上乘，悟玄子云「故大修行人，鍊先天元精，而交感之精自然不洩漏」。滌除七情六慾，心如止水，一念不起，天機內蘊，元精潛育，鍊之工夫在乎「虛極靜篤」與「返觀內照」，欲達「虛極靜篤」之境，必須凝神以「返觀內照」，無想無念，內觀寂照，寂則心不動，照則神不馳，心虛神凝，此卽虛極靜篤之境，此卽陽生之時，此種種工夫，皆以虛靜自然爲本，乃說一偈曰「外無所着，內無所營，萬緣頓息，五蘊皆空」。

養氣：氣有眞氣凡氣之別，眞氣卽先天之元氣，凡氣卽後天呼吸之氣。道士論養氣每推崇孟子所講養浩然之氣，亦卽養天地正氣。其工夫爲「集義」、「不動心」、「持其志，勿暴其氣」；以及宋儒之

「主敬存誠」等等涵養工夫，不爲物喜，不以物憂；憂煩中灼，古人有所謂疽發背而死者；悲傷過甚，有一慟而絕者；民國五十八年四月，臺南有人看電影，因劇情熱鬧，大笑倒地而死。故凡內心衝動，皆傷元氣。喜怒哀樂，發之有節，心平氣和，乃合天理。天玄子云：「忍一分戾氣，卽增一分祥氣；忍一分仇氣，卽增一分和氣；忍一分怒氣，卽增一分瑞氣」。如此，乃能變化氣質，乃可入聖成仙。

養氣之道，先天與後天二氣並重，抱朴子至理篇云：「夫人在氣中，氣在人中，自天地至於萬物，無不須氣以生者也。善行氣者，內以養身，外以卻惡」。西山會眞記（施肩吾撰）云「才所不敏，強思，傷也。力所不及，強擧，傷也。悲哀憔悴，傷也。喜怒過度，傷也。汲汲所欲，傷也。戚戚所懷，傷也。或久談言笑，傷也。寢息失時，傷也，挽弓引弩，耽酒嘔吐，飽食便臥，跳步喘息，憤憤難平，怨仇不忍，歡呼哭泣，陰陽不交，均傷也。積傷至盡，則早亡矣」。此二氣並重之論也。

養氣有調息之法，一呼吸爲一息，調息卽調劑呼吸也。調息有四字訣曰「細長深勻」。細者，使息入極細微境，不可令自耳聞聲。長者，息入緩徐而長，一時一息，亦不爲久。深者，初須息息歸臍，次須息息歸踵。勻者，自初息以至末息，務使稱均而得中和之妙用也。長生詮經修眞秘錄云「調息之法先靜坐澄心，宛若禪寂，以目視鼻，以鼻對臍，調勻呼吸，勿令喘急，吸時氣自下而上，呼時氣自上而下，若存若亡，勿令間斷，亦勿令矜持，但隨其出入，少加調停耳」。

息有眞息凡息之別，養氣先調凡息，次調眞息，以口鼻呼吸爲凡息，爲外呼吸；眞息爲內呼吸，卽先天之呼吸。身中有眞氣，被息引動，悠悠來往，莊子大宗師所謂「眞人之息以踵」者，此也。眞人之心性沖和，智照凝寂，存息於無息之地，周流全體，渾融無虧，此又在守靜凝神之工夫，曹眞人云「神是性兮氣是命，神不外馳氣自定」。虛靜天師云「神若出便收來，神返身中氣自回」。此中要訣非可言喻也。

鍊氣：鍊氣化神之功，雖以鍊先天眞氣爲主，仍須鍊後天之氣以爲用，「精是氣之母，神是氣之子」，三者一體相融；其鍊之工夫亦相輔相成，鍊精可以補氣，鍊氣可以補神。反之，鍊神可以補氣，鍊氣可以補精，故其法亦出於一轍。石和陽詩云「月圓入靜處，風來水面時，胸中存一點，紅日自家知」。此卽言眞陽與眞氣發動之機；能常持此機，眞氣自盛。白玉蟾云「但能凝神靜定，念中無念，功夫純粹，打成一片，終日默默，如雞抱卵，則神歸氣復，自然見玄關一竅，其大無外，其小無內，則是採取先天一氣，以爲金丹之母，勤而行之，指日可與鍾呂並駕矣」。

養神：神爲身之主，黃帝內經云「太上養神，其次養形」。紫陽眞人金寶內鍊丹訣云「夫神者，有元神焉，有欲神焉。元神者，乃先天以來一點靈光也；欲性者，氣質之性；元性者，乃先天之性也；形而後有氣質之性，善反之，則天地之性存焉」。先天之神爲「元神」，後天之神爲「識神」、「凡神」，養神自凝神入手，神凝則氣聚，氣聚則精生。凝神以「心一神定，念頭不動」，爲八字要訣，太上元寶金庭無爲妙經定神章云「定神之道在守心，守心在絕念，絕念在休慾，休慾然後心正，心正然後神定。西王母曰：定守之道，知安知足，使飢寒不傴，無妄想執縛，以氣上升至心而養之。當夜半時，不必正坐，但平兩手，使四肢安休，絕妄想，存心中有己身，神定氣正，神不衰老」。無思無慮，心境寂靜，一片空靈，於是生理變化，神通變化，由此而生；此亦卽存心斂神之工夫，減低嗜慾，不爲物誘，不勞形，不傷神，恬和淸靜，心平氣順，而神自得其養；此亦卽「杜外制中」之法，杜外者，杜絕外物之引誘；制中者，心不爲外物所動也。內外不動，心自淸泰，神自安寧，此養神之大經也。

鍊神：亦以鍊先天之眞神爲主。屛除思慮，一念不生，一靈獨照，此時之神，常自圓明，此卽先天之眞神。天玄子曰：「識神一絕，大慧自生」。如不能安定眞神，則後天之識神當事，於是好惡心生，是非心生，紛歧錯雜，神智昏亂，豈能生慧悟道。故鍊神之功，亦以鍊心爲基，呂純陽云「平日心地養得虛明，則陽神純是先天陽氣結成，本來無思無爲，遇境不染，見物不遷，便自如如不動，祇一片靈明，而收縱在我，出來自如矣」。此卽陰氣剝盡，鍊成陽神，丹經所謂「陽神一出超三界，行滿功圓上大羅」，此卽神仙也。

還虛鍊虛：鍊神還虛，鍊虛合道，此爲修鍊最後之工夫。虛者何？卽純陽也，陽神無形，故曰虛。劉海蟾云「卦行火候周天畢，孕個嬰兒鎭下田」。丘長春云「所謂嬰兒，卽我一靈眞性，純陽不雜耳，非腹中果有一嬰兒也」。所謂結胎成嬰，卽指元神而言，修鍊元神，使之健全靈活，能脫胎神化，謂之還神入虛，此皆賴「虛極靜篤」之功，虛極靜篤，游心於淡，凝神內照，此一靈眞性，惺惺自在，形骸不礙，可以去來自如，所謂身外有身也。大學云「心不在焉，視而不見，聽而不聞」，心神離軀，則肉身失靈，如觀戲劇，有人鍾情出神，其神與劇中人冥合，遂忘其肉身，此時對其他之一切，皆無聞無睹，甚至廢寢忘食，亦不知疲累。惟常人不鍊神，其神不能鍾聚不散，不能收縱自如耳。仙家鍊神，使元神與大化相融，上與造物者游，如莊子所謂：蝶化周，周化蝶，不知蝶爲周，周爲蝶；隨境逍遙，無往而不如意，此卽所謂還虛。唱道眞言曰「至若鍊虛，要胸懷浩蕩，妙至忘身，無我無人，無天無地，覺淸空一氣，混混沌沌，一點眞陽，是我非我，是虛非虛，造化運旋，錯行代明，分之無可分，合之無可合，是曰鍊虛」。又曰「鍊虛者，以陽神之虛合太虛之虛，而融洽無間，使我與太虛合體，與天地同流，所謂神形俱妙，與道合眞者也」。故鍊虛亦以鍊心爲基，心境虛，則精神靈，神靈可通有形之外，與萬化冥合，此卽天人合一之境。如按元性不毀，元神不滅之理而言，則修鍊之功達乎此境，我與天地爲一，與天地並存焉。

結語——道敎全眞派所講三全者，卽保全三寶也。大道本夷，行遠必自邇，登高必自卑；深奧之理，以簡易之言述之，其義一也，實踐平易之道，自可達乎高妙之境。玆錄瑩蟾子李道純中和集所述三全之道及鍊虛歌云：

全精可以保身：欲全其精，先要身安定，安定則無慾，故精全也。

全氣可以養身：欲全其氣，先要心淸淨，淸淨則無念，故氣全也。

全神可以返虛：欲全其神，先要意誠，意誠則身心合而返虛也。是故精氣神爲三元藥物，身心意爲三元至要。

煉虛歌——爲仙爲佛與爲儒，三敎單傳一個虛，亘古亘今超越者，悉由虛裏作工夫。學仙虛靜爲丹旨，學佛潛虛禪已矣。叩余學聖事如何？虛中無我明天理。

三、金丹

古文龍虎經注疏，王道序云：「道家之學，有所謂內丹外丹者，實性命之所繫，得之者，小則駐景延年，大則登仙入妙，其徒以書傳，無慮千萬卷。內丹則莫不以神氣爲本，外丹則莫不以鉛汞爲宗」。內丹以養性爲本，外丹以養形爲本。黃老養生之學，本包括養心適性與醫藥服餌。丹爲丹砂，又名朱砂，「丹者石之精，故凡藥物之精者皆曰丹」（說文丹字段注）。若按鍊丹之名詞而言，燒鍊丹藥，則是先指外丹而言，秦漢方士所傳之仙方，大抵爲燒鍊之術，然其方或秘而不傳，或傳而不驗，如列仙傳所記：古仙人赤松子服水玉散，偓佺食松實，皆以藥物而成仙。漢武帝用方士公孫卿之說，作仙人掌、承露盤，取露水和玉屑飲之，謂可以長生，武帝壽七十一歲，可謂高壽，然於長生之說未符也；劉向依淮南枕中仙書，獻人造黃金之術，所費甚多，以無驗而致罪。藥物確可卻病益壽，然或用之失當而罔效，或萬事勞形，百憂感心，神瘁身枯，亦非藥物所能奏功。故仙經曰「雖常服餌，而不知養性之術，亦難以長生也」。因此，道士乃又謂修眞養性，鍊本身丹田之精氣，以達神化之妙，曰鍊丹，此卽所謂鍊內丹，以精氣神爲三藥，以代丹藥之稱。外丹所鍊者爲金石鉛汞之屬，故名曰金丹。內丹亦稱曰金丹，以丹象日月，比之如陰陽、心性、神氣，鍊精化氣，鍊氣化神，鍊神還虛，與天地合一，比之爲金剛不壞之體，故亦稱曰金丹。

原陽子法語（浚儀趙宜眞撰）還丹金液歌並叙云『修鍊有內丹、外丹之分者，緣遇不同，功用少異，而造道則一也。所謂內丹者，自性法身本來俱足，不假於外，自然之眞，其進修之功，則攝情歸性，攝性還元，有爲之爲，出於無爲；無證之證，所以實證，胎圓神化，脫體登眞。訣曰「一靈眞性號金丹，四假爲爐煉作丸，是爲眞一爲玄一，又名內丹也」。所謂外丹者，幻假色身，未免敗壞，必資外藥點化成眞，其服鍊之功，則取日月之精華，奪乾坤之造化，刀圭入口，情慾頓消，骨肉都融，形神俱妙，白日冲舉，上賓玉淸。訣曰：木液本自丹砂出，金鍊木液還丹體，丹復化金，金而液之，是爲還丹爲金液，又名外丹也』。因此，神仙之道，亦稱金丹大道。內丹外丹各有其理，各有其效，亦各有其玄虛之處，故兩派有各執一端者，亦有互相採納者，茲分述如下：

(一) 內　丹

至今道家所傳集丹道之大成者，爲漢末魏伯陽所著之參同契，修鍊家奉之爲聖經。道藏參同契序云「蓋聞參同契者，昔是古龍虎上經，本出徐眞人，徐眞人靑州從事，北海人也。後因越上虞人魏伯陽造五相類以解前篇，遂改名參同契」。此書因先天之性，順陰陽之理，本黃老之學，以明神仙之道，其言云「引內養性，黃老自然，含德之厚，歸根返元。近在我心，不離己身，抱一毋舍，可以長存。配以服食，雌雄雜陳。……化形而仙，淪寂無聲，百世以下，遨遊人間」。又云「惟昔聖賢，懷元抱貞，體服九鼎，化淪與並（九鼎謂丹砂之精）。含精養神，通德三元（謂天地人也），精液腠理，筋骨致堅，衆邪闢除，正氣常長，累積長久，變形而仙」。可見參同契以養性爲主，以服食爲輔，內外雙修，雖亦採外丹，然其所重者爲內丹，後之內丹家雖以之爲本，然有不談藥物者，並有反對藥物者，派別不一，總皆以鍊三寶爲歸，其說繁多，各由其經驗而立論。

丹家有許多派別，其著述多用隱語喩詞，各家各有其術語，不親受其教，徒讀其書，不易通曉。人身臍下三寸，爲男子之精囊，女子之子宮所在，爲鍊內丹之地，故名曰丹田。抱朴子地眞篇謂：臍下二寸爲下丹田，心下爲中丹田，兩眉間以上爲上丹田。黃庭內景經稱上丹田曰泥丸（卽腦），黃庭經注稱心爲絳宮，八十一難經稱下丹田又名氣海。仙經謂：腦海爲上丹田，藏神之府也。絳宮爲中丹田，藏氣之府也。臍下三寸爲下丹田，藏精之府也。瑩蟾子李道純（字淸庵）云「心中元氣謂之龍，身中元精謂之虎，太一靈泉謂之鉛，朱陵火府謂之汞」。丹書云「先把乾坤爲鼎爐，次摶烏兎藥來烹」，乾心也，坤身也，烏陽也，兎陰也。黃素書云「龍心也，虎腎也」。陳虛白抱一函三秘訣云「汞者陽中之陰也，鉛者陰中之陽也」。各家之術語不同，其說亦異，例如玄關一竅，傅青主抄陳虛白仙傳玄機口訣云「修仙之法，在乎凝神入氣穴，氣穴卽玄關一竅，此竅在心之下，腎之上，正中虛空之處，前對臍輪，後對腎，乃生身立命之根蒂，先天一氣，凝而爲性，後天一氣結而爲命，性命之源，生死之蒂，人之壽夭，皆禀於斯，仙聖之種，亦含於斯。知此竅而攝心調養，則命在於我；昧此竅而任心所爲，則命由於天」。教人着手修鍊之時，卽須以心注定玄關一竅。張紫陽詩云「此竅非凡竅，乾坤共合成，名爲神氣穴，內有坎離精」，此與虛白眞人之說相似。又云「一孔玄關最幽深，非腎非心非臍輪，膀胱谷道空勞力，脾胃泥丸莫搜尋」。正陽子云「道法三千六百門，人人各執一苗根，誰知些子玄關竅，不在三千六百門」。此又言玄關無象可覓，無處可指。古眞謂「捨卻幻身原無物，認得玄關卽是仙」。悟元子謂「此竅不着於幻身，亦不離乎幻身。不着乎幻身者，非一切有形之物；不離乎幻身者，非可於身外求也」。瑩蟾子云「若身心靜定，方寸湛然，眞機妙應處，自然見之」。此又似乎指人之靈感悟境而言。又云「修鍊金丹以心身兩字爲不二法門，以鉛汞爲唯一藥物，眞鉛眞汞者，心身是也」。又云「異名者，只是譬喻，無出心身兩字」。修鍊家各有其心得，故說法不同。

仙家以鍊丹爲「含精養神修性合眞之道」（見道藏洞神部衆術類、還金述），故謂道家之學卽金丹大道，謂黃老皆修金丹之道而成仙（見上陽子金丹大道虛無篇）。總之，鍊內丹卽修眞養性之工夫，其派別頗多，略述其要者：

文始派——此派以關尹爲宗，關尹爲文始先生，故名。關尹子云「全精者，忘是非，忘得失，在此者非彼。抱神者，時晦明，時強弱，在彼者非此」。「以我之精合天地萬物之精，譬如萬水可合爲一水；以我之神合天地萬物之神，譬如萬火可合爲一火；以我之魄合天地萬物之魄，譬如金之爲物，可合異金而鎔之爲一金；以我之魂合天地萬物之魂，譬如木之爲物，可接異木而生之爲一木；則天地萬物，皆吾精吾神，吾魄吾魂，何者死？何者生」？「惟聖人知我無我，知物無物，皆因思慮計之而有，是以萬物之來，我皆對之以性，而不對之以心，性者、心未萌也；無心則無意矣」。此爲合天地於一身之丹法，其接木之說，又爲後世丹家「栽接法」之所祖。

北派——此派以重陽眞人王喆爲宗，重陽曾受呂純陽之眞傳，下有七眞人：邱長春處機、劉長生處傳、譚長眞處端、馬丹陽處鈺、郝廣寧太古、王玉陽處一、孫淸靜不二（丹陽之妻），皆重陽之弟子。此派以淸靜無爲，悟道全眞爲本，以我之眞性應天地之眞理，故名全眞派，其法稱爲淸淨丹法。長春眞人云「道涵天地，神統百形。生滅者，性也；無生滅者，神也、性也。有形皆壞，天地亦屬幻軀，元會盡而終，只有一點陽光，超乎劫數之外，在人身中爲性海，卽元神也。」「今也祈長生者，不向本命元神自發大願，乃從仙佛乞靈，是捨本而求末矣」。馬丹陽云「三十六導引，二十四還丹，此乃入道之漸門，不可便入大道。若窮法於爐竈，取象於龜蛇，乃無事生事，性上添僞也」。可見仙家上法，不在固形延年，而在修眞性以代幻軀。全眞派體道而用儒，上探易理，旁涉禪宗，精義奥理，微妙玄通，其丹法，有「回光」一訣，回光者，卽回心光，性光也，長春眞人云「但能回光，卽了生死」。回光訣卽「凝神寂照」之訣也。光者，神也；神不外馳，放下萬緣，心境空寂，一念不動，則神氣自凝，神定氣和，互相融和，相生相化，不但內腎煖熱，陽長精生，眞火眞氣，薰蒸四大，且一切丹法變化之道，莫不由此。「以息心凝神爲初基，以性明見空爲實地，以忘識化障爲作用」（長春語）。此全眞之丹訣也。

南派——南派始祖爲劉海蟾，而張大其敎者爲紫陽眞人張伯端，其所著悟眞篇，號爲南派雙修聖經，可與參同契並讀，其主張先修命而後修性；命之不存，性將焉存？故其法多講命功。易云「一陰一陽之謂道」，參同契云「物無陰陽，違天背元。牝雞自卵，其雛不全」，孤陰不生，獨陽不長，故其命功，除淸修而外，亦採取陰陽栽接之法，卽所謂陰陽雙修。其法雖借鼎爐於彼家，然非御女採戰之邪術。栽接法最上乘爲隔體神交法，男不脫衣，女不解帶，陰陽對坐，心情相通，神氣相通，心聲相應，情感相應，二氣交媾，乃生妙化；此非功深者不能辦。至於體交法，雖亦有雙接雙補，雙修雙益之術，然往往落爲下乘，損人而不能利己，乃至流入邪道，正宗丹家不傳此道。道家本主張性命雙修，道以養性，術以延命，延命之旨不背養性，故南宗之命功，亦隱括性功在內，總以修眞養性爲歸。

東派——爲陸潛虛所創，潛虛，明嘉靖時淮海人，名西星號長庚，早歲曾習舉子業，後傾心於道術，自謂在修鍊期中曾感召呂純陽降於其家，留北海草堂二十日，得呂祖親傳丹法，遂開東派，其著述豐富，有方壺外史重編十五種，編入道藏，其南華經副墨八卷，焦竑莊子翼多引其說，至馴道人稱其著述云「洞曉陰陽，深達造化，發羣經之秘奧，揭千聖之微傳，乃修玄之正脈，度世之慈航也」。其丹法主張陰陽同類雙修，其言云「金丹之道，必資同類相合而成，陰陽者，一男一女也，一離一坎也，一鉛一汞也，此大丹之藥物也。夫坎之眞氣謂之鉛，離之眞精謂之汞。先天之精積於於我，先天之氣取於彼。何以故？彼，坎也。外陰而內陽，於象爲水爲月，其於人也爲女。我，離也。外陽而內陰，於象爲火爲日，其於人也爲男。故夫男女陰陽之道，順之而生人，逆之而成丹，其理一焉者也。」此明言男女雙修方可成丹，其法蓋用於已破體之中年人老年人，惟常人不易實行，故不輕傳。正統東派，工夫高深，類皆上達於道，不流於邪，故能收人己兩利，雙修雙成之功。

西派——爲李涵虛所創，李初名元植，後改名西月，字涵虛，又字團陽，四川樂山長乙山人，自言曾於峨嵋山遇呂祖於禪院，授以仙術，遵旨修行，於咸豐六年成道。在未遇呂祖之前，曾遇張三丰眞人，故對於三丰丹法，亦得其眞傳。著有三丰全集，及呂祖年譜，並注太上十三經。其丹法與東派南派相似，均爲陰陽二品大丹法。其用功首重清靜自然，次修陰陽妙用。其修靜打坐工夫，一任自然，不執着，不忘不助，若忘若存，不着意有所追求，心寂神靜，自然萬妙俱生。靜定首須收心凝神，攝念歸定，其言有云「心爲一身之主人，神爲三品之上藥。惟心與神，是二是一，不可不辨也。老君曰：夫人神好清，而心擾之；人心好靜，而欲牽之。故常遣其欲而心自靜，澄其心而神自清。陸潛虛曰：調息之法，自調心始；凝神之法，自調息始。此是聖賢仙佛之梯航，吾人入德之路也。下手學道者，必攝念歸靜，行住坐臥皆在腔子裏，則守靜始能篤也。蓋有念爲妄心，無念爲眞心，人能收念於平日，而還其所止之地，乃能專心於平時，而堅其入定之基」。清靜立基之後，方可從事陰陽雙修之丹法，其法較東派爲繁瑣，傳丹法，旨在度人，因童子先天未破，自可由清修而得胎仙，然信道者未必皆屬童眞，故須有陰陽雙修之丹法。

中派——爲李道純、黃元吉所倡，李著有中和集，並編道統大成集，黃著有樂育堂語錄，及老子道德經精義、道門語要等書。其治學之根本爲援儒入道，兼用佛理，而對中庸喜怒哀樂未發之「中」，及尚書「人心惟危，道心惟微，惟精惟一，允執厥中」十六字心傳之「中」，特有所悟。李對中和之道有專論，以中和爲修行之大本，謂丹道之玄關卽此「中」字。玄關非形體，但不可向身外求，『釋云不思善，不思惡，正恁麼時，那個是自己本來面目，此禪家之中也。儒曰喜怒哀樂未發謂之中，此儒家之中也。易曰寂然不動，中之體也；感而遂通，中之用也。老子云：「致虛極，守靜篤，萬物並作，吾以觀復」。易云「復其見天地之心」。且復卦，一陽生於五陰之下，陰者，靜也；陽者，動也；靜極生動，只這動處便是玄關也。汝但於二六時中，舉心動念處着工夫，玄關自然見也」。黃元吉亦以性命之功以「守中」爲一貫之道。同派尚有尹眞人師弟，其性命主旨謂：守中亦卽守一，執中亦卽執一，致中亦致一也。一者何？本體也；本體卽心性也，本體虛空，改名曰「中」。以其露出端倪，故名曰一。中派三教合參，以中爲至善之道，守一執中，本天道以立人道，自然超凡入聖，故丹經云「人心若與天心合，顚倒陰陽只片時」。中派丹法可歸入北派，只重清靜修行而已。

青城派——爲青城丈人所創，其道上溯關尹子，以虛無爲體，以簡要爲用，以平實爲功。張紫陽曾遇青城丈人，受金液還丹之術。此派丹法主南北雙修，而以清靜法爲主。何謂清靜？一塵不染之謂清；一念不生之謂靜。其宗旨本乎老子「虛極靜篤」之訣而來，虛極則靈，靜篤則明，「虛中藏萬物，靜裏有乾坤」，神通與化境，均於虛靜靈明產生。人在一念不生，一塵不染時，則元陽自長，眞氣自生，無窮妙境，自在其中。此派陰陽雙修亦採取上乘「千里神交，萬里神通」之妙法，「兩心能相交，千里自通神」，然而「此中有妙訣，世外鮮知情」，此又可謂雙修中之清靜法也。

伍柳派——爲伍冲虛、柳華陽所倡，邱長春傳道，自開龍門派，此派自稱爲龍門第八派弟子，故可歸入北派。伍名守陽，嘉靖時生於江西吉安，師事曹還陽、李泥丸、王崑陽三眞人，並習內外丹訣，所著天仙正理眞論，仙佛合宗，獨標精義。柳爲伍之弟子，出儒入禪，後又出禪入道，著有金仙證論（又名廷壽詮眞）、慧命經二書。此派以養氣脈爲主，參以禪定工夫，說理淺近，較易通曉，而所講養生卻病、鍛鍊精神之道，尤多實效，故頗盛行。

張三丰與張三峯——本書第五章述及明朝仙人張三丰。李涵虛所編三丰全集，傳授其丹法之張三丰乃宋朝人，本爲武當丹士，頗通仙方，又擅擊技，徽宗召之，時亂，道梗不前，夜夢神人授太極拳法，厥明，以單拳殺賊百餘，遂以絕技名於世。其丹法爲清靜派，其道言淺近說云「心止於臍下曰凝神，氣歸於臍下曰調息，神息相依，守其清靜自然曰勿忘，順其清靜自然曰勿助。勿忘勿助，以默以柔，息活潑而心自在，即用鑽字訣。以虛空爲藏心之所，以寂寞爲息神之鄉，三番兩次，澄之又澄；忽然神息相忘，神氣融合，不覺恍然陽生，而人如醉矣」。此與北派之丹法無異。其無根樹詞有云「無根樹，花正微，樹老將枯接嫩枝。梅寄柳，桑接梨，傳與修眞作樣兒。自古神仙栽接法，人老原來有藥醫。訪名師，問方兒，下手速修猶太遲」。此則又涉及陰陽栽接之法，然其下又云：「不斷葷腥，不犯淫，犯淫喪失長生寶」。蓋教本多術，因人而施，陰陽雙修亦術之一，然男女體交之法，最易犯淫，三丰之說，蓋同乎南派之神交法也。

張三峯世多誤爲即張三丰，神仙鑑云「劉宋時有張三峯者，號樸陽子，未入道時，曾授人以房中御女方，天帝惡之，終於草島遊仙」。世傳有三峯丹訣，專主男女雙修，陰陽栽接之法，如入爐鑄劍，久戰不泄，御女採補等等法術，此名曰泥水丹法。著玄微心印之紫陽道人亦同此派。張三丰玄要篇，曾力闢其謬。按參同契有「陰道厭九一」之語，九一之訣即御女之方，分上中下三峯，有三峯採戰之術，專講採人精氣之法。張三峯之名或卽取義於此乎？正統仙派斥之爲旁門。

內丹之重要派別略如上述。談至此，附有當述及者，卽自古所傳之「房中術」。漢志載：房中八家，百八十六卷，並云「房中者，性情之極，至道之際，是以聖王制外樂以禁內情，而爲之節文。傳曰：先王之作樂，所以節百事也。樂而有節，則和平壽考。及迷者弗顧，以生疾而隕性命」。此明言爲節慾之術。八家之書早佚，隋志、子部醫家類，有素女秘道經一卷，注云「並玄女經」，素女方一卷，又有玉房秘訣八卷。此四書我國已失傳，而日本有之，日本寬平中（唐昭宗時）見在書目有素女經一卷，而無玄女經與素女方，蓋其時合爲一書，不復分別也。日本永觀二年（宋太宗雍熙元年），丹波康賴所撰醫心方二十八卷，內引素女經及玉房秘訣、洞玄子等書，素女經記黃帝問素女、玄女房中之術，素女講七損八益之道，玄女講交接九法，其術在乎「男致不衰，女除百病，心意娛樂，氣力強」。玉房秘訣載：彭祖講御女之術，謂明其道者可以長壽。洞玄子講陰陽交會之秘道，總爲和血脈、去疾病，養生延齡之說，故醫家重之。洞玄子不見於隋唐史志，蓋亦早佚，丹氏所傳此書，至今猶在，確爲北宋以前之古書。——按房中術之本義，乃男女居室養生之方，如近世男女衞生寶鑑之類是也。唐代名醫孫思邈所著千金方、養性篇中有房中補益一章，亦談房中術，講「閉精守一」之道，其旨在節慾却病以盡年。

抱朴子釋滯篇謂：人不能皆絕陰陽而不交，不交者，或坐致壅閼之病；而任情肆意，又損年命。「房中之法十餘家，或以補救損傷，或以攻治衆病，或以採陰益陽，或以增年延壽，其大要在於還精補腦之事耳」。總之房中術爲醫家之書，而非仙家之書，如必言其有關修鍊之術，則爲夫婦雙修者之所用。然善節欲者，未必定須此術；若以之爲仙術，則孤身修鍊者不能成仙乎？容成與黃帝皆成仙，漢志房中八家中有容成陰道及黃帝三王養陽方，後世遂以其術爲仙道。抱朴子微旨篇，或問：房中之事，能盡其道者可以致神仙，信乎？抱朴子答曰：「此皆巫書妖妄，過差之言，由於好事增加潤色，至令失實，或亦姦僞造作，虛妄以欺誑世人，隱藏端緒，以求奉事，招集弟子以規世利耳。夫陰陽之術，高可以治小疾，次可以免虛耗而已」。至於玉房秘訣所述御童女之說，是爲邪道，彭祖豈肯出此言哉？

▲內丹之上乘

張紫陽金寶內鍊丹訣云「金丹之道在藥物，藥物即精氣神」。上乘內丹，只鍊己身之三寶，一切不假外求，不但無求於外丹之藥物，即藉他人以採補，亦所不取，略舉其言如下：

李道純中和集云「上品丹法，以天地爲鼎爐，中品丹法，以乾坤爲鼎爐；下品丹法，以心腎爲鼎爐」。又云：上乘丹法，以太虛爲鼎，太極爲爐。淸靜爲丹基，無爲爲丹母，性命爲鉛汞，定慧爲水火，窒慾懲忿爲水火交，性情合一爲金木併。洗心滌慮爲沐浴，存誠定意爲固濟，戒定慧爲三要，中爲玄關，明心爲應驗，見性爲凝結，三元混一爲聖胎，性命打成一片爲丹成，身外有身爲脫胎，打破虛空爲了當。此最上一乘之丹道，至士可以行之，功滿德隆，直超圓頓，形神俱妙，與道合眞。

華陽眞人施肩吾西山會眞記云：內之丹藥，乃爲眞藥；外之丹藥，只可療疾病安樂而已。內丹小則長生不老，大則超凡入聖，始乎二氣交而凝結在丹田，變精爲汞，變汞爲砂，變砂爲丹，形若彈丸，色同朱橘，而眞氣自生。以氣鍊氣，氣和神聚而入道，道成而入聖，聖則大而化之，無所不通，豈外丹所可比耶？

眞一金丹訣，還丹金液序云：張果先生云「鉛有大毒，善能殺人，世人未曉其端，專功修鍊，徒自苦耳」。又云「昔有二人契爲兄弟，人各將水銀一斤，入陽城山中燒，燒三年，水銀伏火，如紅玻璃色，光彩可愛，呼爲大丹，各服二兩，行履之間，須人扶持，不逾百日而死，又何益乎身命？」

雲笈七籤卷六十六丹論訣旨心照（張玄德撰）云：礬石硫黃硇砂等，燠伏乾爲藥，服之有大毒，久之損人，硇砂有食鋼壞鐵之功，豈堪服食？礬石有殺虎之能，可爲深戒。又云：大丹是天地玄元正眞之氣，太皇衆仙之食，包四象以成形，依乾坤而自化，結成紅紫色，變爲丹，名曰正陽、專陽、元陽，一名還丹。

上陽子金丹大要、藥物妙用章云：從古到今，上聖列仙留下丹經，不肯明示藥物，其間所指金木水火鉛汞砂銀，此皆譬喻，而凡俗直以鍛鍊爲事，卻將凡鉛水銀砂硫爲其藥物，以盲引盲，可勝憐憫。又，累行篇云：金丹者、金液還丹之道也。金液者，即人身中之眞氣也。以氣合形而成眞人，是謂還丹。

金丹正宗（五陵玄學進士胡混成編）藥物詩云「先天祖氣，一點眞精，便是靈藥，根蒂相生」。紫賢道人薛道光、還丹復命篇、藥物詩云：「咽津納氣固形全，須藉乾坤眞汞鉛，至道不繁人自昧，五金八石是虛傳」。

張紫陽悟眞篇，論鍊丹之旨云「其中簡易無多路，只是教人鍊汞鉛」，汞鉛卽陰陽也。又云「時人要識眞鉛汞，不是凡砂與水銀」。眞鉛眞汞，卽眞陰眞陽也。金寶內鍊丹訣，採取圖論云「採者，採眞陰眞陽於腎府，取者，取眞鉛於心田」。紫淸眞人白玉蟾詩云：「鉛汞當在身中取，龍虎不須意外求，會得這些眞造化，何愁不曉鍊丹頭」。

青城丈人云：採補之道，非房中家採補陰陽之事，而係採天地之氣以補我之氣，採天地之精以補我之精，採天地之神以補我之神。因天地之化以造我之化，因天地之命以續我之命。天地之氣不息，則我之氣亦不息矣；天地之化不止，則我之化亦不止矣；天地之命不壞，則我之命亦不壞矣。因天地之生生不已，以成我之生生不已；則天地之命長新，而我之命亦長新矣。

金丹之道，性命雙修，性卽理性，命卽生命，性境惡濁，不惟不能登仙，且亦不能養生，徒藉身外之藥物，及採補之調劑，猶如病人元氣旣喪，雖服補藥，亦只苟延殘喘於旦夕耳。時以惟求自強，不賴外物，爲內丹之上乘，不惟北派爲然，南派亦然，由張紫陽白紫淸之言可見。上乘丹法，對性之修養，以超凡入聖爲初關，超聖入神爲中關，超神入化爲上關，化則神虛合一，與天地冥合而眞如自在。對命之修養，即丹書所云「鍊精化氣爲初關，身不動也。鍊氣化神爲中關，心不動也。鍊神化虛爲上關，意不動也。三者不動，身心意合，乃結丹而爲仙體。此全係性靈修養，無借於外物也。是以清修派有云「大藥不須天外覓，陰陽只向己身求」。

▲內丹簡說

瑩蟾子中和集，將歷代各家之丹法，分析簡明，以御女採補之泥水丹法，爲旁門中之邪道。以存想身中二氣化爲男女，象夫婦交媾之狀，爲合和結丹之術者，乃旁門中之外道。惟正宗丹法不假外物，乃爲上乘妙法。丹經中有九層鍊丹法，有「七返九還」、「九轉成丹」等等法術，總皆爲返本還原之義，亦即返還精氣神於先天之境，集靈爲神，合神入道。修眞十書雜著捷徑、翠虛篇載：陳泥丸所傳九轉金丹秘訣，言之頗詳。丹家之書多矣，其法甚繁，其義一也。略舉簡說數則如下：

白玉蟾問陳泥丸曰「修仙有幾門，鍊丹有幾法」？泥丸曰：修仙有三等，鍊丹有三品。夫天仙之道，能變化飛昇也，上士可學之；以身爲鉛，以心爲汞，以定爲水，以慧爲火，在片晌之間，可以凝結，十月成胎，此乃上品鍊丹之法；本無卦爻，亦無斤兩，其法簡易，故以心傳之，甚易成也。夫人仙之道，能出入隱顯也，中士可以學之；以氣爲鉛，以神爲汞，以午爲火，以子爲水，在百日之內，可以混合，三年成象，此乃中品鍊丹之法；雖有卦爻，卻無斤兩，其法要妙，故以口傳之，必可成也。夫地仙之道，能留形在世，庶士可以學之；以精爲鉛，以血爲汞，以腎爲水，以心爲火，在一年之間，可以融結，九年成功，此乃下品鍊丹之法；既有卦爻，又有斤兩，其法繁難，故以文字傳之，恐難成也。

太上眞玄章、金丹作爲章云：鍊金丹者，以形譬鼎器，氣喻藥物，神喻火功。忘機絕慮，收視返聽，使精神魄魂意，五者不泄，定鼎器也。晝牝夜玄。攝心於一處，終日默默，如愚如痴，採藥物也。惺惺不昧，了了常如，神不外馳，其氣自息，調火功也。是以聖人忘形以養氣，忘氣以養神，忘神以養虛，形神俱妙，與道合眞。所謂忘者，非枯木死灰，面壁昏坐，懵然無知之謂也；心若太虛，內外貞白，圓活如走盤之珠，澄湛如印潭之月，動而不動，靜而不靜，必有事焉而勿正，心勿忘，勿助其長，縱之不逸於外，制之不拘於內，胸次間常虛豁豁地，夫是之謂眞忘矣。

原陽子法語、還丹金液歌叙云：丹經引證易曰：一陰一陽之謂道，乾道成男，坤道成女，而以人之男女象天地爲鼎爐，取其陰陽以爲藥物，不知大道本無男女之象，仙師託象爲喻者，蓋指先天對待之理，非後天形質之謂。訣曰「可見者不可用，可用者不可見」，正內丹藥物之旨也。先達詩云「一物原來有一眞，一身還有一乾坤，須知萬物備於我，肯使三才別立根」。一身之中具此造化，不自外來。佑聖眞君七歲入太和山修行，冲舉虛靖；天師亦七歲，入上淸修行尸解；當時何從而得藥物乎？其爲自足於己，非求之於他人者，灼然可知。

陳虛白規中指南云：鍊丹第一須止念。夫無念者，非同土石草木，塊然無情也；蓋無念之念謂之正念，正念現前，迴光返照，使神御氣，使氣歸神，神凝氣結，乃成鉛汞。第二須採藥；心動則神不入氣（默然養心），身動則氣不入神（凝神忘形），夫採藥者，採身中之藥物也；身中之藥物者，神氣精也。採之之法，謂之收拾心身，斂藏神氣，心不動，則神氣完，乃安爐立鼎，烹鍊神丹。

丹陽眞人直言，示門人云：夫大道無形，氣之祖也，神之母也。神氣是性命，性命是龍虎，龍虎是鉛汞，鉛汞是水火，水火是嬰姹，嬰姹是陰陽，眞陰眞陽卽是神氣，種種異名皆用不着，只是神氣二字。欲要養氣全神，須常屛盡萬緣，表裡淸淨，綿綿固守不動，三年不漏，下丹結；六年不漏，中丹結；九年不漏，大丹結圓備。此名九轉大功，亦名三千功滿，三田圓備，謂之神丹。法身輕舉，永爲神仙。倒笑天地不能長久，何也？天有崩，地有陷，山有摧，海有竭，有形必有壞，能修先天之物，無形無象，豈有壞乎？

內丹本爲形而上者，無形質可以掌握，各家之說，其簡易者亦非一般人所能通曉；卽物質科學，雖有實物可據，如造醬、釀酒、造豆腐等等，平常之事，凡夫俗人皆能爲之，然不親經師傳，亦不易成，而況無形之事，複雜之理乎？而況仙術眞訣，書中難備，必須口授，「非隨師經久，累勤歷試者，不能得」；而且「仙術弟子之中，尤尙簡擇，至精彌久，然後告之以要訣」，神仙法術又不輕易傳人，「故世間道士知金丹之術者，萬無一也」「抱朴子勤求篇、辨問篇）。然而「三界所有，唯是一心」（華嚴經），一切諸法，皆由心造，仙道不離乎人道，神仙爲吾人所修成，仙術亦由人心所悟而得，有師傳，事半功倍，無師傳，苟心誠求之，至誠通信，便可達道。內丹之道不外乎「虛極靜篤」，以「靜定」爲門徑，靜則通靈，定能生慧，靈慧既發，自有悟妙，又不須固執前人之成法也。

（二）外丹

外丹爲藥物，最初之丹家，鍊藥物以卻病延年，其中以丹硃爲主，故名曰煉丹，我國醫藥發達最早，至神農時所研究之藥性，已有三百六十餘種，運用於醫方，後人著爲本草經；及黃帝時，已有煉丹之術。

本草云「久服丹砂，通神明，不老，輕身」。黃庭經有「九轉八瓊丹」，注「八者：朱砂雄黃空青硫黃雲母戎鹽硝石雌黃」。抱朴子金丹篇，爲講外丹之專著，謂「丹之爲物，燒之愈久，變化愈妙，黃金入火，百煉不消，埋之，畢天不朽，服此二物，鍊人身體，故能令人不老不死」。「凡草燒之卽燼，而丹砂燒之成水銀，積變又還成丹砂，故能令人長生」。神農經曰「上藥令人身安命延」。又曰「仙藥之上者，丹砂，次者黃金白銀，衆芝五玉五雲明珠也」。故又有金丹之稱。

丹砂爲仙藥上品，自古寶之，尙書禹貢篇，荆州所貢之物有丹砂，周書成王時，濮人獻丹砂。史記貨殖傳：「巴蜀寡婦淸，其先得丹穴而擅其利數世」。煉丹者，使丹砂燒成水銀，又燒水銀還成丹砂，謂之還丹。以丹砂及其他諸藥煉之，經九次轉變，名曰「九轉還丹」。抱朴子云：「若取九轉之丹，納神鼎中，如法煉之，卽化爲還丹，取而服之，一刀圭卽白日昇天」。自古丹家之方術不一，抱朴子所記：有太清丹經、九鼎丹經、五靈丹經，有岷山丹法(道士張蓋蹹在岷山所得)，赤松子丹法、康風子丹法等等，其法必須經師親授口訣，「其所用之藥，復多改其本名」(論仙篇)。黃帝云「此道至重，必以授賢，苟非其人，雖積玉如山，勿以此道告之也」(金丹篇)。

外丹家以苟得金丹卽可長生，卽可成仙，抱朴子云：「老子之訣言云：子不得還丹金液，虛自苦耳」，言不得金丹，而勞心於不得要領之術，空自吃苦，難成仙也。又謂「黃帝服九鼎神丹，遂以昇仙」。又云「雖呼吸導引，及服草木之藥，可得延年，不免於死也。服神丹，令人壽無窮，與天地相畢，乘雲駕龍，上下太清」(金丹篇)。

黃帝九鼎神丹經訣云：欲合神丹，當於深山大澤，窮里曠野無人之處，若於人中作之，必於高牆厚壁，令中外不見，亦可。結伴不過二三人。先須齋戒七日，沐浴五香，於子丑日沐浴，以執日市之。作藥於五月五日大良，次用七月七日，始以甲子丁巳、開、除之日爲善，甲申乙巳己卯次之。欲作神丹，先作玄黃，玄黃法：以水銀十斤、鉛二十斤、納鐵器中，猛其下火，鉛與水銀吐其精華，華紫色，或如黃金色，以鐵匙接取，名曰玄黃，一名黃精，一名黃芽，一名黃輕，當納藥於竹筒中，百蒸之，當以雄　丹砂水和飛之。　又當作六一泥，泥用礬石，戎鹽、鹵鹹、礜石四物、燒二十日，東海左顧牡蠣、赤石脂、滑石凡七物，分等多少，合擣萬杵如粉，於鐵器合中，火之九日九夜，擣萬杵以爲泥，用以塗丹之釜口。　第一神丹名丹華，原料爲眞砂。第二神丹曰神符，元料爲無毒水銀，神丹共九種，皆不外赤石脂、磁石、礬石、礜石、雲母、滑石、汞等物。

太清石壁記（楚澤先生編），此書專講外丹，例如黃帝丹方：雄黃雌黃各半斤、朱砂五斤、石硫黃、白石英、鍾乳、朴硝、礜石各三兩，石床、寒水石、石膏、禹餘糧、青石、太陰玄精、赤石脂、雲母、磁石各五兩，以上十七味，並擣酢拌浥吳鹽覆之，火三日夜，寒半日開之，重飛七轉，用治萬病。

上洞心丹經訣（太極眞人嗣孫手述），仙翁曰：「世之煉靈砂者，乃用抽出砂中汞配硫二八而成靈砂，但至一轉者，志士服之可以通靈，故號靈砂。愚人服之百病皆除，若至九轉，號稱還丹，依法煉服，能變化飛昇」。丹家之書繁多，此外，如丹砂須知、修煉大丹要旨、還丹肘後訣、靈砂大丹秘訣等等，其藥物皆不外朱砂、硫黃、水銀、白礬、焰硝等物。鬼谷子天髓靈文所載太一返魂丹之原料，爲雄黃雌黃丹砂各十二分。又如靈寶衆眞丹訣，有還魂丹法、紫金丹砂法、九轉煉鉛法、神化金丹法，其藥不外玄參、麝香、虎骨、牛黃、鹿茸、雄黃、生汞、礬石等等所配合。而其燒鍊之法則未詳，蓋有非文字所能記述者，故必須有師傳。

內丹家以外丹之方每不見實效或反而有損，惟體認修鍊三寶足以增生命之活機，故否認外丹，旌陽子（許遜字敬之晉時人）石函記藥母論云「夫丹者，非人間五金八石朱砂水銀之所爲也；是無形合虛，曠成虛無，是謂眞虛，眞虛之體，還丹之基，大藥之母」。然而外丹之道，終不可泯，故內丹家亦有兼鍊外丹而證其實效者，原陽子法語丹經引證云

學者審欲成仙，不服還丹金液，徒自苦耳。爲寒溫風濕鬼氣所擊，雖司命弗能救也。合作神丹，

早自防衛，勞苦須臾，一成便仙，樂可央乎？粵自周秦漢晉唐宋以前，諸大仙之證道賓空者，莫不由之。其過之處則有丹岩、丹室、丹井、丹泉、丹爐、藥臼，皆迨今可見。其著述之書，則有太清丹經、抱朴火記、草衣歌頌，迨今可考。若以尋常方術議之，而未信其道，是猶醯雞不知有天地之大也。

抱朴子每言仙術必須有師傳，而仙人又多避世，故世人難得仙法，丹藥之方遂不傳於世。史書所記魏晉人得五石散之方，張華博物志云「上藥養命，爲五石之鍊形，六芝之延年」。抱朴子金丹篇云「五石者，丹砂、雄黃、白礬、曾青、慈石」。謂鍊之成丹，可以起死回生。晉書裴秀傳注云「五石爲丹砂、雄黃、雲母、石英、鍾乳之屬」。魏晉人服五石散之風甚盛，何晏云：「服五石散，非惟治病，亦覺神明開朗」。服後必須行路，名曰行散，行後全身發熱，熱後又發冷，冷時須脫衣以冷水澆身，須吃冷物而飲溫酒，故又名寒食散。服後不可常洗浴，衣服宜寬大而薄，鞋襪俱不可穿，而改用屐，否則皮肉易破。非深知藥性者不敢服（此蓋與東漢名醫張仲景專爲治病而製之寒食散不同）。服之有得益者，故風行一時，然服之受害者亦不少，魏志、太祖紀云「初，帝（曹操）服寒食散，自太醫陰羌死後，藥數動發，至此愈甚」（裴秀傳注）。晉安帝紀「帝雅好黃老，斷穀、餌長生藥，服食過多，遂中毒，不識萬機」。裴秀傳「服寒食散，當飲熱酒，而飲冷酒，泰始七年薨」。皇甫謐傳「初服寒食散，而性與之忤，每委頓不倫，嘗悲恚叩刀欲自殺，母諫而止」。「所以六朝貴游，動云散發，蘊寒生熱，輒喪厥軀」（裴秀傳注）。藥性與人之體性不合，則中毒，謂之散發，散發則致疾。散價昂貴，非富貴悠閒之人不能服食，當時貧人子弟，飢寒致病，諱者輒謬云「散發」，以取笑，可知當時服藥散發者頗衆。至唐時，金丹之說極盛，唐書載：憲宗服方士柳泌之金丹，致病而崩；武宗因服丹藥，喜怒失常，致疾而崩；據趙翼考證太宗、高宗、敬宗，皆因服金丹而殞命（二十二史箚記）。白居易詩云「退之服硫黃，一病訖不痊。微之鍊秋石，未老身溘然。杜子得丹訣，終日斷腥羶。崔君誇藥力，終冬不衣棉。或疾或暴夭，悉不過中年。惟余不服食，老命反綿延」。此處附有當述及者：韓昌黎痛詆金石，見李虛中諸人之墓志。白氏詩「退之服硫黃」，此並非韓退之，考之當時有衞立中者，字退之，與白爲友，因餌金丹而死。此事代有其人，明太祖第十一子，魯王檀，亦因餌金丹，毒發而薨。服丹受害，見於記述者已不暇備錄，其不見記述者更無論矣。

夫藥物可以去疾，當然可以延年。如上所述，服金丹而受害者，多有其人；但服金丹而受益者，亦不乏其人；方士醫藥之術，功不可泯。蓋人之體質不同，故同一藥品，有服之受益者，亦有服之受害者；如內功之打坐法，有人行之，得健身之益；亦有人行之無效，或反而受損者；如今世之注射「盤尼西林」，有獲奇效者，亦有致死者，在用之適當與否耳。漢武帝登嵩山，東方朔等從，忽見一神人長丈餘，帝禮而問之，曰「某九疑山人也，聞中嵩有石菖蒲，一寸九節，食可長生，故來採之」。忽失神人，帝遂採服之，經二年，帝覺煩悶不快，遂止，從官皆服亦未能持久。陽城有王興者，凡民也，不知書，無意學道，聞仙人教武帝服菖蒲，乃採服之不息，遂得長生，鄰里老少皆云世世見之，竟不知所之（神仙傳、眞誥皆記其事）。近世四川萬縣有老人李青雲生於乾隆末年，咸豐時曾爲湘軍鮑超之幕僚，後往西藏採藥，不返，民國二十年秋回萬縣，鄉間七十歲以上之老人，皆云：「幼年曾見此人，鬢髮斑白，面容如五十餘歲許，至今未變」。新聞記者紛紛往訪，大公報記載最詳，並登刊萬縣縣長與老人合照之像片。老人身神健壯，於故鄉逗留數月後，復返西藏，老人卽善養生服食之術者也。

憶民國二十年前，醉心西化者，以中國文化無一可取之點，乃建議政府，取締中醫，中醫名流起而反駁，建議者乃促使西醫博士數人與中醫陸士諤（著有醫學指南）等辯理，理論各不相下，發表刊物，輯成醫學新語一書，結果以一杯毒菌之實驗而罷爭，西醫謂「中醫忽視毒菌，忽視消毒，現有霍亂菌一杯，如沾染之而不消毒，定必患病」。士諤謂「此須看人之健康情形而斷，例如我之身體，不但沾之不至患病，雖飲之入腹，亦無影響」。西醫暗笑其妄，雙方邀來多人作證，當場試驗，以決勝負，士諤年六十餘，在衆目驚視之下，舉杯將毒菌一飲而盡，並自請衆人在現場監視，停留一小時，以示無服藥解毒之嫌，結果安然無恙。中醫於此爭取地位，民國二十二年政府乃於北平、濟南、無錫等處設立國醫館，培育中醫人才。方士丹藥之有效無效，亦猶此也，不能執一端而論。故內丹寶典參同契，亦言須配以藥物之服食；外丹家抱朴子亦言仙家要道，在乎內寶精氣，外服丹藥（釋滯篇），天下乏絕對之事理，而況仙術隱奧，豈能如飲水解渴，立見其效乎。

四、守一與存思

洞玄經曰「丹書萬卷，不如守一」。老子第十章講「抱一」，三十九章謂「天得一以清，地得一以寧，神得一以靈，谷得一以盈，萬物得一以生，侯王得一以爲天下正」。此「守一」說之所本。一者何？道體也，太極也，其在人卽先天所賦之性靈；人若墮落於後天慾壑之中，其「一」譬若玄珠，淪於塵土，失却光明，亦卽人失却性靈，遂惽憒而自沉於濁流。白玉蟾云「四大威儀皆是假，一點靈光總是眞」。人能守一點靈光，則可以燭照萬理，淸明在躬，志氣如神，天地黑暗，烈風雷雨弗迷；世路艱險，我則從容中道。抱朴子極贊守一之功，謂「守一存眞，乃得通神。知一不難，難在於終。守之不失，可以無窮。陸避惡獸，水却蛟龍。不畏魍魎，挾毒之蟲。鬼不敢近，双不敢中」（地眞篇）。靈明可以通宇宙之玄奧，有無限之妙用。抱朴子云：守一之法，在乎「少慾約食」，仙經云「物在心中神不淸，耗散眞精道難成」。寡欲、則胸無雜念，一心淸靜，心淸則神明，神明則可以通變化之端，悟幽明之理；有不可思議之功用。

道家有存思之法，陸游劍南詩集，秋思「存神止慮自長年，黃老遺書漢尚傳，妙語雖傳人不省，却從丹竈覓神仙」。自注云「漢武帝賜平津侯詔曰『君其存精神，正念慮，輔助醫藥以自持』。祁侯與楊王孫書曰『願存精神，省思慮，進退醫藥厚自持』。其語悉同，疑出黃老遺書，至漢尚傳也」。抱朴子地眞篇將守一與存思合論，蓋守一在乎專誠，存思亦在乎專誠也。存者，想也；存思者，存想神物，主一不離，專一致誠，對於所想者，可以通玄達道，得其實境。雲笈七籤有存思部：如存思大洞眞經三十九眞法、存思三洞法、老君存思圖、存思玄父玄母訣等。天隨子（陸龜蒙）云「存爲存我之神，想爲想我之身」，然其意義，尙不止此，抱朴子雜應篇謂「用明鏡九寸以上自照，有所思存，七日七夕，則見神仙」。凡所存思之天神仙眞，皆可以結想遇之，故有存想元始天尊法、存想玄化神化訣，金闕帝君三元眞一經所講守一法亦卽存思法，謂：立春之日，夜半時，正坐東向，吹氣九過（十遍爲一過），嚥液三十五過畢，乃存北斗七星冉冉來下，在我頭上。又存各種星光來入我口，每星光入口，便嚥氣一通，納入三宮（上中下三丹田），各安所在，坐臥思之在心。寂靜之室，晝夜皆可存思。

上清丹元玉眞帝皇飛仙上經注云：存思之道，每旦日出時，出庭中焚香、施席、叩齒二十四通，次九拜以就位，按手兩膝，待氣平志定，極念日中有流光流霞九百萬丈，自日下來，洞照我身，良久，引取霞精作四十九咽，入腹見五內融映表裏，光照神觀，紫霞接天無窮，卽叩齒九通，心祝曰「元精大神，紫霞鬱生，金光纏旋，灌鍊我形。尸塵解落，與道合神，使我洞曉，大羅上清」。——以下接連有數次存想，數次心祝，大致爲：心存雲髻華衣仙女，執日帝玉眞紫霞之符，飛身出霞來我前，令我謹記符文勿忘。心祝畢，次存玉妃攜我形起飛出紫霞之上，見上清丹元玉眞帝皇坐日中紫霞之上，日出九芒，芒作紫色，紫芒上各綴一玉精，形如雞子，光芒垂下，我形跪前，心中九拜九祝，以口承玉精，入口覺小熱，咽入丹田，令我五藏玉光交輝，形神合一，叩齒九通，存形居帝皇前，心祝之後，存日有絳霞下接我身，光明燦爛，存瓊華玉妃，步霞而來，執紫玉甖着我口，存視甖中有黃玉之飴，因飲之，得九口止，心存玉飴如雲散徹五藏，舉身作赤光，心祝之後，心存玉妃携我形登絳霞而造日中，見有絳玉之臺，臺中有金牀，因寢其上，夜半起牀，向月所在心五拜，存月中有白光之霞接我身，有仙女執金盤，盤中有神珠如明月，冉冉立我前，叩齒九通，心祝之後，次存一切隱形與霞光一體，我亦忘形，廓然獲得日帝玉眞紫霞之符，朱書青素，盛絳囊中佩之。

此外，靈寶玉鑑有「運念」之法，與存思之法相似，多用於祈禱禳除種種法術中，謂誠能通神，抱一精誠，所運之念，能有感應，有靈驗，如天師之袪邪，催眠家之治病，皆用運念法，使患者受感而奏效。

五、導引與行氣

素問異法方宜論謂：導引可以治病，注云「謂搖筋骨，動支節也」。漢書張良傳「良從入關，性(體也)多疾，即導引不食穀」。注「孟康曰：服避穀藥而靜居行氣」。莊子刻意篇云「吹呴呼吸，吐故納新，熊經鳥申，爲壽而已矣，此導引之士，養形之人，彭祖壽考者之所好也」。導引爲健身運動及呼吸運動，故又名曰「導氣」(見論衡道虛篇)。雲笈七籤卷三十二，詳述其法。其法頗多，三國志華陀傳云「古之仙者，爲導引之事，熊頸鴟顧，引輓腰體，動諸關節，以求難老。吾有一術，名五禽之戲，一曰虎、二曰鹿、三曰熊、四曰猨、五曰鳥，亦以除疾，並利蹄足，以當導引」。修眞十書雜著捷徑，有鍾離眞人所傳之八段錦：一、握固靜神叩齒，二、鳴天鼓、搖天柱（彈耳、擊腦後、左右搖頭），三、舌攪漱咽，四、兩手搓熱摩腎堂，五、單開轆轤，六、左右轆轤，七、左右按頂，八、叉手雙虛托，低頭攀足頻。又如張三丰之太極拳，亦爲此項運動。玆舉三元延壽參贊書（九華澄心老人李鵬飛集），導引之法云：

夜半後，生氣時，或五更睡覺，或無事閒坐腹空時，寬衣解帶，先微微呵出腹中濁氣，一九止，或五六止，定心閉目，叩齒三十六通，以集心神，然後以大拇指拭目，大小九過（明目去風，亦補腎氣），兼按鼻左右七過（令表裏俱熱，所謂灌漑中岳以潤肺），次以兩手摩令極熱，閉口鼻氣，然後摩面，不以遍數（連髮際、面有光），又摩耳根耳輪，不拘遍數（所謂修其城郭，以補腎氣，以防聾聵），名眞人起居之法。次以舌柱上腭，漱口中內外津液滿口，作三嚥下之，如此三度九嚥。黃庭經曰：漱咽靈液使不乾是也。便兀然放身心，心同太虛，身若委衣，萬慮俱遣；久久行之，氣血調暢，自然延壽也。——又，兩足心涌泉二穴，能以一手舉足，一手摩擦之百二十數，疏風去濕，健脚力（歐陽文忠公用此法，大有驗）。

抱朴子至理篇云「善行氣者，內以養身，外以却惡」。行氣與導氣，皆與養氣鍊氣有關。道家以行氣可以養生延年，可以治病，極其功者，可以得多種神通。抱朴子釋滯篇論之云：

其大要者，胎息而已。得胎息者，能不以口鼻噓吸，如在胞胎之中，則道成矣。初學行氣，鼻中引氣而閉之，陰以心數，至一百二十，乃以口微吐之，吐之及引之，皆不欲令己耳聞其氣出入之聲，常令入多出少，以鴻毛著口鼻之上，吐氣而鴻毛不動爲候也。漸習轉增其心數，久久可以至千。至千則老者更少，日還一日矣。夫行氣當以生氣之時，勿以死氣之時也，故曰仙人服六氣，此之謂也。一日一夜有十二時，其從半夜以至日中六時爲生氣，從日中至夜半六時爲死氣之時，行氣無益也。　又謂：善行氣者，可以噓水火猛獸毒蟲使不爲害，但「人性多躁，少能安靜以修其道耳。又行氣大要，不欲多食，及食生菜肥鮮之物，令人氣強難閉，又禁恚怒，多恚怒則氣亂，既不得益，或令人發欬，故尠有能爲者也。余從祖仙公，每大醉，及夏天盛熱，輒入深淵之底，一日許乃出者，正以能閉氣胎息故耳」。

道藏精華第六集中之長生氣功訣法集成，所載行氣之術甚多，胎息法爲上乘。古仙經云「人欲不死，在修胎息」。袁了凡云：

人在胎中，不以口鼻呼吸，惟臍帶繫於母之任脈。任脈通於肺，肺通於鼻，故母呼亦呼，母吸亦吸，其氣皆於臍上往來。天臺謂識神託生之始，與精血合，根在於臍，是以人生時惟臍相連。初學調息，須想其氣，出從臍出，入從臍滅，調得極細，不用口鼻，但以臍呼吸，如在胞胎中，故曰胎息。初閉氣一口，以臍呼吸，數六至八十一或一百二十，乃以口吐氣出之，當令極細，以鴻毛著于口鼻之上，而鴻毛不動爲度。漸習漸增，數之久可至千，則老更少，日還一日矣。

但知閉氣不知胎息，無益也；閉氣有危險性，胎息之要訣不在閉氣，乃在鍊養工夫，使其氣順乎自然，細而長，綿綿若存，在乎若有若無之間，最後至無出無入之境，惟以臍司微弱之呼吸，或以細毛孔司呼吸，即所謂體呼吸也。李子明眞人云：

夫胎息眞氣者，入於一靜室，焚香面壁，向東南結跏趺坐，心無掛念，意無所思，澄神定息，常於遍身觀之，自然通暢。諸學之人，不得全閉定；全閉則傷神。但量自家息之長短，放氣出入，不得自耳聞之，如此則妙也。若常常調息，不出不入，久而在於丹田，固守存之者，名爲眞胎息也，道必成矣。

所謂道成，即長生之道成，高上玉皇胎息經云「若欲長生，神氣相注，心不動念，無來無去，不出不入，自然常在，勤而行之，是眞道路」。胎息經謂「修道者，常伏其氣於臍下，守其神於身內，神氣相合，乃生玄胎」。故胎息之法，又爲內丹不死之道。

附錄導引術數則

心臟導引法——可正坐以兩手作拳，用力左右互相築各六度。又可正坐，以一手按腕上，一手向下拓空如重石，又以兩手相叉，以脚踏手中各五六度，能去心胸間風邪諸疾，閉氣爲之畢良久閉目三咽三叩齒而止。

肝臟吐納法——以鼻微引氣，以口噓之。肝病用大噓三十遍，細噓十遍，能去肝家虛熱，亦除四肢壯（？）氣、眼暗、一切熱者，數數噓之，緜緜不絕爲妙，病瘥則止。——以上兩則，見白玉蟾修眞十書玉隆集。

養生運動——赤松子曰：左右手叉首上，挽首至於地，五吸五息，可以止脹氣也。叉手胸腹之前，左右搖首不息至極而止，可以引面耳邪氣不復得入者也。左右手叉腰之下，左右自搖至極而止，可以通血脈者也。左右手叉胸之前，左右極引，可以除皮膚中之煩氣者也。——道樞卷二十八，太清養生上篇。

叩齒——上清修身要事經云：夫叩齒以命神，嚥氣以和眞。凡存修上法禮祝之時，皆先叩齒，上下相叩，勿左右也。一呼一吸，令得嚥諸氣液耳。此名爲呼神和眞，以求升仙者也。其法叩齒，上下相叩名曰天鼓，左齒相叩名曰天鐘，右齒相叩名曰天磬也。制鬼降魔可叩鐘磬，行道求眞叩天鼓也。　天皇至道太淸玉冊（明南極遐齡老人臞仙撰）云：叩齒是集眞而集神。凡人體氣散，心氣耗，眞氣不應，須用集之，所以叩齒者，擊動天門而神氣應，左叩爲鳴天鐘，右叩爲擊天磬，凡制伏驅降用之，至於當門齒上四下四共八齒相叩，謂之鳴法鼓者，所以通眞格上帝，凡朝奏用之；上下三叩，成二十四通，謂之鳴法鼓，常當如此。

叩齒嚥液——三洞珠囊（唐陸海羽客王懸河修）云：仙人劉京語皇甫隆曰：夫朝睡起，未洗澡之前，平坐漱口中唾曰玉泉，令滿口、嚥之，卽叩齒二七止，又更漱唾如前法，又更叩齒如前法。夫叩齒者，召身內神令其安之，又令人齒不朽。夫嚥液者，令人身體光澤、力壯有顏色，去三尸蟲，名曰煉精，使人長生，若能終身行之，得仙也。　又消魔上靈經曰：若體中不寧，當反舌塞喉，漱漏嚥液無數，須臾不寧之痾自除，其時亦當覺體中寬和也。　嚥液又名納津，陳泥丸云：以舌柱上腭，覺口內外液自生，漱滿嚥，凡納時、正坐存心下有一孩開口，方致之。

童顏——莊子外物篇云「靜默可以補病，皆媙可以休老」。皆媙者，以兩手按摩目眥也。　雲劍子（許遜述）云：一、以兩手掩口取熱汗及津液摩面，上下三十五遍，食後爲之，令華潤。二、以兩手摩拭面，使極熱，令面光澤不皺，行之三年，色如少女，兼明目。（枕中書亦如是云）。

六氣法——洞神部四氣攝生圖云：「上熱呵心火，眼昏噓自治，肺寒呬卽效，耳病者心吹。脾胃常呼吸，三焦滯處嘻，山中無藥物，見此是良醫」。噓呵呬吹呼嘻，此六字去五臟諸疾。若臟肺有疾，但澄心定意，想氣存思，微微噓呵，邪氣自散。所言止三十遍者，蓋大約言之，稍覺舌關清冷，則疾已過去矣。

六、服食

曲禮云「醫不三世，不服其藥」，服藥卽食藥，服食藥物可以却病延年。雖古詩云「服食求神仙，多爲藥所誤」，藥物方術未必盡有效，甚至有被誤而受害者，自古如此，於今亦然。然藥物之功效，終不可泯，黃老養生之道，服食爲一項，故習此道者不必爲方外之士，前已言及魏晉人之服五石散，卽其一端，晉書嵇康傳「常修養生服食之事」，王羲之傳「與道士許邁，共修服食採藥石」，方士則以服食爲成仙之道，其道分爲服氣與服藥二項，茲分言之。

▲服氣

莊子逍遙遊云「乘天地之正，而御六氣之辯」。屈原遠遊云「飡六氣而飮沆瀣兮，漱正陽而含朝霞」。李頤莊子注云「平旦爲朝霞，日中爲正陽，日入爲飛泉，夜半爲沆瀣，天玄地黃爲六氣」。司馬彪曰「六氣，陰陽風雨晦明也」。六氣之說不一，而總之爲天地日月陰陽之氣。服氣卽呼吸吐納之法，故抱朴子釋滯篇謂行氣卽「仙人服六氣」；至理篇謂「服藥爲長生之本。若能兼行氣者，其益甚速。若不能得藥，但行氣而盡其理者，亦得數百歲」。道經有服食日丹月黃之法，即服食日月之精華，亦即服食天地自然之氣。行氣有胎息龜息等法，乃服食自身之氣。略舉其法如下：

上清握中訣，服日氣法云：平旦伺日出，乃對日叩齒九通，瞑目握固，存日中五色流霞皆來接身，下至兩足，上至頭頂，四十五咽氣，又咽液九過，叩齒九通。服月精法：伺月初出，對月叩齒十通，瞑目握固，存月中五色流精皆來接身，下至兩足，上至頭頂，五十咽氣，又咽液十過，叩齒十通。

學仙雜記云：凡服氣、日午以後，夜半以前，名爲死氣，不可服也；惟酉時氣可服。又云：凡服氣、取子午卯酉時服，是也；如冬月子時氣，不可服也，爲寒。如夏月午時氣，不可服也，爲熱。

雲劍子云：心中之氣，以意送之，歸臍下氣海之中，夾之日月，左腎爲日，右腎爲月，此乃兩畔同昇合爲一，即先存思，右腎爲月，白氣入海中，從脊右邊上至頂泥丸宮、眉間入三寸是也。又存左腎爲日，黃氣卻存歷洞房宮、又歷明堂宮，守寸雙田下歷十二重樓，歷絳宮、入氣海。又存左腎爲日，黃氣從脊左邊骨縫上直入泥丸宮，存出歷洞房宮、明堂宮、守寸雙田下歷十二重樓、歷絳宮入氣海。——此爲服自身之氣。

雲笈七籤卷五十六至六十二講諸家服氣之法頗詳。

▲服藥

金石丹藥而外，草藥仙方亦甚多。抱朴子仙藥篇云：「神農四經曰：上藥令人身安命延，中藥養性，下藥除病」。其所謂上藥、爲芝、朮、玉、丹砂、硫黃、雲母、雄黃、松脂、菖蒲之類。並載老翁返童，長生不老之方。道藏中收輯各家仙方頗多，舉例如下：

太玄寶典、養生構神門，木神養神章云：陰陽之妙，造化五行各有其一，至神之物，生於洞天福地，人遇之者，可以爲仙，木之神、茯苓是也，服之得法，能生神明，輕便四肢，茯苓末之爛，研青松葉水和煮之，惟茯苓碧綠色透爲度，暴乾以末蜜和丸，日三服如橡子大，淸旦水下，通神不老不飢，辟穀去五味，服之三百日，體生青毛，無寒暑，更加梨子無暑，加葶藶無寒矣。　又云：柏木仁可以養精，枸杞可以養氣，甘菊可以生精益髓。

四氣攝生圖云：肝有病，宜服升麻散：升麻、黃芩各八分，山梔、黃瓜各七分，決明子、車前子、乾薑、地膚子各十分，龍膽、充蔚子各五分，熬搗爲散，空心飲調，三錢一服。　神仙傳云：甘始者、太原人、服天門冬，在人間二百餘年。

太華陳希夷志（張輅纂集）云：天聖中、有人登嶽頂，至明星舘故基下，得斷碑，髣髴有古文，乃治口齒、烏髭藥方歌一首：猪牙皀角及生薑，西園升麻蜀地黃，木律寒蓮槐角子，細辛荷蒂（剪荷葉心子也）要相當，青鹽等分同燒煅，研細將末使是最良，揩齒牢牙髭鬢黑，誰知世上有仙方。——此希夷先生之方也。

▲辟穀

莊子逍遙遊云：藐姑射山之神人「不食五穀，吸風飲露」，此辟穀說之所本。列仙傳下云「斷食休糧，以除穀氣，呼吸導引，吐故納新」。三洞珠囊、天文上經云「玄古之人，所以壽考者，不食穀也」。大有經曰「汝欲不死，腸中無滓」。而抱朴子雜應篇則云「斷穀人止可息肴糧之費，不能獨令人長生也。聞諸曾斷穀積久者云：「差少病痛，勝於食穀時。其服朮及餌黃精，又禹餘糧丸者再服三日，令人多氣力，堪負擔遠行」。『道書雖言「欲得長生，腸中當淸，欲得不死，腸中無滓」。又云「食草者善走而愚，食肉者多力而悍，食穀者智而不壽，食氣者神明不死」。此乃行氣者一家之說耳，不可便孤用也』。玄宗直指萬法同歸云「古人神氣精全，行之愈久，不待休糧，自然不食。今人不得其理，堅然不食，行自餓法，期取樂報，不亦惑哉」。仙經亦以辟穀爲下，然謂亦可藉以入道。其法以服氣爲主，以久定爲用，神不用則能不散，自然可濟飢渴，如動物之冬眠。至於方書所載辟穀之藥方，蓋如抱朴子所講之仙藥相同，可以輔修鍊之功，修鍊者服之或有益，未聞普通人有服藥便可辟穀者，蓋必有好奇之人曾試之而無驗也。雲笈七籤卷五十九爲神仙絕穀食氣經，其他經中載辟穀之方亦甚多，舉例如下：

洞玄部、要修科儀戒律鈔、斷穀服藥緣云：丹臘神方，眞丹一斤，芒硝半兩，茯苓一斤，皆擣，合之以白臘二斤中，合煎之，九上九下，可丸、便丸之，如梧桐子，服十丸，一月不食也。又方：桑葚黑者，暴乾擣之，水服三合，日三則不飢。

靈寶淨明院眞師密誥、神仙辟穀服柏葉方：金毛狗脊（去毛）、白朮、天麻、荆芥、蒼朮（洗淨）、茯苓各等分。以上六藥擣羅爲末，用井花水爲丸彈子大，如服時用一丸，黑豆一升，用水三升三合，將豆並藥一處煮，令水乾爲度，服時將豆一撮柏葉同入口嚼下，如吃盡藥豆，則單吃柏葉，服之一年，身生長毛，服之三年毛退，不飢不渴，不寒不熱，長生不死也。服時，忌食漆葉、草麻葉、胡桃葉。

枕中記、斷穀常餌法：茯苓末五斤、生栗末五斤、胡麻九蒸九晒爲末五斤、此三味先以水一石煮肥大甘棗五斗，令減半出研濾，令皮核極淨，更以水一斗，別洗取皮核中甜味令盡，以微火煎如稠糖，下之令冷，和藥擣一萬杵，密封，稍稍餌以當食。

雲笈七籤、文始先生絕穀方：雄黃半兩（研細）、禹餘糧一兩、麥門冬一兩半（去心焙）、白礬一兩（燒灰）、雲母粉一兩。以上藥擣羅爲末，鍊蜜和擣一千杵，丸如桐子大，欲服藥先作牛羊肉羹、稻米飯、飽食、明旦服三十丸，以井華水下之，可一月不飢。

抱朴子、雜應篇：洛陽有道士董威輦，常止白社中，了不食，陳子叙共守事之，從學道，積久、乃得其方云：以甘草、防風、莧實之屬、十許種、擣爲散，先服方寸七，乃吞石子大如雀卵十二枚，足辟百日，輒更服散，氣力顏色如故也。欲還食穀者，當服葵子湯下石子，乃可食也。

七、養生要言

導引之術，包括養生之道，惟導引之工夫深處，旨在成仙，非普通人所能實行，養生之理，簡明易知，爲人生日常須知，易於實行之事。道藏中如攝生纂錄、養生秘錄、七部備要、養生心經等，所述頗多，茲舉要言數則如下：

抱朴子極言篇謂：才所不逮而困思之、傷也。力所不逮而強舉之、傷也。悲哀憔悴，傷也。喜怒過差，傷也。汲汲所欲，傷也。久談言笑，傷也。寢息失時，傷也。挽弓引弩、傷也。沉醉嘔吐、傷也。飽食卽臥、傷也。跳走喘乏、傷也。歡呼哭泣、傷也。陰陽不交、傷也。積傷至盡則早亡。是以養生之方，唾不及遠，行不疾步，耳不極聽，目不久視，坐不至久，臥不及疲，先寒而衣，先熱而解，不欲極飢而食，食不過飽；不欲極渴而飲，飲不過多；凡食過則結積聚，飲過則成痰癖，不欲甚勞甚逸，不欲起早起晚，不欲流汗，不欲多睡，不欲奔走車馬，不欲極目遠望，不欲多啖生冷，不欲飲酒當風，冬不極溫，夏不極涼，不露臥星下，不眠中見肩，大寒大熱，大風大霧，皆不欲冒之。五味入口，不欲偏多，故酸多傷脾，苦多傷肺，辛多傷肝，鹹多傷心，甘多傷腎，此五行自然之理也。凡言傷者，亦不便覺也，謂久則壽損耳。是以善養生者：臥起有四時之早晚，興居有至和之常制，調利筋骨，有偃仰之方；杜疾閑邪，有呑吐之術；流行榮衛，有補瀉之法；節宣勞逸，有與奪之要；忍怒以全陰氣，抑喜以養陽氣，然後先服草木以救虧缺，後服金丹以定無窮，長生之理盡於此矣。——遜思邈眞人道林養性亦有如此相似之語。

嵇康曰：「養生有五難：名利不去爲一難，喜怒不除爲二難，聲色不去爲三難，滋味不絕爲四難，神慮精散爲五難。五者若存，雖心希難老，口誦至言，咀嚼英華，呼吸太陽，不能不夭其年也。五者無於胸中，則信順日躋，道德日全，不祈善而有福，不求壽而自延」。

孫眞人養性詩云：

怒甚偏傷氣，思多太損神。神疲心易役，氣弱病相因。
勿使悲歡極，常令飲食勻。再三防夜醉，第一戒晨嗔。
亥寢鳴天鼓，晨興漱玉津。妖邪難犯己，精氣自全身。
若要無諸病，常須節五辛。安神宜悅樂，惜氣保和純。
壽夭休論命，修持本在人。君能遵此理，平地可朝眞。

太白眞人曰：「欲治其疾，先治其心。必正其心，乃資於道。使病者，盡去心中疑慮思想，一切妄念，一切不平，一切人我，悔悟平生所爲過惡，便當放下身心。以我之天而合所事之天，久之遂凝於神，則自然心君泰寧，性地和平。知世間萬事，皆是空虛；終日營爲，皆是妄想。知我身皆是虛幻，禍福皆是無有，生死皆是一夢，慨然領悟，頓然消釋，則心地自然清靜，疾病自然安痊。能如是，則藥未到口，病已忘矣。此眞人以道治心療病之大法也」。又曰「至人治於未病之先，醫家治於已病之後，治於未病之先者，曰治心，曰修養。治於已病之後者，曰餌藥，曰針砭。雖治之法有二，而病之源則一，未必不由心而生也」。

夫有生必有死，乃命定之事，善養生者，盡其天年而已。老子云「少私寡欲」，可謂養生之要訣。蓋少私則心境安寧，情志和悅；寡欲則不生煩惱，身神康樂；莊子刻意篇云「平易恬淡，憂不能入，邪不能襲」也。若夫健身之道，則因人之體性與生活習慣而各有其法。陳繼儒福壽全書所載：「康仲俊年八十六，極健康，自言少時讀千字文有悟，謂「心動神疲」四字也；平生遇事，未嘗動心，故老而不衰」。又「劉幾善，年八十餘，精神不衰，其術惟煖外腎，法以兩手掬而煖之，默坐調息，兩腎融液如泥，淪入腰間，其法甚妙」。又、有老人九十餘歲，精氣如少年，問其飲食之道，答曰「吃食須細嚼細嚥，以津液送之，然後精味散入脾，華色充飢；粗快則祇爲糟粕，塡塞腸胃耳」。又「一老人、八十三歲，壯如少年，問其所養，則謂平生不習飲湯水耳，脾胃惡濕，飲少，胃強氣盛液行，自然不濕」。——吾鄉有俗語云「飯後百步走，活到九十九」。然亦有人飯後靜坐二十分鐘而受益者。至於各種鍊身活動，皆視人之體性習慣而定，不能執一以論其利弊。歸結養生之道，不外乎應順自然，調和身神，所謂「夏葛而冬裘，飢食而渴飲，節私慾，定心氣」（程明道語），「體常勞動，穀氣得淸，血脈流通，疾則不生」（華陀語），如斯而已。

八、結論

以上按道教之經籍，略述修煉之術。關於心性之修養，及三寶之鍛鍊，確合自然之理，亦爲有效之方。至於內丹之道，則法門複雜，且多玄虛，惟憑運用意想，作內功存思之活動，所謂「煉精化氣，煉氣化神」，亦確有其理，然其術只可意會，而難於捉摹，非一般人所能行。外丹燒煉，其術亦多，祖傳眞方，或秘而不宣；或有人得之，不適於體性，而服之無效。故金丹不死之術，只存其說而罕見其實。燒煉家之苦心化驗，其所發明者，金丹之功少，而其他實用之功大，例如：以丹砂化水銀，以石英化瓷器，化鉛爲明粉黃丹，化其他礦物爲黃金（抱朴子黃白篇），以及火浣之布，焚而不毀；昆吾之刀，切玉如泥；扁鵲造痲藥酒（列子湯問篇），淮南子造豆腐（本草），皆爲燒煉術之成績。

若夫導引服食之事，確可健身卻病，其術固非盡有實效；雖今日醫藥發達，亦豈盡有實效哉？至若養生之方，則皆爲平常自然之理，各就身體之所宜而實行之。衞生之道，全在保養，能保健康，便可却病延年；不然，若私慾亂神，消耗氣血，雖有仙藥，不能治也。故「吐故納新者，因氣以長氣，而氣大衰者，則難長也；服食藥物者，因血以益血，而血垂竭者，則難益也」（抱朴子極言篇），可知養生之道重於煉丹服藥之術矣。

道家以死生爲自然之律，視死生爲一條，「不樂壽，不哀夭」，「不知悅生，不知惡死」，其在世間

「翛然而往，翛然而來而已矣」（莊子大地、大宗師），故莊子刻意篇以導引之士，養形之人，不若「天地之道，聖人之德」，天地之道爲自然之道；聖人之行知天知命，生不能禁，死不能拒，不必求死，亦不必益生，故老子云「益生曰祥」（第五十五章，祥、妖也。又作殃殃也）；莊子德充符云「常因自然，而不益生」。若如勞山道士，兀坐木石之間，身已與木石同色，然呼吸不絕，目炯炯尙能視，不死不生，此何貴於修道？故長生不死，原非道家之所貴。

道教爲度化世人起見，乃用仙術不死之說，以引人入道；藉養生修煉之工夫，以爲悟道之手段。別家之法術，不分人格，人人可爲，人人爲之亦皆有效，例如拳擊之術，勇士習之可以禦侮，強盜習之可以劫人；特效之藥，善人服之可以療疾，惡人服之亦可以療疾。道士云：惟仙術則不然，抱朴子云「覽諸道戒，無不云欲求長生者，必須積善立德」。又云「欲求仙者，要當以忠孝和順仁信爲本，若德行不修，而但務方術，皆不得長生也」（對俗、微旨）。於是此中有神秘焉，於是進入宗教理論之中。仙經曰「雖常服餌，而不知養性之術，亦難以長生也」。究其結果，神仙之學，即修心養性之學，亦即修養良心理性之學問；良心理性，明德達道，「萬物皆備於我矣，反身而誠，樂莫大焉」。此即聖賢仙佛之境界；至此境界，始恍然大悟，修道不在乎生死，不在乎神通，曩者玄奧之理，微妙之論，苦修之功，回頭思之，猶如設筌捕魚，煞費苦心，而今已得魚矣，筌有何用？又如撐筏渡海，勞神盡心，而今已登岸矣，筏有何用？因此，古眞明言之曰「三十六導引，二十四還丹，此乃入道之漸門，不可便爲大道。若窮法於爐竈，取象於龜蛇，乃無事生事，性上添僞，誤人甚矣」。故煉丹服食，一切有爲諸法，只可却病延壽，非仙聖之眞果也。談至此，眞所謂一心是主，萬法皆空矣。然至此境界，豈易言哉？得魚忘筌，登岸捨筏，然無筌不能得魚，無筏不能登岸也。

第七章　方　術

道教起自方士，當日方士之顯於世者爲方術，最初之方術爲仙藥長生之方。及陰陽家之說盛，方士之術亦增多：盧生奏圖讖以驗預言，新垣平觀氣象以驗神異，李少君有祠竈卻老之方，齊少翁有致鬼之術，以及張楷左慈等之神通，皆足以吸引一般人之信仰。及張道陵出而綜合煉丹、吐納、致神、役鬼、符籙、誦經諸法，並假老君之言。以鬼道教民，於是道教乃正式出現。方術實爲道教之發端，然方術不盡有驗，於是又加以鬼神禍福、善惡報應之說，使人之信仰歸於神道，此在人羣中頗足發生作用，此爲宗教之基礎。然神道渺遠，有人絕不相信；於是乃引道家之超世人生以與神仙思想相融化；而修身處世之道，方外逍遙之樂，無所不包；道教與道家合一，其高尚之境界，微妙玄通，爲上士所趨慕；然而無神道則不成宗教，方術可以助宗教之神秘。道教不忘其本，自然仍重方術。凡醫藥、占驗、誦經、祈禳、符籙、咒語等等，皆爲道教之法術，惟醫藥占驗，不限於道士，今就其餘諸術略述之：

一、誦　經

抱朴子遐覽篇，所述道經六百七十餘卷，其中如自然經、陰陽經、太平經、通明經、微言經、五言經等，大抵講道教之義理。甲乙經、按摩經、玄女經、黃庭經、道引經、行氣治病經等，大抵講醫藥養生之術。丹經、黃白要經、白子變化經、白虎七變經等，大抵講燒煉之術。尸解經、中遁經、胎息經、幻化經、眞人玉胎經、道家地行仙經等，大抵講鍊身蛻化之術。召命經、安魂經、移災經、厭禍經、收山鬼老魅治邪精經等，大抵講禳災致祥之術。容成經、宮氏經、鬼谷經、少君道意經等，爲仙家自述得道之書。——此可謂道教經典簡要之總目，迄今五千四百八十五卷之道藏，內容亦不外是。

所謂誦經，不僅熟讀其文而已也。如養生、導引、鍊身、祈禳等經，只記其方術可也。講道說理之經，養心陶情之文，雖已熟於胸中，而猶時時誦讀，玩索其義理，欣賞其韻味，如音樂歌曲一般，可以淑性情，可以啓妙悟。誦經有平坐存想法，有精思法，精誠所至，有不可思議之功。

誦經之聲，別有格調，異苑云「陳思王（曹植）遊魚山，聞岩裏有誦經聲，清遠遒亮，因使解音者寫之，爲神仙之聲。道士效之作步虛聲」。因此，道士誦經之聲，稱爲「步虛聲」。庾信有道士步虛詞十首，例如其第二首云「無名萬物始，有道百靈初，寂絕乘丹氣，玄明上玉虛。三元隨建節，八景逐迴輿，赤鳳來銜璧，青鳥入獻書。壞機仍成機，枯魚還作魚，棲心浴日館，行樂至雲墟」。吳競樂府解題云「步虛、道家所唱，備言縹緲輕舉之美」。魏晉文人如曹植、嵇康、郭璞、張華等，皆好作遊仙詩，其內容歌詠仙人逍遙之樂，令人讀之有飄然出塵之想，庾信之步虛詞、與遊仙詩相似。唐人詩中亦好引用其意，如張籍詩云「卻到瑤臺上頭宿，應聞空裏步虛聲」。殷堯恭詩云「星辰朝帝處，鸞鶴步虛聲」。王建詩云「道士寫將行氣法，家僮授與步虛詞」。步虛聲，即想象神仙乘雲氣步太虛之活動，加以描繪而爲之詞，譜以樂律曲調，迄今北方道士誦經猶傳其遺音。經文或述神仙之言，或讚仙境之美，其中多有類似步虛詞或遊仙詩之辭章，誦其言而體其旨，足以啓發幽思，增加信念。且修行之人，力避世俗之樂，經典美辭，雅調諷誦，與佛徒之梵唄歌詠，皆別饒佳趣，可助修行之樂，基督教之唱詩亦同此義，此誦經之第一意義。玆舉經文一則：靈寶無量度人上品妙經、上元九宮太一眞人之歌云：

我乘倏蛇，冠帶雲霞。入經天衢，出遊帝家。
龍旂所指，萬物光華。太一之氣，喜盈福奢。
臨衛帝堂，靈耀斯煌，誦我玉書，五帝燔香。
三界稽首，西母傳觴，鳳圖億千，龍壽無疆。
我征青軺，八風來朝，拜望太乙，錦衣翠袍。
壇雲回迴，拊石鳴雷，薦我甘華，黃縷百枚。
天香杳迢，振響琳琅，左顧紫微，右扶玉璫。
轉我斗樞，萬寶盈倉，降福穰穰，舍宮咀商。

宗教必有神秘，道教誦經之第二意義更爲重大，謂誦經可以消災致福，甚至可登仙界。以上所舉太一眞君之歌注云「此三元之上，九宮之中，太一歌音，誦之百遍，可免三災；誦之千遍，太一保迎；誦之萬遍，道備隱淪，位登仙翁」。又如高上玉皇大行集經（簡稱玉皇經）云「元始天尊，昔在清微天中，玉京金闕七寶玄苑玉皇宮殿，昇光明座，與無鞅數衆宣說靈寶清淨眞一不二法門。是時玉皇尊帝與諸眞聖、飛天大聖、無極神王、靈童玉女，九千萬人，清齋建節，侍在側焉」。天尊所說此經，大意謂「道出於一，聖賢仙佛同宗，如能爲善人，便能爲仙人」。經文最後跋語云「若道士志人，能結壇誦經，著新淨衣，於夜半後，闃寂獨處清淨室中，叩齒九通，東向端坐，誦詠是經，於是時也，太眞御几，玉妃拂筵，萬神班列，諸天臨壇，三界侍衛，五帝司迎，然後閉目靜思，存想是經，不覺身處五雲之內，俄見其身光明赫奕，上昇天宮」。道藏洞眞部卷三十二，言誦經之益及其靈驗頗多。

上述之經，爲道士必誦之經，其中一面說理，一面以神話助興，大讚其功效；不但道教之經如此，卽佛教之經亦然，如心經謂：般若波羅蜜多「能除一切苦，眞實不虛」。金剛經謂「若復有人於此經中，乃至受持四句偈，爲他人說，其福甚多」。經典中並舉事實以證其效，玉皇經卷下記述：誦此經而得感應之靈者，如隋時陳臻、唐時司馬喬卿、李脩、呂文展等，皆誦此經而致福。老氏聖紀云「丁義士以道術授吳猛，道士舒道雲病瘧比年，猛授以三皇詩，使諷之，頓愈」。晉書苻丕傳：「丕（苻堅之子）爲慕容永所敗，其尚書徐義爲永所獲，械埋其足，將殺之，義誦觀世音經，至夜中，土開械脫，奔而得免」。諸如此類之事頗多，雖云偶然巧遇，然足爲誦經者增加信仰。

誦經與祈禱有關，道士必誦之經甚多，如元始無量度人上品妙經，太上老君說常清淨經，通玄眞經，長生眞經，文昌大洞仙經等等，皆講修眞學道之事。此外，祈福禳災，皆各有必誦之經。誦經之功用甚多，雲笈七籤卷五十七，有五靈心丹章，曰：不飢章、長生章、不熱章、不寒章、不渴章，謂誠心誦之，皆有實效。耶穌謂人人皆有罪惡；佛教謂：罪之大者，墜入六道禽獸；道教謂：罪之大者，墜入畜生、餓鬼、地獄三惡道。佛道皆有超度救苦之經，謂誦此經可以使死者脫離苦難；如靈寶無量度人上品妙經、有追度上世亡魂品，濟度死魂品等，皆爲超度死者之經。人間之事，當然不離乎人道，不離乎人情，世事萬端，要求人情之安慰，實無固定之方式，故誦經祈禱亦爲一道。臺北美國海軍熱帶病第二研究所，一年一度請僧人誦經超度爲研究而犧牲之細菌、昆蟲、老鼠等之靈魂，供奉牌位，舉行儀式，研究所所長華頓上校率所屬人員向牌位行三鞠躬禮以示敬（五十八年十二月一日中國時報）。科學家之心理，與俗人不同，其此種超度之心理爲何？豈非求人情之所安乎？人情之中本有神秘，故宗教之神秘永有其功用也。

二、祈禳

祈禱爲求福，禳除爲祛災，二者有連帶關係，此本古昔巫祝之事。說文巫字注云「祝也，女能事無形，以舞降神者也」。國語楚語云「在男曰覡，在女曰巫」。注「巫覡見鬼者」。周禮、春官「太祝，掌六祝之辭，以祈福祥」。巫祝皆司祈禱之事，故合爲一稱。北方諺語云「先有巫婆，後有醫」，蓋上古之人，以爲疾病災難，皆鬼神作祟，因而有巫祝出，云能通鬼神，爲人祝禱祈福，人既相信鬼神能作福作災，則已經祈禱，內心便感輕鬆，可以減少痛苦。以其不盡有效，且病入膏肓者竟不見效，於是醫術乃興。然醫藥亦不盡有效，且疑神疑鬼之心理，醫藥所不能治，而巫祝依然有效，故依然流傳。周禮春官，女巫掌歲時祓除「歌哭而請」。女巫對神有所要求，歌以娛之，哭以祈請。「詛祝」「男巫」、「招弭，以除疾病」，其招福弭災，有「攻說」之術，可以言語責鬼神，使鬼神感慚。及至秦漢，方士能明陰陽鬼神之事，此後其術更高於巫祝，不但可以祈禱「攻說」。張天師能袪除強鬼惡神，而且能上表章奏於天庭，可以招魂役鬼，任其指使。

祈禱禳除，皆須設壇誦經作法，有隆重之儀式，祈禳足以安慰人之情志，增進人之希望。其種種儀式，皆由玄想之安排，非夷所思。今日科學發達，亦不能無神秘之心理，美國太空人艾德林自述云：在登月球之前，舉行禮拜中，伍卓夫主教爲之舉行聖餐，贈以小型聖酒杯，艾德林乃將此杯及小量酒與麵包帶入登月小艇內，及登月球，乃將杯及酒麵包等物取出陳列於小桌，靜默恭讀幾段聖經，並依儀式舉行聖餐。此與道教祈禱之義相同。——關於祈禳儀式，道藏中有專籍記載，例如無上黃籙大齋立成儀，共五十七卷，講齋壇之法，追薦亡魂，普薦衆魂種種法事。其中一切陳設，各有意義；一切動作，各有禮法；例如壇中燒香燃燭，杜廣成注釋云「禮燈之法，出金籙簡文，凡修齋行道，以燒香燃燭最爲急務，香者達香達信，上感眞靈；燈者破暗燭幽，下開泉夜」。又，靈寶領教濟度全書其中有壇幕制度品、壇位經列品、修奉節目品（講祈禳、消災致福、安宅保病等等齋法）、聖眞班位品（諸神之名位）、科儀立成品、講祈福禳災超度、各種儀式，又有各種神符，又有各種文告，例如榜文有兩種：一爲主持作法者對同齋道士告戒謹愼作法，毋越威儀。二爲主持作法者代表神向仙官神將宣示護壇律令。有表文，如三官表、天師表（三天大師眞君）等，爲作法者祈禱顯靈之詞，此項表文名曰青詞，李肇翰林志云「凡太清宮、道觀，薦告詞文，用青藤紙朱字，謂之青詞」。宋人如眞德秀等文集中常有之，亦曰綠章，陸游詩「綠章夜奏通明殿，乞借春陰護海棠」。例如宋太宗，郊祀禮畢青詞云「吉日備儀薦明禋而享帝，湛恩敷令均純嘏以惠民。時維秩禮之行，允賴羣靈之貺，肅陳淨醮，祇罄絜誠，惟冀神聰，式垂冲鑒」。明朝，如顧鼎臣、袁煒、李春芳、嚴嵩等，皆以善青詞結主知。作法者亦可代表神作告文以安慰齋主，例如保子孫告文「靈寶三景玉符告下：爲齋主某，保護子孫，榮進光顯，詩書有耀，英俊滿前，衍慶流祥，雲仍昌顯，連榮七葉，門戶光榮，一如告命」。其文字大都如是，猶廟祝占卜抽籤之文，不在詞句之工拙，能使善男信女得到心情安慰，其文字便爲有效。

若有人犯罪而能懺悔，立志痛改前非，亦可祈禱求神寬恕，經中如太上寶靈上元天官消愆滅罪懺，太上玄司滅罪紫府消災法懺，請道士作法，祈禱如儀，便有應驗。所禳之意義甚廣，一切福皆可求，一切災皆可禳，例如靈寶無量度人上品妙經有：五行滿足生靈壽域品、除禳水火漂焚品、祈禳水旱品、清除疫疾保命延年品、濟度死魂囘生起死品、鎭氣變仙品。太上說六甲眞符保胎護命妙經云：焚香拜誦此經，可免產母之災，令母子分解無痛苦。又有太上護國祈雨消魔經、護命消災神咒妙經。辟瘟神咒妙經、太上元始天尊說消殄蟲蝗經等，無上玄元三天玉堂大法、有禳寇法、禳火災、旱災、蝗災等法，道藏中此類經典頗多。

聖人明天理而知天命，秉天地之正氣，遵人生之正路，生死禍福置之度外，鬼神不能非，邪惡不敢犯。孔子有疾，子路請禱，子曰「丘之禱久矣」。蓋人有罪惡，鬼神降災懲罰，故祈禱以求恕罪；旣無罪惡，何須祈禱？此聖哲之心腸，俗人何能？俗人之不信鬼神者，無天無法，橫行無忌，不死不休。其信鬼神，或半信半疑者，尙不敢放膽妄爲，故宗教家卽順其心理而玉成其美，以神道設教，作祈禳之說，以增加其行善致福之信念，故凡宗教皆注重禮懺祈禱之事。

如上述祈禳之術，一切福皆可求，一切災皆可禳，然而除偶然相應者而外，何以不見實效？假如眞有實效，則罪孽深重者，以祈禱便可免罪，所謂「平時不燒香，有事抱佛脚」，便可得救，豈尙有天理存在乎！因此，故抱朴子謂祈禱無益，其道意篇謂：凡夫迷於物欲而滅天理，自造不振之禍「而徒烹宰肥腯，沃酹醪醴，撞金伐革，謳歌踴躍，拜伏稽顙，守請虛坐，求乞福願，冀其必得，至死不悟，不亦哀哉！若乃精靈困於煩擾，榮衞消於役用，煎熬形氣，刻削天和，勞逸過度，而碎首以請命，變起膏肓，而祭禱以求痊；當風臥濕，而謝罪於靈祇；飲食失節，而委禍於鬼魅；蕞爾之體，自貽茲患，天地神明，曷能濟焉。其烹牲罄羣，何能補焉？夫福非足恭所請，禍非禋祀所禳也。若命可以重禱延，疾可以豐祀除，則富姓可以必長生，而貴人可以無疾病也」。鬼神豈能如貪官汙吏之無理而受賄哉？抱朴子爲道教之功臣，上述之言，如孔子之拒絕祈禱同義，豈不悖乎道教？蓋儒道本有相通之義，湯誥云「天道禍善禍淫」，大雅云「永言配命，自求多福」，禍福無門，惟人自招，善人無須祈禱，惡人祈禱亦無益。聖人不諂鬼神，故不祈禱；但俗人藉祈禱而懺悔而勖慰，甚感有其必要，聖人亦不反對。抱朴子此言，謂自作孽者祈禱無益，仍不離勸善懲惡之旨；且其言又更為道教作進一層之申明，故曰「人能淡默恬愉，不染不移，養其心以無欲，頤其神以粹素，掃滌誘慕，收之以正，除難求之思，遣害眞之累，薄喜怒之邪，滅愛惡之端，則不請福而福自來，不禳禍而禍去矣。何者？命在其中，不繫於外；道存乎此，無俟於彼也」。

雖然如上所云，然道教仍重視祈禱，蓋無祈禱則宗教減少神秘，於教義大有影響，道書中記事一則云：有一惡人，在雨天河水暴漲之時，見有大木自上游冲來，乃往捉之，不意水將滅頂，乃攀於木上，被洪流漂蕩而去，自分必死，不禁悲叫一聲曰「家中抛下老母，奈何」！水流轉彎，大木忽撞於涯邊之巨石，其人被擲落於岸上，得慶更生。以為此乃遭神之警告，自此痛改前非。人謂此乃悲呼其母，尚有孝心所致。佛書中記事一則云：有一惡人，死後本當罰為六道禽獸，但臨瞑目時，忽念「阿彌陀佛」一聲，陰曹因其善性未泯，准其悔過，遂減輕處罰。——此兩則故事之含義，皆以有一分善，便有一分報應，人苟能改惡歸善，便有自新之路，萬勿走入歧途，將錯就錯，死不回頭！故祈禱禮懺，引人悔過，仍有勸善之效。宗教家之用心如此，此卽孟子所謂「教亦多術矣」也。

三、符文咒語

幽明之故，實難洞悉，宗教家謂有神靈作主宰，使人有所信賴，祈禳之事自然有其意義。一般人對祈禳有相信者；有以為卽乏靈驗亦無所損，不可迷信，亦不必絕不相信；故祈禳自然有其作用。道教祈禳術中畫符念咒爲重要項目，凡招祥致福，治病消災，皆有符文咒語。祈禳之目的，爲使人心理得到保障與安慰；得到保障，則膽壯神健而無所恐，不憂不懼，故可以消災；得到安慰，則以爲神祐善人，對未來之事，皆抱樂觀，故可以致福。此種思想信仰，含有神秘性，祈禳法術亦含有神秘性，符文咒語即此信仰之憑依。例如有人請道士消災，道士精誠作法，以符文咒語作靈驗之憑託；受符者對符文咒語，亦誠心信之以爲靈驗之憑依。故符者、合也，兩誠相合，信其有靈，則心中安慰，所謂心誠則靈也，咒語之意義亦然。分述於下：

(一) 符

符之來源：中國最古之書文，爲河圖洛書。由河圖而演出八卦，由洛書而演出九疇。河圖洛書爲聖人觀物象，靈慧所感而得。猶之倉頡見鳥獸蹄迒之跡而造文字；又如牛頓見沙果落地，而悟萬有引力之定律。此種物象，自有人類以來，人人皆見之，而不能見其理，等於未見一般；惟大智慧之人，能見其理，故有發明。由河洛之物象，聖人寫出河圖洛書，而闡明人世事理；因此，世人以河圖洛書爲瑞應。將瑞應之象錄之爲文，名曰圖籙，昔人以明王出而濟世，必有此等瑞應以爲信符；如黃帝得景雲之瑞，故以雲紀官；周有赤鳥之瑞，故以火德王；漢高帝斬蛇，民間有赤帝之謠，故以火德王；光武未帝時，民間已傳「劉秀爲天子」之符瑞。世人以爲有此瑞應，似乎天意所命，故又名曰符命。此與河圖洛書之原意本不相侔，而其源則肇自河圖洛書。

八卦演爲易經，九疇屬於洪範，皆爲儒家之經典。漢儒受陰陽家之影響，講天人之應，災異之兆，藉八卦九疇以爲依據；八卦以陰陽變化定吉凶，九疇以天人感應驗休咎，由瑞應符信之說，構成圖讖之學，因而儒家有緯書出現，成爲此項學說之專書。及東漢道教興起，乃由圖讖演出符籙。符者，信物也，依符之象徵而錄之爲文，故曰籙。佘正燮癸巳存稿云：符「漢時有印文書名，道家襲之」。符文與漢時之印文相似，此指符之字形而言，實則符之本旨乃由圖讖演繹而出。

洪範云「天乃錫禹洪範九疇」，道教謂符乃神所賜於道士之法寶。某種符代表某種神力，便可發出某種神效。道士于吉於曲陽泉水上得神書，能制作符水以治病，其符必由神書而來也。張道陵修道九年，老君授以印綬符籙，使助國扶命。魏書釋老志云：道士寇謙之，守志嵩山，太上老君授以天師之位，並神書二十卷，號曰並進言，復遇神人李譜文授以圖籙眞經。抱朴子遐覽篇謂「鄭君（名隱）言：符出老君皆天文也。老君能通於神明，符皆神明所授」。老君卽爲神明，豈但通於神明而已哉！

符籙除直接受之於神而外，尙有求取之法。雲笈七籤、道教所起篇云「尋道經誥，起自三元，成於五德，以三就五，乃成八會，其會之字，妙氣所成，八角垂芒，凝空雲篆，太眞按筆，玉妃拂筵，黃金爲書，白玉爲簡，秘於諸天之上，藏於七寶玄臺。有道卽見，無道卽隱，蓋自然天書，非關倉頡所造」。所謂自然天書卽等於河圖洛書，自然物理，惟有道之人始能發見之。上淸丹元玉眞帝皇飛仙上經（見前章第四節）所述：每旦日出時，於庭中焚香、祈禱、作法如儀，存想有仙女華衣佩玉，執日帝玉眞紫霞之符，令我極心想記，不得遺忘，及一切禮儀完畢後，心中廓然獲得日帝玉眞紫霞之符，朱書青素，盛絳囊中佩之（此符名曰玉淸自然之文）。——由此可知符文可由道士祈禱存思，由想象中生出，對於祈福消災等事，祈求發生神效，在意想中有神明顯示符文，託於雲霞迷離之中，寫而出之，卽爲符文。

符文由神明所示，普通人不能見之，惟道士作法祈禱，精誠默想始能見之，此其所寫出之符，與于吉之受天書，天師之受符籙，同一道理。天師與道士旣能通神明，其實不必神明顯示符文，天師道士自造符文便可。實際符文亦卽神明命天師道士就其本身之智識所造出。

符，出於漢世，其文非一般人所能解，其中有如河圖洛書之符號，有如漢時印章之篆字，有如雲氣繚繞之筆畫，每一符大抵爲此三種字形相配合。道藏、玉訣類、有符籙專集，太上靈寶諸天內音自然玉字，東西南北四方，各有六十四字，春日寫東方之字佩之，夏日寫南方之字佩之，秋日寫西方之字佩之，冬日寫北方之字佩之。可以祛災致福，其字形大體相仿，皆如雲霧之狀，有分明似小篆者，顯然爲漢以後所造，蓋道士在虔誠意想之中奉神明之旨而作者。

符文有道士秘密規定之體例，親受其傳者始能識之。抱朴子遐覽篇謂：「吳世有介象者，能讀符文，知誤之與否，有人試取治百病雜符，及諸厭劾符，去其籤題以示象，皆一一據名之，其有誤者，便爲人定之，自是以來未有能知者也」。

遐覽篇所述，有金光符、太玄符、九靈符、將軍符、延命符、避兵符、消災符、治百病符、壓怪符等，五百卷，謂「此皆大符也，其餘小小不可具記」。又登涉篇謂：有老君黃庭中胎四十九眞符，謂佩之內衣中，入山，虎豹毒蟲不敢傷。靈寶領敎濟度全書，科儀立成品所載各種神符，有鍊神符、追魂符、拔度亡魂符、催生符、伏魔符、延生符、祈晴符、治水符、伏火符、治蝗符等。符，又名玉文，靈寶無量度人上品大法，禳度施用品所載：有保安禳災安鎮玉文，受法攝伏鬼神玉文，止洪水度水災玉文等，皆爲篆形文字，並各有咒語。由種種符名，可知其所具之功效。略舉數事如下：

道德眞經，藏室纂微開題科文疏（太霞老人薛致玄述）：老君謂徐甲曰：「吾欲往天竺安息諸國，令汝御車，與汝傭値日百錢，候諸國還，以金償之何如」？甲應允，御車由函谷至終南山下，老君欲試之，乃令牧青牛於野，以吉祥花草化爲一女，姿容絕艷，以言戲甲，甲惑之，以老君遠適流沙，必無返期，遂廢約，矯詞詣關令，訟老君，索傭金，老君曰「汝昔命已盡，吾以太玄生符投之，乃復活，汝奚不念此？汝還我符，我則償汝金」。言訖，符自甲口中飛出，文篆如新，甲復化爲枯骨矣。關令憫甲之死，又欲觀老君起死之術，遂稽首爲之哀懇，老君卽再以符投枯骨中，則甲又復活如故，老君曰「吾不責汝」！遂給傭値欲遣之，甲伏地摶頰謝罪，仍願從駕，老君弗許，終遣之。

汝南先賢傳（晉、周斐撰）：葛玄見賣大魚者，玄謂暫煩將魚放於泊處，魚主曰「魚已死」，玄曰「無苦」！以丹書紙納魚口中，擲水中，有頃，魚躍上岸。又，玄與吳王坐樓上，見土人祈雨，玄曰「雨易得耳」！卽書符着社中，一時之間，大雨流淹，帝曰「水中有魚乎」？玄復書符擲水中，須臾有大魚數百頭出。

魏書、王早傳：早渤海南皮人，明陰陽九宮及兵法，又善風角，太宗時，喪亂之後，多相殺害，有人詣早求問勝術，早爲設法，令各無咎。又善以符救人之急難。

北齊書、吳遵世傳：遵世字季緒，渤海人，少學易，入恒山，從隱居道士遊，處數年，忽見一老翁謂之云「授君開心符」！遵世跪取呑之，遂明占候。後出遊京洛，以易筮知名。

道藏及史書所載此類故事頗多，因有人信「符」，故有效驗，加以葛玄等之術，藉雨候以顯符靈；吳遵世研通卜術，謂乃開心符之功效，皆言之鑿鑿，使一般人相信。道法會元、書符筆法云：「符者、合也，信也。以我之神合彼之神，以我之氣合彼之氣，神氣無形而形於符，此作而彼應，此感而彼靈」。又云「符者陰陽契合也。唯天下至誠者能用之，苟不至誠，自然不靈矣。故曰以我之精合天地萬物之精，以我之神合天地萬物之神，精精相附，神神相依，所以假尺寸之紙，號召鬼神，鬼神不得不對」。然則其無效者何也？遐覽篇云「符皆神明所授，今人用之少驗者，由於出來歷久，傳寫之多誤故也。又信心不篤，施用之亦不行」。符既爲信物，當必有驗；然信心不篤，故無驗；卽信心篤，而世無于吉、天師，誰能通神明？不通神明，符文有誤亦所不解，於是則符遂失其靈矣。——道士對符應當如此說法。

（二）咒

對於惡勢力無法制裁，或某一惡事，不知何人所爲，受其害者只有暗中怨謫，向神明祈求「福善禍淫」，誅罰惡徒。或有人受到某事之誣枉，寃屈在心，無法表白，只有對衆人發誓曰「是誰作此惡事，願鬼神降以橫禍」！此即所謂詛咒。此類無可奈何之事，只有詛咒以洩憤；此出於人之自然心理，自古如此。尙書無逸篇「厥口詛祝」。疏云「祝音咒，詛咒爲告神明令加殃咎也」。左傳襄公十一年，季武子將作三軍，叔孫穆子要其盟於僖宮之門，「詛諸五父之衢」，注云「以禍福之言相要」。後漢書賈逵傳云：司馬少賓隱居教授，誠信行乎州里，鄉人視之如神明，爭曲直者輒曰「敢至少賓前祝乎」？何焯云「祝與呪同」。此與世人之賭咒相同。例如言：我將來若違背盟約，或現在此事，誰若違悖良心，必遭天誅地滅。大雅、蕩篇，謂殷紂之暴虐，民間怨之「侯作（詛）侯祝（呪）」。左傳襄公十七年「宋國區區，而有詛有祝（咒）」。此皆疾恨惡人而詛咒之，使鬼神降殃以懲之。小雅、被何人斯篇、詛咒造讒言者云「出此三物，以詛爾斯」。疏云「三物豕犬鷄也。詛之所用一牲而已，非三物並用。出此三物，言三物皆是詛之所用」。左傳隱公十一年，潁考叔被子都暗箭射死，鄭伯使士卒出猳、犬、鷄，以詛射潁考叔者。其意謂：誰作此惡事，便如此三物一般，將來定死於刀下。

總上所述，古昔咒語，乃對神明要求懲罰惡人，爲善人除害；再則爲雙方對神明保證，誰如背信失義，願神降之災。周禮春官有「詛祝」與「司巫」並列，專掌此類之事，道教之咒語，卽源於此。

符與咒有連帶關係，畫符時有咒語，用符時亦有咒語，作一切法皆有咒語。咒語爲施法者精誠達意之心聲；如祈禱、則其咒語爲讚頌神明及祈訴如願之詞；治病、則其咒語爲法術顯靈百病俱消等語。道教之咒語起自漢時，咒語結尾必有「急急如律令」一語，雲麓漫鈔云「急急如律令，漢公移常語，張天師漢人，故用之」。野客叢書云：「符是漢名，如律令亦是漢文，今道藏書言：律令雷部神名，性疾速。此與僧說羅刹同一陋謬」。略舉咒語如下：

致雨咒：五帝五龍，降光行風，廣布潤澤，輔佐雷公。五湖四海，水俱朝宗，神符命汝，常川聽從。敢有違者，雷斧不容，急急如律令！

起風咒：巽風茫茫雷起興，馮夷鼓舞怒不停，閼伯撼動天地昏，飛沙走石穿山林。震響霹靂哮吼聲，翻山入水怒濤驚，急急如律令！

變形咒：三天之令，化吾之形。青龍白虎，侍衛我身。邪鬼遠遁，眞氣速生，急急如律令！（以上三咒見太上三洞神咒）。

召仙曹咒：玉清寶司，總攝眞靈。開通眼目，洞視鬼神。眞靈下降，顯現眞形，急急如律令！

（此咒見靈寶無量度人上經大法）。

佛教咒語之原義爲「總持」之義，爲以少文具攝多義，以少義具含衆理，俾對佛之教義總持不忘；而拔除有情災患諸咒，亦與道教之咒相似。佛教密宗之陀羅尼即爲咒語，密藏記云：「呪者，佛法未來漢地以前，漢地有世間呪禁法，能發神驗，除災患，今持陀羅尼人，能發神通。除災患，與呪禁相似」。是以佛道兩家之咒語，亦有相似之處，佛經咒語常用唵、吽、囉、訶等字，兩字之義，不必相連，每字皆含數義，道教咒語類此者亦甚多，例如：無上三天玉堂正宗高奔內景經玉書、清微元降大法、所載召主帥咒「唵咈啉啯嚾吽吽唎唎攝」。召副帥咒「唵咈嚀囉吽娑訶唵啉嚓攝」。將班召咒「唵吽吒哩」。咒語一段有四字者，有多至一百字者，鬼神本在玄虛之境，不可以常理測，道士能通神，咒語皆有神秘之意，非教外人所能解。

咒語之源出自「詛祝」巫覡，道士而外，有專以符水禁呪之法爲業者，禁者、止也，言其法可以止病止災也。後漢書徐登傳謂：趙炳能爲越方，越方卽善禁祝者也。抱朴子至理篇謂「吳越有禁呪之法，甚有明驗，知之者可以入大疫之中，與病人同床，而己不染」。又可以壯人之膽，使無所畏，可以禁白刄之傷，可以禁虎豹之噬。唐書百官志：太醫署、設咒禁師，專掌以符咒法治病，猶今之醫院中設催眠師一般，有時醫藥罔效之症，而催眠家能治之。催眠施術之語，皆爲輕鬆閒散之常語，並無深思奧義；咒語每有淺薄可笑者，閱微草堂筆記、槐西雜志云「有佃戶孫某，善鳥銃，所擊無不中。嘗見一黃鸝，命取之，孫啓曰『取生者耶？死者耶？』問『鐵丸衝擊，安能預決生死耶』？曰『取死者、直中之耳；取生者、則驚使飛而擊其翼』。命取生者；舉手銃發，黃鸝果墮，一翼折矣，其精巧如此。適一人能誦放生咒，與約曰『我誦咒三遍，爾百擊不中也』。試之果然；屢試之無不驗。然其詞鄙俚，殆可笑噱。不識何以能禁制？又、凡所聞禁制諸咒，大抵皆似此，而實皆有驗，均不測其所以然也」。道藏中所載之咒語，亦多有鄙俚之語，例如道法會元卷八十五「動掌心雷」咒語云「奉玉皇上帝律令，敕尖觜速發聲！汝若不發，罵汝祖公。默念——顓項昌皺皺□下一字口傳」。此眞足令人發噱也。

佛家楞嚴經卷七、世尊宣說之神咒，凡二百四十七句，謂：十方如來因此咒心，得成無上正覺，能降伏諸魔，制諸外道。衆生如以素紙書寫此咒，貯於香囊，未能誦憶，或帶身上，或書宅中，一切諸毒所不能害。誦持此咒，火不能燒，水不能溺，無智慧者，令人得智慧。——此與禳災治病之咒有異。此咒語卽總持佛法要義，構成簡言秘語，令人堅定信仰，精心修行，及至大徹大悟，達乎佛境，則憂患煩惱盡消除矣。其贊頌此咒有種種神聖之功者，宗教家之言，固當如斯也。

符文咒語卽不見靈驗，道士亦不敢蔑視，只得曰其功效不顯著，而在冥冥之中發生作用；或曰施法者學術未精，非符與咒無靈也。因此有「祝由科」出現，以輔助之。素問、移精變氣論、有祝由之說，謂古之治病者，有祝禱之方。古今醫統謂：古祝由科出自上古神醫苗父。今祝由科之書，名祝由十三科，序云：宋淳熙中、節度使雒奇修黃河所得，乃黃帝所作。此書專講以符文咒語治病，此術盛行於湖南辰州，故有「辰州符」之稱；因俗人患病，每以爲鬼神作祟，丹砂以辰州所產者爲貴，畫符必用丹砂，丹砂有鎭心清肝，定驚祛風辟邪之效，辰州之符著名，其實卽丹砂著名。自祝由科出，而符咒之效以增。例如治暈厥者，念咒畫符，以薄荷湯嚥之；以薄荷之性能消散風熱，清利頭目，故有效。治酒醉者，念咒畫符，以葛根湯飲之，因葛根湯之性能散鬱火，解酒毒，故有效。而且誠心信之，大都有效，今之醫師對嚴重之症，必不令患者本人知之，恐其心理受到威脅，其病必益加嚴重。數年前，吾友董君，因病至醫院檢查，病況不嚴重，旣而自知所患難治之症，遂遽然臥床不起，不久竟歿。心理之作用大矣，咒符治病之術，大抵皆藉心理作用。

四、其他法術

自漢初、方士即以奇異之術，宣揚神仙之說，如欒大能令棋子自相觸鬥，魏尚能坐在立亡。大宛獻眩人於漢，表演吞刀吐火，植瓜種樹，屠人截馬種種幻術，皆使人驚以為神。及至東漢、風角、遁甲種種奇術益盛，道士之神通亦益多。後漢書特列方術傳，以記其人其事，如：高獲能役鬼神，王喬之履能飛，趙炳能令枯樹生荑，劉根能令人見鬼，左慈能化身為羊，張楷能作五里大霧，解奴辜能變易物形，上成公辭家飛逝，費長房有縮地法，薊之訓能使驢死而復生，此見於史書者，不遑備述，此皆足以助道士神仙之說。

抱朴子微旨篇、雜應篇、登涉篇所記神異之術頗多，有防盜躲患法、禦寒法、防寒法、防熱法、避兵法、避疫法、遠行不疲法、水上行走法、制伏山精法，其法後人試之，或驗，或無驗，例如：避疫卻病之方，或有效；道士董威輦避穀之方，乃以藥品代食物，亦可有驗。避蛇之法，用雄黃等藥佩於身，亦可有效。如煮石為飯之方曰：用「引石散」，投石子中，以水合煮之，立熟如芋；「引石散」為何種藥料？仙家秘而不宣，令人難知。又許多奇方，大都用符與咒，例如雲笈七籤卷五十三雜秘要訣，藏形隱形之術云：「當以立春之日平旦，入室向東北角上坐，思紫雲鬱鬱從東北角上艮宮中下，覆滿一室，晻冥內外，良久紫雲化為九色之獸，如麟之狀在我眼前，因叩齒三十六通，而微祝曰：廻元變影晚輝，幽藹覆我，紫墻藏我，金城與氣混合，莫顯我形。畢、便九嗽、止，閉目雲氣豁除，便服「靈飛玉符」。修之一年，形常隱空。有難之日，立艮宮之上，取本命上土，撮以自障，按如立春之日祝思之，氣自覆，人不見焉」。又、抱朴子雜應篇「隱身法」云「服大隱符十日，欲隱則左轉，欲見則右回也」。此殊難令人置信，卽信之，而「大隱符」爲何形狀？誰能畫之？卽知其形狀，而不明其術者畫之，亦不生效。且其行術之中有各種儀式，例如「禹步」法，抱朴子登涉篇載，其法頗簡單。天皇至道太清玉冊（明南極遐齡老人臞仙撰）述禹步法云：「凡登壇闡事，存己身爲神禹，口念咒，手掐訣，足步罡」。又云「禹王三步九跡罡：存己身立在禹鑿龍門之上，在風霆雲氣之中，承上帝命，左手玉訣，右手劍訣，勅召萬神，隨時發遣」。各種儀式之咒語不同，掐訣「所以通眞制邪」，訣法亦有多種，以及拜斗步罡等術，皆須有師傅，卽有師傅，而習之不精，未必有驗，其玄妙誠如莊子天地篇所述：輪扁謂斲輪之妙藝「臣不能以喻臣之子，臣之子亦不能受之於臣」。

蓋此類之術，多有空作設想而只存其說者，其實仙道並不重乎此，抱朴子已明言之，其微旨篇云：

> 是以斷穀辟兵，厭劾鬼魅，禁禦百毒，治救衆疾，入山則使猛獸不犯，涉水則令蛟龍不害，經瘟疫則不畏，遇急難則隱形，此皆小事而不可不知，況過此者，何可不聞乎」。

> 吳大帝時，蜀有李阿者，穴居不食，號爲八百歲，後一旦忽去，不知所在。後有一人姓李名寬，到吳而蜀語，能祝水治病，頗愈，於是遠近翕然呼之爲李八百，而實非也；自公卿以下，莫不雲集其門，後轉驕貴，不復得常見，賓客但拜其門外而退，其怪異如此。於是避役之吏民依寬

爲弟子恒近千人，而升堂入室，事業先進者，不過得符水及三部符，導引日月行氣而已，了無治身之要。服食神藥，延年駐命，不死之法也；呑氣斷穀，可得百日以還，亦不堪久；此是其術至淺可知也。吳會有大疫，死者過半，寬亦得瘟病而死，而事寬者復謂之化形尸解之仙，非爲眞死也。……天下非無仙道也，但寬非其人耳。（道意篇）

仙道既不在此，道士之所以習此術者，其意義：一則可在生活中增神秘之趣味，再則可藉之以作傳教之引導，故後漢名之曰方術，晉書名之曰藝術，良有以也。佛徒亦習此術，其意義與道士同，略舉晉書藝術傳所載者如下：

佛圖澄、天竺人，少學道，妙通玄術，永嘉四年來洛陽，自云「百有餘歲」，常服氣自養，能積日不食，善誦神咒，能役使鬼神，腹旁有一孔，常以絮塞之，每夜讀書則拔絮，孔中出光，照於一室。又常齋時平旦至流水側，從腹旁孔中引出五藏六府，洗之，訖、還納腹中。石勒召澄，試以道術，澄取鉢盛水，燒香咒之，須臾鉢中生青蓮花，光色耀目，勒由此信之。其神技頗多，不備述。

鳩摩羅什、天竺人，明陰陽星算，妙達吉凶，言若符契，後秦時入關中，姚興待以國師之禮、奉之若神，謂之曰「大師聰明超悟，天下莫二，何可使法種少嗣」；乃召宮女進之，一交而生二子焉。又以伎女十人，偪令受之，爾後不住僧坊，別立解舍，諸僧多效之，什乃聚針盈鉢，引諸僧謂之曰「若能效食此者，乃可畜室耳」，因舉匕進針，與常食不別，諸僧愧服，乃止。

曇霍、沙門曇霍，不知何許人，行步如風雲，言人生死貴賤，無毫釐之差，人或藏其錫杖，霍閉目少時，立知其處。南涼王傉檀之女病甚，請救療，霍曰「人之生死，自有定期，聖人亦不能轉禍爲福，曇霍安能延命耶？正可知早晚耳」。檀固請之，時後宮門閉，霍曰「急開後門，及開門則生，不及則死」。檀命開之，不及而死。後兵亂，不知所在。

僧涉、西域人，苻堅時，入長安，虛靜服氣，不食五穀，日能行五百里，言未然之事，驗若指掌。能以秘祝下神龍於鉢中，堅及羣臣往觀之，崇之如神聖。

宗教之目的，在乎引人走自然之正路，成人生之正果。奇異之術，只是一種外顯之技藝，與仙佛之眞理不相干，故邪教外道亦能之。道士御用此術，旨在引導俗人對宗教發生信仰，故抱朴子對俗篇云：

若道術不可學得，則變形易貌，吞刀吐火，坐在立亡，興雲起霧，召集蟲蛇，合聚魚鱉，三十六石，立化爲水，銷玉爲粘，潰金爲漿，入淵不溺，蹴刀不傷，幻化之事，九百有餘，按而行之，無不皆效，何爲獨不肯信神仙之可得乎？

道教實際不重此術，然秘而保之，不傳於俗人，何也？以離却傳教之旨，若被邪道所利用，則爲惰民游食之術，甚至爲惑世誣民之術矣。晉書夏統傳云：

夏統、會稽人，幼孤貧，養親以孝聞。每採梠求食，或至海濱拘螊蠘以資食。雅善談論，宗族勸之仕，曰「卿清亮質直，可作郡綱紀，與府朝接，自當顯至，如何甘辛苦於山林，畢性命於海濱也」？統曰：「使屬太平之時，當與元愷評議出處；遇濁代，念與屈生同汙共泥。若隆汙之間，自當耦耕沮溺，豈有辱身曲意於郡府之間乎」？其從父敬寧祠先人，迎女巫章丹陳珠，二人並有國色，莊服甚麗，善歌儛，又能隱形匿影。中夜之初，撞鐘擊鼓，間以絲竹，丹珠乃拔刀破舌，呑刀吐火，雲霧杳冥，流光電發，統諸從兄弟，紿統共往觀之，統從之入門，忽見丹珠在庭中輕步佪儛，靈談鬼笑，飛觸挑柈，酬酢翩翻。統驚愕而走，責諸人曰「昔淫亂之俗興，衞文公爲之悲惋；奈何諸君迎此妖物，夜與游戲，放傲逸之情，縱奢淫之行，亂男女之禮，破貞高之節，何也」？

女巫藉此術以圖利，猶無大害，抱朴子道意篇云：

> 曩有張角、柳根、王歆、李甲之徒，或稱千歲，假託小術，坐在立亡，變形易說，誑眩黎庶，糾合羣愚，進不以延年益壽爲務，退不以消災治病爲業。遂以招集姦黨，稱合逆亂，不純自負其辜，或至殘滅良人，或欺誘百姓，以規財利，錢帛山積，富踰王公，縱肆奢淫，侈服玉食，妓妾盈室，管絃成列，刺客死士，爲其致用，威傾邦君，勢凌有司，亡命逋逃，因爲窟藪，皆由官不糾治，以臻斯患，可爲嘆息！

張角乘漢政紊亂之時，利用其術，糾衆起事，不謀平亂，而藉之以爲寇，其後，代有其人，如晉之孫恩，唐之董昌，宋之林靈素，元之韓山童，明之唐賽兒、以及白蓮敎、義和團等等秘密組織，皆藉此術以釀亂，故世人稱之曰妖術。以之傳敎行善，則爲神通；以之惑世誣民，則爲妖術。卽爲神通，而釋道之要義，並不重此。釋迦弟子之中，目犍連神通第一，盂蘭盆經，所述目連救母之故事，盛傳至今。結果，目連因弘揚佛教，與異教鬥法而犧牲。邪正不並立，殺身成仁，死而無悔，儒家之大賢亦與此同；能超脫生死，坦然自在，便爲至樂，便成正果。聖賢仙佛全在乎明理達道，而不在乎神通。神通方術，小道也，孔子云「雖小道，必有可觀者焉」，有人藉方術小道而入大道，故方術亦不可廢也。

五、結論

物質科學有物質可憑，人人有目所共睹，故無容置疑；物質生活有實物爲用，人人能享受，故易領略。若夫精神哲理，精神生活，乃屬於形而上者，空虛而不可捉模，微妙而不易體會；故一般人只注重物質生活，視精神生活似乎無關重要。雖然如此，然而精神哲理，精神生活，決不可廢，亦不能廢，何也？物質只能供給人之肉體生活，而精神生活，則非物質所能包辦，甚至絕不能辦，糖果不能代表詩歌，藥物不能解除悲愁，故有哲學、文學、宗教、藝術：音樂等等學問產生，此皆屬於精神方面之學問，亦卽皆爲精神生活之食糧，雖未必人人皆需要，亦未必人人皆能領略；信仰宗教者，未必信仰其他哲學；愛好文學者，未必愛好音樂。自己所不相信之理，所不愛好之事，不作深入之研究，不明其中含義，不可反對，更不可破壞。須知我不需要者，他人需要之；我不愛好者，他人愛好之；多一門學問，人類卽多一種生活趣味。人之生活不全靠物質，有時精神生活重於物質。精神生活之內容，無物可憑，聽一場音樂、看一齣戲劇、聽一段故事、賞一幅圖畫，不能療飢，亦不能解渴，然而有人樂而不厭，甚至以爲乃生活中所不可缺少者；明乎此，則對宗教中之儀式法術種種活動，即知其必有意義，而非迷信。

天下事理之奧妙，有只可意會，而不可言詮者。人類永不能徹解宇宙之一切，神秘之義，永遠存在。人之心理有富含神秘思想者，人之情志有需要神秘趣味者，宗教之特點即在乎此。關於宗教之儀式法術等事，不必深明宗教之理，亦可有所體會。

就誦經而言：讀離騷之賦，而生悽楚之感；吟歸去來辭，而慕閒逸之情；經書妙文，實足益人神智，陶樂情志。吾有一友，每日除正式工作而外，朝讀文而暮誦詩，如僧人之旦夕諷經一般，常聞其室中書聲朗朗，自云「四十餘年以來，從未間斷，習爲自然，此乃人生之至樂」！而不讀書者，必以爲此乃苦事也。夫杜甫之詩，能驅瘧疾（詩話），陳琳之檄，可愈頭風（魏志王粲傳注）；殷仲堪三日不讀道德經，便覺舌本閒強，靈寶無量度人上品妙經，謂：誦經可使「六腑安寧，穢氣消亡」，可以啓智悟道，招吉納祥，道士誦經除爲修養工夫而外，凡作法事皆須誦經，以爲另有奧義在焉。

就祈禱而言：祈求心願，爲情志之表達，自心之所願，而力不逮，只有向冥冥之中祈求如意。祝君安康，祝君多福，皆非祝禱者自身有力量能使對方安康多福，皆爲向冥冥中爲對方祈求以表盛意。且世人所希求之事，有絕非人力所能爲者，大旱望雨，非人力所能辦，商湯無奈，只得禱於桑林；即而今科學進步，亦不能偪天降雨，亦只有向冥冥之中，表示祈求之誠而已。即科學發達，一切皆憑實據，而其事在研究試驗之中，無絕對把握，亦只有向冥冥之中表示祈求之誠而已。是以美國太空人阿姆斯壯、愛德林，登月球之時，全世界教堂爲之祈禱（五十八年七月二十一日各報章載：太空人於二十一日上午四時十六分登月球，世界各教堂於是日舉行特別禮拜，爲之祈禱平安）。太空人柯林斯自述云「登月球過程中，以太空船爲教堂」。登月球初次探險是否平安？非人力所能把握，除向冥冥之中祈禱，別無辦法，其實太空人之安全，乃科學之功，於祈禱無關，明知祈禱於事實無補，然而不得不祈禱。太空人携回月球之岩石，供科學家之研究，科學家所定此項研究室中之規則亦令人費解，例如第八條云「不得講髒話」！第九條云「不得整容修飾」！（五十八年七月二十八日中國時報載）。此與宗教戒律意味相同，然而彼以爲自有其意義，自有其趣味。

就符文咒語而言：心理之作用大矣，至誠如神，施法者精誠鍾靈，足以感人，被術者亦抱絕對之信心接受施術，符文爲誠之依據，猶之催眠家，用電鏡作導具，以集聚被術者之精神，其實隨意取一物作導具皆可，其靈驗在乎雙方眞誠，而不在導具，咒語則猶之催眠之術語，助以輔導被術者之信心，一感一應，因而奏效，有時眞有不可思議之功，催眠家能治醫藥罔效之病，瑜珈術自我催眠，能臥於箱中二三月之久，不飲不食，其事實人多見之。凡玄虛之術，皆無物可憑，不易有驗，故其術不發達，習之者亦少，然而不可抹煞。

就其他奇異之術而言：漢武帝之李夫人死，帝思念不已，齊少翁能致其神，夜間作法，使帝觀之，婉然如生（見漢書外戚傳上，史記謂爲王夫人事）。唐開元六年八月十五日夜，申天師與洪都客作術，使玄宗遊月宮，觀廣寒府仙女舞（見龍城錄）。此類故事頗多，昔時以爲神話，其實今以催眠術證之，已無足異。至若吞刀吐火，種種變化之術，有由鍛鍊而爲確實之工夫者，如拳術家之「氣功」，以利刄砍身而毫無痕跡，江湖技士以鐵丸嚥腹中，能呼之而出。有係知識技巧者，如空手招鴿，空水變魚，種種幻術，令人驚奇，縱使如今之魔術相同，亦不得不嘆其靈巧。

道教由方士發端，方士以方術著於世。及道教建立，不忘其初，收納種種方術以作傳教之輔導，而其教義在乎導人爲善，其成仙之道，在乎修眞養性，方術只是其餘事而已。

第八章　此之謂神仙

神仙之說，至西漢已具體成立，漢書藝文志，列神仙家：宓戲、神農、黃帝、岐伯等十家之書，共二百五卷，其書之內容爲養生、服食、健身及燒煉之術；此乃爲黃老之學，此蓋爲當時神仙學說之正宗。然而形解銷化，神奇怪異之說，自秦時由方士之宣傳，已普及人心，劉向之列仙傳，即代表當時人所盛傳之神仙故事，王喬乘白鶴於緱山飛昇；琴高騎赤鯉入涿水仙去；神仙佳話，由儒學大師著之爲書，加以道士益神其說，言之鑿鑿，引起衆人之向慕，其說乃具體成立，漢志神仙家附述云：

神仙者，所以保性命之眞，而游求於外者也。聊以盪意平心，同死生之域，而無怵惕於胸中。然而或者專以爲務，則誕欺怪迂之文，彌以益多，非聖王所以教也。孔子曰「索隱行怪，後世有述焉，吾不爲之矣」。

保性命而完天眞，游心於方外，洗蕩意志，不落俗流；和平心懷，不生煩惱；以死生爲一體，不貪生亦不畏死，胸中無憂患恐懼之慮，逍遙自得，此之謂神仙。此說似爲平澹，然能達乎此境者，豈易言哉？此卽莊子所謂眞人、神人，此卽眞神仙也。若夫誇大其辭，作欺人之談，而掉弄玄虛，故作怪異以博世人之稱道者，其人未必知神仙之樂，只可稱之曰術士而已，非仙家之道也。

一、神仙並非奇異

人心好奇，慕神仙者，大都崇尚不死之方與神異之說，人之觀念亦認定神仙能變化莫測，神通無邊。常人迷於其說，想入非非，故儒者對此問題，或置而不論，或斥爲荒誕。而求神仙者不得實徵，亦反言前之所信者爲虛妄，由下列之言，可見一斑：

古詩十九首第十三云「服食求神仙，多爲藥所誤，不如飲美酒，被服紈與素」。自神仙說盛行之初，卽有人以其無實徵，不如現實生活之樂；故漢時流行之詩歌如此云云。

王充論衡、無形篇，極言神仙之說爲虛而無實，謂：人稟元氣於天，形器已定，不能復變，卽如自古傳說：鯀化黃能，牛哀化虎，爲實有其事；然能與虎之壽不能過人，卽能過人，而變人形爲禽獸，有何可貴？故世人圖仙之形，體生毛，臂變爲翼，行於雲，則年增矣，千歲不死，此虛圖也。赤松王喬雖有其人，而謂其不死，乃虛言也。

揚子雲法言、君子篇云：「或問人言仙者，有諸乎？吁！吾聞伏羲神農歿，黃帝堯舜殂落而死，文王畢，孔子魯城之北（文王葬於畢。孔子葬於魯城北）。獨子愛其死乎？非人之所及也；仙亦無益子之彙矣」。

三國志、虞翻傳：翻少好學，有高氣，孫策頗重之，曹操徵辟不就，高祖光，治孟氏易，家學源淵，翻繼其學，又善醫術，孫權稱其占驗之靈，曰「卿可與東方朔爲比」。以所著易注示孔融，融贊之曰「觀象雲霧，察應寒溫，原其禍福，與神合契，可謂探賾窮通者也」。權與張昭論及神仙，翻指昭曰「彼皆死人，而語神仙，世有仙人耶」？

張華博物志云：魏武帝、「好養生法，亦解方藥，招引方術之士，廬江左慈、譙郡華陀、甘陵甘始、陽城郄儉，無不畢至。又習啖野葛至一尺（野葛又名冶葛，或名胡蔓草，有毒、能殺人）。亦得多少飲鴆酒」。冶葛酖酒，皆爲烈性毒藥，曹公練習服之，蓋從方士之說，以作鍛鍊身體之功。趙一清云：「太霄經、魏武帝爲九州置壇度道士三十五人。文帝幸雍，謁陳熾法師，置道士五十人」。法苑珠林云「陳思王曹植，嘗遊魚山，忽聞空中梵天之响，清雅哀婉，其聲動心，獨聽良久，乃摹其聲節，寫爲梵唄，撰文製音，傳爲後式」。其所著升天、游仙、遠遊、仙人、飛龍、五遊諸篇，翻然皆方外之思。曹氏父子本爲功利思想，由上所述，可知皆好神仙，然而曹丕典論云：

潁川郄儉能辟穀，餌茯苓。甘陵甘始亦善行氣，老有少容。廬江左慈知補導之術，並爲軍吏。初，儉之至市，茯苓價暴貴數倍，議郎安平李覃學其辟穀，餐茯苓，飲寒水，中泄利，殆至殞命。後始來，衆人無不鴟視狼顧，呼吸吐納，軍謀祭酒弘農董芬爲之過差，氣悶不通，良久乃蘇。左慈到又競授其補導之術，至寺人嚴峻往從問受，閹豎眞無事於斯術也。人之逐聲，乃至於是。光和中、北海王和平亦好道術，自以當仙，濟南孫邕少事之，從至京師，會和平病死，邕因葬之東陶，有書百餘卷，藥數囊，悉以送之，後弟子夏榮言其尸解，邕至今恨不取其寶書仙藥。劉向惑於鴻寶之說，君游眩子政之言，古今愚謬，豈惟一人哉？

東阿王曹植作辯道論曰：

世有方士，吾王悉所招致，甘陵有甘始，廬江有左慈，陽城有郤儉。始能行氣導引，慈曉房中之術，儉善辟穀，悉號有三百歲。卒所以集之於魏國者，誠恐世人之徒，接奸宄以欺衆，行妖慝以惑民，豈復欲觀神仙於瀛洲，求安期於海島，釋金輅而履雲輿，乘六驥而弄飛龍哉？自家王與太子及余兄弟，咸以爲調笑，不信之矣。然始等知上遇之有恒，奉不過於員吏，賞不加於無功，海島難得而遊，六黻難得而佩，終不敢進虛誕之言，出非常之語。余嘗試郤儉，絕穀百日，躬與之寢處，行步起居自若也。夫人不食七日則死，而儉乃如是，然不必益壽，可以療疾而不憚飢焉。左慈善修房內之術，差可終命，然自非有志至精，莫能行也。甘始者，老而有少容，自諸術士咸共歸之，然始辭繁寡實，頗有怪言。余嘗辟左右，獨與之談，問其所行，溫顏以誘之，美辭以導之；始語余，吾本姓韓字世雄，嘗與師於南海作金，前後數四，投數萬斤金於海。又言諸梁時，西域胡來獻香罽腰帶、割玉刀，時悔不取也。又言、車師之西國，兒生擘背出脾，欲其食少而努行也。又言、取鯉魚五寸一雙，令其一煮藥，但投沸膏中，有藥者奮尾鼓鰓，游行沉浮，有若處淵，其一者已熟而可啖。余時問言「率可試不」？言是藥去此逾萬里，當出塞；始不自行，不能得也。言不盡於此，頗難悉載，故粗舉其巨怪者，始若遭秦始皇漢武帝，則復爲徐市欒大之徒也」。

唐時道教盛，神仙思想亦盛，太宗、高宗、憲宗、敬宗、武宗，皆服金丹。高宗令廣徵諸方道術之士，合煉黃白金丹。睿宗以道士葉法善有冥助之力，拜爲鴻臚卿、封越國公，恩榮無比。玄宗禮待道士張果，欲以玉眞公主妻之，果大笑而不應命。肅宗因道士王璵善祈禱之術，拜爲宰相。代宗崇信道士李國禎，修天華宮。德宗信奉術士桑道茂，修奉天城。上有好者，下必有甚者焉，是以唐朝神仙故事頗多。李太白在當時即有謫仙之號，其成仙之說，世所共知（見龍城錄），李陽冰太白詩序謂：太白曾「請北海高天師授道籙於齊州紫極宮」。太白亦自云「少年愛閉復愛仙」。「吾當乘雲螭，吸景駐光彩」。然而其中年以後，則以神仙之說爲空虛，故云：

「松子栖金華，安期入蓬海，此人古之仙，羽化竟何在」？（對酒）。「神仙多古貌，雙耳下垂肩。嵩嶽逢漢武，疑是九嶷仙。我來採菖蒲，服食可延年；言終忽不見，滅影入雲烟。喻帝竟莫悟，終歸茂陵田（武帝葬茂陵）」。（嵩山採菖蒲者）。

逸史云白樂天亦爲神仙（見太平廣記卷四十八），樂天自云「棲心釋梵，浪迹老莊。外形骸而忘憂患」（舊唐書白居易傳）。其遊仙遊山、送蕭煉師步虛詞等作，皆超然出塵。然其夢仙、對酒諸詩，皆爲反對煉丹辟穀之說而作，並作海漫漫以戒求仙，其詩云：

海漫漫，直下無底旁無邊，雲濤煙浪最深處，人傳中有三神山。山上多生不死藥，服之羽化爲天仙。秦皇漢武信此語，方士年年採藥去。蓬萊今古但聞名，煙波茫茫無覓處。海漫漫，風浩浩，眼穿不見蓬萊島。不見蓬萊不敢歸，童男丱女舟中老。徐福文成多誑誕，上元太一虛祈禱。君看驪山頂上茂陵頭，畢竟悲風吹蔓草。何況玄元聖祖五千言，不言藥、不言仙、不言白日升青天。

以上所述，皆就長生不死，乘雲昇天之說，以及種種奇術，而考驗神仙，不見實徵，遂斥其妄。道教雖源自方士，然既成爲宗教，理論充實，方術不能代表仙道；神仙自爲神仙，此不可抹煞者也。

二、神仙不離常道

神仙之說，由長生不死之思想引起，然人不能無死，雖不能無死，而人之願望仍希求不死。方士之術縱不見有驗，然而求仙者之心理亦不擯斥之，何也？天下事，難能乃爲可貴，可貴之事，非可一蹴而致，好高務奇之理想，固然玄渺，然盡心研究，萬一眞有奇跡發現，發明不死之道，豈不爲人類解決一大問題？因此，神仙之奇想在一般人之觀念中，若有若無，永遠存在。道士據神仙思想而建立宗教，以方術無多靈驗，易於失信，故奉道家爲宗，以莊子所述之眞人、神人作神仙之證。眞人神人之境界，能超生死，不受時空之限制，上與造物者游；不受一切束縛，豈肯苦苦勞心於現實之得失存亡。於是方士之奇術，遂失却重要性；而了解神仙者，亦只談仙道而少談奇術。仙道由人道而起，故仙道未必奇異，即神仙親口所談者，亦不離常道，試看下列諸言。

漢武帝至東海求仙，欲自浮海尋蓬萊，東方朔諫曰「夫仙者，得之自然，不必躁求，若其有道，不憂不得；若其無道，雖至蓬萊，見仙人，亦無益也」。（事在元封元年）。

唐玄宗召道士吳筠，問神仙修煉之事，對曰：「此野人之事，當以歲月功行求之，非人主所宜留意」！每與緇黃列坐，朝臣啓奏，筠之所陳，但名教世務而已（權德輿吳尊師傳）。

宋太祖征太原，駐蹕晉陽，聞道士蘇澄隱，五代之際，屢聘不至，召見於行宮，澄隱時年八十，太祖問以養生，對曰「臣養生不過精思鍊氣耳。帝王則異於是，老子曰『我無爲而民自化，我無欲而民自樸』。無爲無欲，凝神泰和，昔黃帝唐堯，享國永年，得此道也」。太祖悅其言（東都事略）。

陳摶，字圖南，五代時隱居華山。周世宗好黃白術，邀請至禁中月餘，從容問其術，摶對曰「陛下爲四海之王，當以政治爲念，奈何留意黃白之事乎」？世宗命爲諫議大夫，固辭不受。摶獨善其身，不干勢利，宋太宗禮待甚厚，宰相宋琪從容問曰：「先生得玄默修養之道，可以教人乎」？對曰「摶山野之人，於時無用，亦不知神仙黃白之事，吐納養生之理，非有方術可傳。假令白日冲天，亦何益於世？今聖上龍顏秀異，有天人之表，博達古今，深究治亂，眞有道仁聖之主也，正羣臣協心同德，興化致治之秋，勤行修煉，無出於此」。琪等稱善，以其語白上，上益重之，賜號希夷先生（宋史隱逸傳）。

鴻濛子張無夢，字靈隱，好淸虛，窮易老，入華山，與劉海蟾、种放結方外友，事陳希夷先生，無夢多得微旨。久之，入天台山，眞宗召對，問以長久之策，對曰「臣野人也，山中嘗誦老子周易而已，不知其他」。拜著作郎，固辭，還山。（高道傳）。

第四十八代天師張彥頨，字士瞻，別號湛然。明武宗卽位，丙寅春入賀，召見問曰「卿之祖非神仙乎？朕聞神仙長在，今還可見，亦可學否？」對曰「臣聞君類愈於神仙者，堯舜是也，至今猶存，上自天子，下及庶人，未嘗不見，願陛下慕而效之，則聖壽可等天矣。乃若臣類爲神仙者，奚足尙哉！」（道藏、漢天師世家）。

上述諸人，史書所載皆爲奇異之人，道教列之爲神仙，民間盛傳其神話。觀其所述之言，皆爲平實至理，毫無神異意味。神仙乃一種高尙人格之完成，因賞奇異之術而好神仙者，乃功利迷信之心理所驅使。神仙之成就不在乎奇術，易言之，奇術與神仙無大關係。呑刀吐火種種幻術自古有之，而今之魔術，更勝於古人；唐明皇遊月宮，乃想像之虛構，而今之太空人則眞能飛登月球；然而此只可謂科學家、探險家，不得謂爲神仙。神仙之異於人者，爲其心靈境界，超塵出俗；爲其游心於淡，無入而不自得。此話似甚平常，然能之者有幾人哉！王陽明答人問神仙云：

詢及神仙有無，兼請其事，三至而不答。非不欲答也，無可答耳！昨令弟來，必欲得之，僕誠生八歲而卽好其說，今已三十餘年矣，齒漸動搖，髮已有一二莖變化成白，目光僅盈尺，聲聞函丈之外。又嘗經月臥病不出，藥量驟進，此殆其效也。而相知者猶謂之能得其道，足下又妄聽之而以見詢，不得已姑爲足下妄言之。

古有至人，淳德凝道，和於陰陽，調於四時，去世離俗，積精全神，遊行天地之間，視聽八遠之外，若廣成子之千五百歲而不衰；李伯陽歷商周之代，西度函谷，亦嘗有之，若是而謂之曰無，疑於欺子矣。然則呼吸動靜，與道爲體，精骨完久，禀於受氣之始，此殆天之所成，非人力可強也。若後世拔宅飛昇，點化投奪之類，譎怪奇駭，是乃秘術曲技，尹文子所謂幻，釋氏謂之外道者也。若是而謂之曰有，亦疑於欺子矣。夫有無之間，非言語可況，存久而明，養深而自得之，未至而強喻，信亦未必能及也。

蓋吾儒亦自有神仙之道，顏子三十二卒，至今未亡也，足下能信之乎？後世上陽子之流，蓋方外技術之士，未可以爲道，若達摩、慧能之徒，則庶幾近之矣；然而未易言也。足下欲聞其說，須退處山林三十年，全耳目，一心志，胸中洒洒，不掛一塵，而後可以言此；今去仙道尚遠也！

陽明自幼好神仙，繼之復研究佛理。談神仙者，大抵傾心神秘之術；問神仙者，大都質疑奇異之理；故陽明云「無可答」。若夫有耿介拔俗之標，瀟灑出塵之志，淳德凝道，善順自然，積精全神，逍遙自得，若廣成子、柱下史者，人皆知其爲神仙，然而與譎怪奇技無關也。上陽子陳致虛，固爲金丹家，好講方術，然藉金丹之道，作修養之方，通性命之理，終能徹悟萬法一心，三教同義之旨，不可徒以方術之士視之也。若以釋道相比，達摩慧能當然等於道家之眞人。顏子在儒家爲聖人，道教列之爲神仙；在儒家名垂不朽，在道教「死而不亡」，豈簞食瓢飲，能吃苦，便可爲聖爲仙乎？若然、則古今之仙聖亦多矣，此不待智者自能辨也。誠如陽明所云「未易言也」！誠須退處山林，全耳目，一心志，一塵不掛，方可悟其趣而明其理也。

三、仙道簡述

一般人以爲仙人之特點即長生不老；此乃秦漢初期之神仙觀念；既至神仙思想形成道敎，道敎又皈依道家，則長生不老，已非神仙之特點。古云：上壽百歲以上，中壽九十或八十，下壽八十或六十（見左傳昭公三年「三老」疏，及莊子盜跖篇）。修養可以延年，然而天賦體質孱弱者，修養亦不能與強者相比，此即陽明所云「此殆天之所成，非人力所能強也」。且壽之長短，不足爲神仙之徵，老子百六十餘歲，自古有此長壽者，不乏其人，現代土耳其有婦人百七十餘歲。顏子三十二歲而卒，盜跖九十餘歲始死，張子房壽不過五十，諸葛武侯五十四歲而終。顏子、子房、武侯在儒家爲聖賢，在道敎爲神仙，可知仙聖並不以年壽爲憑。有呑刀吐火之技者未必長壽，瑜珈術、魔術，確令人驚奇，但不能入水不溺，入火不焚，亦不能起死回生，孟子云「堯舜與人同耳」，然則神仙亦與人同耳。吾故曰仙道不離乎人道，故昔人有神仙可學之論：

嵇康之論——魏晉之世，即有「神仙可以學得，不死可以力致」之說，嵇康作養生論謂：神仙「似受異氣，禀之自然，非積學所能致也」。繼之又謂「導養得理，以盡性命，上獲千餘歲，下可數百年」。又擧藥物之效，以明服食之功。又述善養生者云：

清虛靜泰，少私寡欲，知名位之傷德，故忽而不營，非欲而強禁也。識厚味之害性，故棄而弗顧，非貪而後抑也。外物以累心不存，神氣以醇泊獨著，曠然無憂患，寂然無思慮，又守之以一，養之以和，和理日濟，同乎大順。然後蒸以靈芝，潤以醴泉，晞以朝陽，綏以五絃，無爲自得，體妙心玄，忘歡而後樂足，遺生而後身存。若此以往，恕可與羨門比壽，王喬爭年，何謂其無有哉？

清虛靜泰爲學仙之法門，「無爲自得，體妙心玄」，乃神仙之境界。叔夜此論，初言神仙異質稟之於天，此乃不因修學而自致者，即所謂生而知之者也。然有生而知之者，亦有學而知之者，故最後仍言神仙可學。

吳筠之論——筠作神仙可學論，大意謂：人與其他動物不同，感則應，激則通，故耿恭援力，平陸泉湧；李廣發矢，伏石飲羽，精誠在於斯須，土石猶能影響，況丹懇久著，眞君不爲潛運乎？迷誤之子，不測其源，日用不知，背本向末，故遠於仙道者有七焉，近於仙道者亦有七焉。略述如下：

當世之士，不能窺妙門洞幽賾，或固執死爲眞實，生乃幻假，而不知養形存性乃見我。或以爲仙必有限，竟歸淪墮，不知塊然之有，起自寥然之無，形立神居乃爲人，故任其流遁則死，返其宗源則仙，道固無極，而仙亦無極也。或強以存亡爲一體，謬以道識爲悟眞，形體以敗散爲期，營魄以更生爲用。安知造化之洪爐，陰陽鼓鑄，鳥化爲魚，魚化爲鳥，各從其適，兩不相通，誰能預測其究竟？其次或以軒冕爲得意，功名爲不朽，悅色耽聲，豐衣厚味，並爲長策以貽後昆，焉知盛必衰，高必危，得必喪，盈必虧，不肯恬靜以養中，不肯率性以適眞。或強盛之時爲情愛所役，斑白之後，有希生之志，雖有修學之念，然不能蠲積習，補殘傷，慕學道之名，而乖契眞之實。或聞大丹可以羽化，服食可以延年，遂汲汲於爐火，孜孜於草木，不知金液待訣於靈人，芝英必滋於道氣，空務其末，竟無所就。或身栖道流，心溺塵境，動違科禁，靜無修持，外邀清譽之名，內蓄奸回之計，不知人可欺而神不可罔。——以上所舉前三者，固執死後各種說法，後四者，迷於現世之逸樂，皆不肯修道，故遠於仙道。

若或性耽玄虛，情忘嗜好，不求榮顯，每樂清閑，栖眞物表，超迹烟巒，以無爲爲事，以道情爲樂。或希高敦古，刻志尚行，視榮華聲色爲害物，懲忿窒欲，處林泉而修清眞。或身居祿位，心游道德，忠以奉上，仁以臨下，內瑩清徹，外混囂塵。或瀟灑蓽門，樂貧安賤，抱經濟之器，泛然若虛；洞古今之學，曠然若無；以攝生爲務，以方外爲尚。或稟穎明之姿，懷秀拔之節，蒿目時艱，爲國敵愾，除暴安良，功成而身退。或追悔以往，洗心自新，以正易邪，以功補過，雖遇轗軻，不變其操，卒能成芬芳之晚節。或至孝至貞，至義至廉，按眞誥之言，不待學修而自得，如比干、伯夷，咸入仙格，謂之隱景潛化，「死而不亡」。——以上所述七者，無論在位在野，苟心存道德，行爲清高，往日或失，來者可補，皆近於仙道者也。

其結論謂取此七近，放彼七遠，謂之拔陷區出溺途，始可與涉神仙之律矣。神仙之律即成仙之道，吳子又述其道爲數章曰：金丹（內丹）、養形、服氣、守道（無爲、自然）、守神（保三寶），其說大抵以抱朴子爲本。謂道備功全，則可自凡而爲仙，自仙而入眞，眞與道合，謂之神人。神人能存能亡，能晦能光，出化機之表，入大漠之鄉，無心而玄鑒，無翼而翺翔，嬉明霞之館，宴羽景之堂，歡齊浩劫，而福無疆；壽同太虛，而不可量。此道佈在金簡，安可輕宣其奧密乎！金簡奧密，此又歸於道教之神秘，謂此奧秘不可輕宣，蓋必須對近於仙道者宣之；赤松、廣成代有其人，誠心修道，自有妙悟也。

司馬承禎之論——得道方可成仙，得道之法即成仙之法。司馬作坐忘論、以明得道之方，何謂坐忘？「莊子大宗師云：『墮肢體、黜聰明，離形去智，同於大道，此謂坐忘』，夫坐忘者、何所不忘哉？內不覺其一身，外不知乎宇宙，與道冥一，萬慮皆遺，故莊子云同於大通」。乃著安心坐忘之法，略成七條，茲略述之：

信敬：信者道之根，敬者德之蒂，根深則道可長，蒂固則德可茂。如人聞有坐忘之法，信是修道之要，敬仰尊重，決定無疑者，加之勤行，乃得道矣。經云「信不足，有不信」，謂信道之心不足者，乃有不信之禍及之，何道之可望乎！

斷緣：斷緣者、斷有為俗事之緣也。跡彌遠俗，心彌近道，至聖至神，莫不由此。故經云「塞其兌，閉其門，終身不勤」。若夫終日營營，巧蘊心機，以干時利，既非順道，又妨正業。故莊子應帝王云「不將不迎」為無交俗之情故也。

收心：心者一身之主，百神之師，靜則生慧，動則成智。故學道之初要，須安坐收心，若能淨除心垢，靜定日久，病消命復，復而又續，自得知常，知常則無所不明矣。法道安心，貴無所著，心不著物，又得不動，此是眞定正基，如此心氣調和，久益輕爽。若聞毀譽之名，善惡等事，即撥去，莫將心受，是非美惡不入於心，心不受外名曰虛心，心不逐外名曰安心。心安而虛，則道自來。故經云「人能虛心無爲，非欲於道，道自歸之」。

簡事：人之生也，必營事物，外求諸物，內明諸己。知生之有分，不務分外之所無；識事之有常，不任反常之事。修道之人，斷簡事物，知其簡要，較量輕重，識其去取，非要非重，皆應絕之；故莊子達生篇云「達生之情者，不務生之所無以爲」。名利虛榮，凡不必要之物，皆可不關心。

眞觀：觀者、智士之先鑒，能人之善察，究儻來之禍福，詳動靜之吉凶，收心簡事，日損有爲，體靜心閑，方能觀見眞理，故經云「常無欲以觀其妙」。有欲、則妄心生，故所見事理失眞，而陷於謬誤之中。

泰定：定者盡俗之極地，致道之初基。習靜之成功，持安之畢事，形如槁木，心若死灰，無感無求，寂泊之至，無心於定而無不定，故曰泰定。定則生慧，故莊子云：「古之修道者，以恬養智」。智生而無以智爲也，謂之以智養恬，智與恬交相養，而和理出其性，恬智則定慧也，和理則道德也。疾雷破山而不驚，白刄交前而無懼，視名利如過隙，知生死若潰癰，一切外物無動於衷，皆定之功也。

得道：道者神異之物，靈而有性，虛而無象，隨迎莫測，影響莫求，不知所以然而然。形神合一，謂之神人，神人由得道而成。神性虛融，體無變滅，故蹈水火而無害，存亡在己，出入無間。是以大人含光藏輝，凝神寶氣，神與道合，是謂得道。故經云「同於道者，道亦得之」。與道相從，卽爲神仙。

司馬此論，惟「得道」一節言入神秘，然得道由修行而來，信敬、斷緣、收心等等，皆平實，易於履行，事簡理直，可以遵循，亦可明神仙可學而能也。

天隱子之論——天隱子不知何許人，著書八篇，司馬承禎爲之序，謂其書「包括秘妙，殆非人間所能力學。觀夫修煉形氣，養和心虛，歸根契於伯陽，遠照齊於莊叟，長生久視，無出是書」。夫大道無涯，誰能窮其妙秘？且求仙初非自妙秘入手，天隱子所示求仙之道頗爲平易，其書八篇，第一曰神仙，謂異於俗人則爲神仙，故神仙亦人也。第二曰簡易，謂仙道自然，不涉詭奇。此二篇大意已見本書第六章，玆略述其餘各篇：

漸門：易有漸卦，老氏有妙門，人之修眞達性不能頓悟，必須漸而進之，安而行之，故設門，一曰齋戒，二曰安處，三曰存想，四曰坐忘，五曰神解。

齋戒：所謂齋戒，非飮食茹素而已也。所謂澡身，非湯浴去垢而已也。其法在節食調中，磨擦暢外也。飢則食，勿過飽，此所謂調中也。百味未成熟勿食，五味太多勿食，腐敗之物勿食。手常磨擦皮膚溫熱，熨去冷氣，此所謂暢外也。

安處：所謂安處，非華堂邃宇重裀廣榻之謂也。在乎南向而坐，東首而寢，陰陽適中，明暗相半，屋勿高，高則陽盛而明多，屋勿卑，卑則陰盛而暗多。明暗適中則目安，勿多慮，勿多情慾，則心安。

存想：存謂存我之神，想爲想我之身，閉目卽見自己之目，收心卽見自己之身。心與目皆不離我身，不傷我神，則存想之漸也。

坐忘：坐忘者，因存想而得也，因存想而忘也。行道而不見其行，非坐之義乎？有見而不行其見，非忘之義乎？何謂不行？曰心不動故；何謂不見？曰形都泯故。天隱子瞑而不視，或者悟道，乃退曰道果在我矣，我果何人哉？天隱子果何人哉？於是彼我兩忘，了無所照。

神解：一、齋戒謂之信解（言無信心卽不能解）。二、安處謂之閑解（言無閑心卽不能解）。三、存想謂之慧解（言無慧心卽不能解）。四、坐忘謂之定解（言無定心卽不能解）。信閑慧定，四門通神，謂之神解。神之爲義，不行而至，不疾而速，陰陽變通，天長地久，兼三才而言，謂之易，齊萬物而言，謂之道德（老子所講之道德），本一性而言謂之眞如。天隱子生乎易中，死乎易中，動因萬物，靜因萬物，邪由一性，眞由一性，是以生死動靜邪眞，吾皆以神而解之，在人謂之仙矣，在天曰天仙，在地曰地仙，故神仙之道，五歸一門（謂五漸終，則同於仙）。

總覽天隱子前七篇，多平易近人之言，惟最後之「神解」內含玄妙，然依齋戒、安處、存想，坐忘種種工夫，精心篤行，自可能達，達乎其境，則生死禍福，皆可以神而解之，此之謂神仙。

以上所舉嵇叔夜、吳貞節等，皆爲神仙，觀其所講神仙之道，皆爲平實可循之徑，皆爲神仙可學之論。道家有形而上之哲理，故神仙家皈依之。形而上者，玄虛而不易捉摩，故仙家有奇異之論；然仙道不離人道，故有平實之理。陰陽象數之學，內外金丹之說，神通變化之術，皆非有特殊智慧者不能爲；然而至誠可以通神，爲善可以成仙，則又係人人能爲之事，故人人皆可學仙。原陽子法語云：

此道猶如一大城，四方來者，如就旁蹊曲徑，則多涉程期，甚至迷而他適。若由正路坦途，有從東門入者，有從南西北門入者，及到城中則一也。四方門路復何有哉？釋有念佛而入者，有參禪而入者，積一千八百公案，及到悟處，參念俱無。道有修內丹而進者，有煉外丹而進者，演三千六百法門，及至證道，修煉俱無。公案法門皆非所有，如得魚忘筌，得兎忘蹄，烏可以彼此而是非之。

是以知奇異之說，爲學仙入門之一徑；術士之技，爲引發興趣之餘事。所謂正路坦途之要訣爲何？可以老子兩語括之，曰「少私寡慾」，「致虛守靜」。故抱朴子云「能恬能靜，便可得仙」（辨問篇），丹陽眞人云「但能澄心遣慾，便是神仙」。然此中有奧義焉；言似平易，然知之易，行之難，誰能行之，便可成仙。

四、結　論

中庸云「或生而知之，或學而知之，或困而知之，及其知之一也。或安而行之，或力而行之，或勉強而行之，及其成功一也」。生而知之，安而行之者，聖哲也；學而知之，困而知之，利而行之，勉強而行之者，中才也。聖哲不多有，其餘大抵爲中下之人。上自羲、農、黃帝、堯、舜、禹、湯、文、武、伊尹、太公、周公、孔子、顏子等等，下至楚狂接輿、徐福、劉安、王質、劉晨等等，道教皆列之爲神仙。自羲農以至孔子，其救人濟世，德佈當時，功垂萬代而爲聖人；其修己淑躬，超然無累，翛然自得而爲神仙，此皆生知安行之聖哲，所謂稟之於天，非人力所能致者也。聖哲既能獨善其身，復能兼善天下；若楚狂接輿者，只有淸介之行，徐福王質者，只有慕仙之誠而已，而存心於善，專志求仙，卽可得道，此卽所謂及其成功一也。然則吾儕下愚之人，不能如聖哲之造福天下，而學顏子之安貧自樂，劉安之熱心學道，非不能也。學羲農黃帝乃聖乃神之上仙不可能；學仰不愧天，俯不怍人樂道自得之人間神仙，非不能也。

且人品仙品之高下，又非盡可以事功論也。漢高帝、劉先主、張子房、諸葛孔明，俱爲神仙，然而漢高建湯武之功，子房成伊呂之業；而先主、孔明則畢生勞身戎馬，所掌不過一州之地，竟齎志以歿，豈其才不若漢高子房哉？時機有否泰，命運有窮通也。孟子以仁義道德爲天爵，公卿大夫爲人爵，人爵有高低之別，天爵無上下之分，故謂「禹稷顏子易地則皆然」。自功業觀之，顏子詎能與禹稷相比？「易地則皆然」，論其品位則無軒輊，先主、孔明如在商周，則必爲湯武伊呂無疑也。論人品如此，論仙品亦如此，生知安行、困知勉行、及其成功一也。達乎仙境、其道一也。前各章中已屢述神仙之境界，茲舉兩文以作補充：

一、神仙傳論

梁　肅（唐德宗時爲太子侍讀）

余嘗覽葛洪所記，以爲神仙之道，昭昭然足徵已。試論之曰：夫人之生與萬物同，彼由妄而生，由生而死，生死相沿，未始有極。聖人知其本虛也，其體無也，示以大道，俾性其情，無妄而返諸本焉。返本則不生，不生則不死，然後能周遊太虛，出入萬變，朝爲羲農，暮爲堯舜，或存而亡，或亡而存，天地莫能覆而載也，陰陽莫能陶而蒸也，寂然不見其朕，瞠乎不識其門，是之謂至神。

至神也者，視天地四海若毫末而已，萬古之前，億載之後，若一息而已；列禦寇謂：「不生者能生，不化者能化」，蓋謂彼也。不性其情者則不然，其用有際，其動有待，存亡相制，倚伏相繫，其道有數，數窮則壞，故列禦寇謂：「生者不能不死，死者不能不化」，蓋謂此也。

彼仙人之徒，方竊竊然化金以爲丹，鍊氣以存身，覬千百年居於六合之內，是類龜鶴大椿，愈長且久，不足尚也。噫！後之人迭爲所惑，不思老氏損之之義，顏子不遠之復，乃馳其智用，以符籙藥術爲務，而妄於靈臺之中有所念慮。其末也謂齒髮不變，疾病不作，以爲功，而交戰於夭壽之域，號爲道流，不亦大哀乎！

按神仙凡一百九十人，予所尙者，惟柱史廣成二人而已，餘皆生死之徒也，因而論之以自警云。

二、題玉女潭記

歸有光

陽羨山水奇勝，稱張公善卷洞，及玉女潭，其名皆託於神仙。余讀山海經，崑崙之山，廣都之野，軒轅之丘，不死之國，以爲此不過如齊諧鄒衍之徒之說者。然今天下名山，在於中州，往往多仙人之遺蹟，豈其事皆信然歟？

溧陽史氏，自漢杜陵壯侯以來，數百年，世謂之史侯家，由溧陽至玉女潭，四十里，史君於其間，爲刜莽焚茅，伐石疏土，人力既殫，天工始見。由潭以往，得二十四景，名而揭之，如所謂：仙館、佛窟、瑤臺、琪樹、鶴坡、鼉峽之類，好事者聞而慕之，不得不至，如望見之焉。

天下太平，天子聖明，史君爲中朝貴臣，而乃自逃於山澤之間，點綴蒼碧，緣著怪奇。使後百年，便以史君爲仙人也。由此言之，余殆疑所謂仙人之跡者，皆遯世長往之士，有所託而爲之，亦史君類耶？

以上梁敬之所論神仙之境界，體天地之道，返本歸眞，恬澹自然，無所拘繫，故能粃糠塵世，脫然無累，以天地爲毫末，以古今爲一瞬，優游自如，幻化生死，遊於逍遙之虛，翛然而往，翛然而來而已矣；此即莊子所講之眞人、神人，此即神仙也。若只求長生，壽同龜鶴，老而不死，何苦也？此篇之言，立於道教之外，警斥不明恬澹之德，而徒務丹藥法術者爲遠乎仙道，故自云：所崇尙者、惟老子廣成等人而已。

歸熙甫爲散文家，爲純儒，不好談神仙、然此文對神仙之傳說頗有見地。漢武帝自言若能如黃帝之登仙，當棄妻子如脫屣，帝王之位更不足惜，因其未能成仙，故未肯棄天子位，換言之，惟神仙之樂勝於天子之樂。溧陽史氏明朝貴臣，而竟能棄富貴而隱山澤，其自心必以爲高官厚祿，不如清靜之樂；夫能悟清靜之樂者，便近神仙。世人以爲富貴便爲至樂，較富貴爲更樂者則爲神仙，史君若非神仙，豈能棄富貴而遁林泉？史君愛神仙，故將其所居玉女潭之景物加以仙名，如仙館、佛窟等類，當時好事者聞而慕之，睹其景，如望見仙佛，將來史君百年之後，遺跡猶在，後人定必以史君爲神仙，其實能得烟霞之樂，視富貴如浮雲，若史君者已同乎神仙矣。熙甫此言，不以史君爲神仙，蓋其神仙觀念，爲道教所宣傳之神仙觀念，與世俗所信仰奇異之神仙觀念相同也。

廣成子、老子、莊子、列子，其生平及言論，載在典籍，昭然可睹，其爲神仙大師，固無論矣。其後如葛仙翁、孫思邈、陳希夷、丘長春等，史書列之爲方外隱士，其爲神仙亦無論矣。而史書名臣傳中，如張子房破千金之產，盡報國之志，爲帝王之師，平天下之亂，遵老子功成名遂身退之旨，棄萬戶之封，飄然而去，願從赤松子遊耳。東方曼倩，當武帝之世，以正道悟君，以滑稽處世，潔其身而穢其迹，戲萬乘若僚友，視富貴如草芥，高氣蓋世，優游一生。諸葛武侯生當亂世，隱居爲農，明知天下事不可爲，而爲感知遇之恩，爲申正義而出，毅然不辭艱險，以興漢除奸爲己任，雖勢薄力孤，而生死置之度外，六出祁出，討伐強敵，澹泊寧靜，鞠躬盡瘁，從容而卒。李鄴侯志在世外，雖隱居深山，而進退自如，以山中宰相而終身。若此四公者，其超然絕俗，無入而不自得，能如此者，固不止此四公，姑舉此四公以爲範，此之謂神仙。

或謂如此而言，與道教所言神通奇妙之神仙不同，在世人心目中或否認此四公爲神仙。曰：道家之眞人，活潑自由，不滯於出世，亦不迷於入世，其生活在出世入世之間，來往自如，道教歸依道家，道家之眞人即道教之神仙。何謂眞人？能體純素，謂之眞人；有眞知者，謂之眞人（見第二章）。此四公有濟世之才能，有超世之雅量，「雖居廟堂之上，無異山林之中」，眞乃一塵不染，豁達恬澹，足稱道家之眞人，而且如子房之辟穀導引，棄公侯之榮，而與雲霞之友「四皓」相遊。曼倩之精通陰陽，其射覆占卜之靈，古今驚奇。武侯料事如神，八陣之圖，連發之弩，奇巧之術，傳爲美談。鄴侯自幼穎異，號稱神童，通易象，明鬼道，入朝不畏權奸，居山不懼寇盜，此皆載於史書，而道教亦列之入仙籍中矣。若此四公者即道教之神仙，亦即道家之眞人，道家又稱眞人曰大丈夫，大丈夫之境界如何？通玄經及淮南原道訓云：

大丈夫恬然無思，澹然無慮，以天爲蓋，以地爲輿，四時爲馬，陰陽爲御，乘雲凌霄，與造化者俱。縱志舒節，以馳大區，可以步而步，可以驟而驟。令雨師灑道，使風伯掃塵。電以爲鞭策，雷以爲車輪，上游於霄雿之野，下出於無垠之門。

神智精睿，燭照幽微，洞徹眞理，曠朗達觀，以宇宙一切皆爲眞我而存在，獨與天地精神往來，上遊蒼冥，下闚黃泉，揮斥八極，神氣不變，無死生憂樂可言；此即眞人神仙之境界，徒有奇技異術，不能進此境界；此境界不在知識領域之中，非天機清妙，善悟玄理者不能致。欲達此境界，須了悟道德、南華、沖虛諸經之理，並須奉昔哲眞人如上述四公者爲導師，其庶乎近焉。

繫辭云「書不盡言，言不盡意」，而況如此隱微繁賾之問題，此所言者，不過全豹之一斑，略有相似之點而已，其精理玄義，豈筆墨所能道？最後略贅餘言曰：宇宙事理永難盡知，人生奧秘永難通曉，有形之物猶難究其極致，而況形而上者，誰能窮其眞諦？物質生活猶難徹底解決，而況精神生活尤爲玄妙無窮。物質生活，愈使人愉快愈爲美善，精神生活則不盡然；如觀戲劇，恐怖情節，愈使人可怕愈爲美善；如看小說，悲哀故事，愈使人落淚愈爲美善。我不喜吃辣椒，因我不能領略其美味，我雖鄙棄之，亦不能貶其價值；汝不信仰宗教，因汝不能解其勝義，汝雖破壞之，亦不能阻他人之信仰。明知登月球乃科學之功，而太空人不能不祈禱，且全世界教堂皆爲之祈禱。明知咒語符文不能勝人力，而二次世界大戰，日本侵略中國，其陣亡之士兵多佩帶護身符；五十八年八月世界少年棒球比賽，中華隊員，佩帶護身符，贏得冠軍。失敗及勝利，與符文無關，人所共知，而人仍然信用之；諸如此類之事頗多，其他隱而不顯，令人不可思議者尤多。此類事中之奧義，不可以常理推測，孔子云「予欲無言」，釋迦云「不可說」，微妙之理非但不可言詮，而且非夷所思。一知半解之徒，自作聰明，以蠡測海，以管窺天，以狹隘之見，淺薄之識，自滿自大，妄評事理，誠如莊子所云「大惑者終身不解，大愚者終身不靈」也。孔子云「朝聞道，夕死可矣」。道何以如此可貴？蓋人生皆有死，故死不足惜，聞道即得道，得道却不易，得道者不憂不懼，超脫生死而眞如自在。能聞道，則無罣礙，離苦得樂，別有天地；佛經云「若人生百歲，不聞生死法，不如活一日，而得聞見之」。生死法即仙佛之法，能成仙佛，尙何求哉？然此道向何人問哉？仙師難遇，只有求自心之靈感而已。

清靜集

序

聖賢以爲天下造福，若大禹之治水，湯武之革命，爲人生之至樂。俗人以高官厚祿，飛黃騰達，富貴權勢之享受，爲人生之至樂。然前者限於天才與時機，其成功較成仙爲尤難，何也？若大禹不遇堯舜，湯武而無地位，淪爲草野之民，雖有救世之志，亦不能達。後者較易，然有人不以爲樂，許由、務光以帝王之位，日理萬幾，責任重大，不如平民之樂，故不爲也；以及張衡、陶潛之棄官歸田，皆不以富貴爲樂。然世人大都不以造福羣衆爲樂，而以享受富貴爲樂，因此詐取苟得，不擇手段而求之，陰險卑鄙，無惡不作，損人而不利己，結果沉於孽海之中，悔不可追，死有餘辜。商鞅暴戾虐民，罪惡盈滿，自恨作法自斃，身受車裂之刑，而全家被滅；李斯陰毒殘忍，遭腰斬之慘刑，謂其子曰「吾欲與若，復牽黃犬，俱出上蔡東門，逐狡兎，豈可得乎」！其此時始悔往日之非，悟安分之樂，然已晚矣！父子相哭，夷三族。歷代之元惡大憝，營私弄權，禍國殃民，自害害人，甚可恨也！

清高之士，既無權鋤奸誅惡，又不肯隨俗浮沉，只得避世隱居，寄身方外而已。當今物慾思想盛行之時，而一般昏惑之徒，公然發表謬論，尊崇王莽曹操，而罵清高之士爲消極思想，眞乃荒妄之至也。清高之士，爲公衆著想，以既不能爲人羣造福，自當獨善其身，故避開名利鬥爭之場，而樂道安貧。古之哲人，未得志時，渭可釣也，莘可耕也，版築之勞不辭也；豈肯如政客游氓，朝秦暮楚，爲天下造是非乎。呂純陽、陳希夷，考試落第，退而修身學仙；黃巢、徐鴻儒，考試失意，乃憤而造反作亂，兩者相較，其智愚禍福，不言而喻。

富貴物慾之生活趣味，人人皆能領會，故人人愛之，苟能得之，則人人皆會享受，不須勉強；然而不易得也，強求得之，反致痛苦。淸靜澹泊之生活，無須外求，然世人大都不能識其趣味，故顏子貧居陋巷，自以爲樂，而衆人以爲苦，昔人有詩云「多病反疑犬亦仙」，「一日淸閑一日仙」。受痛苦、厭煩勞，而後始知淸靜之樂者，爲後知後覺之人。

大智大慧之哲人，以貴不在爵，富不在財，人生倏忽似駒光之速，名與朝露齊晞，體與蜉蝣同化，趨利者如蠅之爭血，奪權者效蟻之排兵；無論滋事擾人爲心所不忍，而隋珠彈雀，亦智者所不爲也。是以不役志於利祿，不行險以儌倖，遣歡戚之俗情，擯得失之榮辱，侶雲鵬而翔天衢，笑惡鴟之貪腐鼠，通妙悟於常理之外，運淸鑒於玄漠之域，優游自如，翛然自樂，此豈風塵俗士高談實利者，所能明其趣哉！

淸靜澹泊爲道家自修之要旨，能領略其旨趣，便可悟及仙家之樂。今選古人之詩文若干首，名曰淸靜集，以作測驗，請君讀之，亦感有淸心適意之味乎？庚戌春海陽，周紹賢撰。

清靜集

東方朔誡子詩

明者處世，莫尚於中，優哉游哉，於道相從。
首陽爲拙，柳惠爲工，飽食安步，以仕代農。
依隱玩世，詭時不逢。才盡身危，好名得華。
有羣累生，孤貴失和，遺餘不匱，自盡無多。
聖人之道，一龍一蛇，形見神藏，與物變化。
隨時之宜，無有常家。

仲長統見志詩

飛鳥遺跡，蟬蛻亡殼，騰蛇棄鱗，神龍喪角。
至人能變，達士拔俗，乘雲無轡，騁風無足。
垂露成幃，張霄成幄，沆瀣當餐，九陽代燭。
恒星豔珠，朝霞潤玉，六合之內，恣心所欲。

人事可遺，何爲局促？天道雖夷，見幾者寡。

張衡歸田賦

遊都邑以永久，無明略以佐時，徒臨川以羨魚，俟河清乎未期。感蔡子之慷慨，從唐生以決疑，諒天道之微昧，追漁父以同戲。超埃塵以遐逝，與世事乎長辭。

於是仲春令月，時和氣清，原隰鬱茂，百草滋榮。王雎鼓翼，蒼庚哀鳴，交頸頡頏，關關嚶嚶。於焉逍遙，聊以娛情。

爾乃龍吟方澤，虎嘯山丘，仰飛纖繳，俯釣長流，觸矢而斃，貪餌吞鈎，落雲間之逸禽，懸淵沉之魦鰡。

於時曜靈俄景，繼以望舒，極盤遊之至樂，雖日夕而忘劬，感老氏之遺誡，將廻駕乎蓬廬，彈五絃之妙指，詠周孔之圖書，揮翰墨以奮藻，陳三皇之軌模，苟縱心於域外，安知榮辱之所如。

曹植豫章行

窮達難豫圖，禍福信亦然，虞舜不逢堯，耕耘處中田。

太公未遭文，漁釣終渭川，不見魯孔丘，窮困陳蔡間。

周公下白屋，天下稱其賢。

阮瑀隱士詩

四皓潛南嶽，老萊竄河濱，顏回樂陋巷，許由安賤貧。
伯夷餓首陽，天下共歸仁，何患處貧苦，但當守明眞。

應璩三叟詩

古有行道人，陌上見三叟，年各百餘歲，相與鋤禾莠。
住車問三叟，何以得此壽？上叟前致辭，內中嫗貌醜。
中叟前致辭，量腹節所受。下叟前致辭，夜臥不覆首。
要哉三叟言，所以能長久。

阮籍詠懷

昔年十四五，志尙好詩書，被褐懷珠玉，顏閔相與期。
開軒臨四野，登高望所思，丘墓蔽山岡，萬代同一時。
千秋萬歲後，榮名安所之？乃悟羨門子，噭噭令自蚩。

陸機駕言出北闕行

駕言出北闕，躑躅遵山陵，長松何鬱鬱，丘墓互相承。
念昔徂歿子，悠悠不可勝，安寢重其廬，天壤莫能興。
人生何所促？忽如朝露凝，辛苦百年間，戚戚如履冰。
仁智亦何補？遷化有明徵，求仙鮮克仙，太虛不必凌。

郭璞遊仙詩

採藥遊名山，將以救年頹，呼吸玉滋液，妙氣盈胸懷。
登仙撫龍駟，迅駕乘奔雷，鱗裳逐電曜，雲蓋隨風迴。
手頓羲和轡，足踏閶闔開，東海猶蹄涔，崑崙若蟻堆。
遐邈冥茫中，俯視令人哀。

陶潛歸田園

少無適俗韻，性本愛山丘，誤落塵網中，一去三十年。
羈鳥戀舊林，池魚思故淵，開荒南野際，守拙歸田園。

方宅十餘畝，草屋八九間，榆樹蔭後簷，桃李羅堂前。
曖曖遠村人，依依墟里烟，狗吠深巷中，鷄鳴桑樹巔。
庭戶無雜塵，虛室有餘閒，久在樊籠裏，復得返自然。

鮑照代挽歌

獨處重冥下，憶昔登高台，傲岸平生中，不爲物所裁。
埏門只復閉，白蟻相將來，生時芳蘭體，小蟲今爲災。
玄鬢無復根，枯髏依青苔，憶昔好飲酒，素盤進青梅。
彭韓及廉藺，疇昔已成灰，壯士皆死盡，餘人安在哉？

江淹效阮公詩

十年學讀書，顏華尚美好，不逐世間人，鬥鷄東郊道。
富貴如浮雲，金玉不爲寶，一旦鶗鴂鳴，嚴霜被勁草。
志氣多感失，淚下沾懷抱。

陶弘景告逝詩

性靈昔既肇，緣業久相因，即化非冥滅，在理斷悲欣。
冠劍空衣影，鑣轡乃仙身，去此昭軒侶，結彼瀛台賓。
倘或躡留轍，爲子道玄津。

庾信奉和趙王遊仙

藏山還採藥，有道得從師，京兆陳安世，成都李意期。
玉京傳相鶴，太乙授飛龜，白石香新芋，青泥美熟芝。
山精逢照鏡，樵客值圍棋，石紋如碎錦，藤苗似亂絲。
蓬萊在何處？漢后欲遙祠。

和從弟祐山家　王褒

採藥名山頂，時節無春冬，散雲非一色，連岩異衆峯。
合沓似無徑，閉關定有踪，山窗臨絕頂，檐溜俯危松。
空林鳴暮雨，虛谷應朝鐘，仙童時可遇，羽客屢相逢。
若值韓衆藥，當御長房龍。

田居詩

王績

阮籍生涯懶，嵇康意氣疏。相逢一醉飽，獨坐數行書。
小池聊養鶴，閑田且牧猪。草生元亮宅，花暗子雲居。
倚牀看婦織，登壠課兒鋤。回頭尋仙事，併是一太虛。

古風

李白

松柏本孤直，難爲桃李顏，昭昭嚴子陵，垂釣蒼波間。
身將客星隱，心與浮雲閒，長揖萬乘君，還歸富春山。
清風灑六合，邈然不可攀，使我長歎息，冥棲巖石間。

贈王漢陽

李白

天落白玉棺，王喬辭鄴縣，一去未千年，漢陽復相見。
猶乘飛鳧舄，尚識仙人面，鬢髮何青青，童顏皎如練。
吾曾弄海水，清淺嗟三變，果愜麻姑言，時風速流電。
與君數杯酒，可以窮歡宴，白雲歸去來，何事坐交戰。

山中問答　李白

問余何意棲碧山，笑而不言心自閑，桃花流水杳然去，別有天地非人間。

答湖州迦葉司馬問白是何人　李白

青蓮居士謫仙人，酒市藏名三十春，湖州司馬何須問，金粟如來是後身。

題元丹丘山居　李白

故人棲東山，自愛丘壑美，青春臥空林，白日猶不起。
松風清襟袖，石潭洗心耳，羨君無紛喧，高枕碧霞裏。

題玄武禪師屋壁　杜甫

何年顧虎頭，滿壁畫滄洲，赤日石林氣，青天江海流。
錫飛常近鶴，杯渡不驚鷗，似得廬山路，眞隨惠遠遊。

夜歸鹿門　孟浩然

山寺鳴鐘晝已昏，漁梁渡頭爭渡喧；人隨沙岸向江村，余已乘舟歸鹿門。
鹿門月照開烟樹，忽到龐公棲隱處；岩扉松徑長寂寥，惟有幽人自來去。

輞川閒居　　王維

一從歸白社，不復到青門，時倚簷前樹，遠看原上村。
青菰臨水映，白鳥向山翻，寂寞於陵子，桔槔方灌園。

遣懷　　白居易

羲和走馭趁年光，不許人間日月長，遂使四時都似電，爭教兩鬢不成霜？
榮銷枯去無非命，壯盡衰來亦是常，已共身心要約定，窮通生死不驚忙。

感時　　僧齊已

忽忽枕前蝴蝶夢，悠悠覺後利名塵，無窮今日明朝事，有限生來死去人。
終與狐狸爲窟穴，謾師龜鶴養精神，可憐顏子能消息，虛室坐忘心最眞。

牧童　　棲蟾

牛得自由騎，春風細雨飛，青山青草裏，一笛一簑衣。
日出唱歌去，月明撫掌歸，何人得似爾？無是亦無非。

覽古　吳筠

吾觀采苓什，復感青蠅詩，讒佞亂忠孝，古今同所悲。
姦邪起狡猾，骨肉相殘夷，漢儲殞江充，晉嗣滅驪姬。
天性猶可間，君臣固其宜，子胥烹吳鼎，文種斷越鈹。
屈原沉江流，厥戚咸自貽，何不若范蠡，扁舟無還期。

傷時　杜光庭

帆力劈開滄海浪，馬蹄踏破亂山青，浮名浮利過於酒，醉得人心死不醒。

寫眞　吳子來

終日草堂間，清風常往還。耳無塵事擾，心有玩雲閑。
對酒惟思月，餐松不厭山。時時吟內景，自合駐童顏。

七律

呂巖

落魄紅塵四十春，無爲無事信天眞，生涯只在乾坤鼎，活計惟憑日月輪。
八卦氣中潛至寶，五行光裏隱元神，桑田改變依然在，永作人間出世人。
堪笑時人問我家，杖擔雲物惹烟霞，眉藏火電非他說，手種金蓮不自誇。
三尺焦桐爲活計，一壺美酒是生涯，騎龍遠出遊三島，夜久無人翫月華。

絕句

呂巖

不負三光不負人，不欺神道不欺貧，有人問我修行法，只種心田養此身。
獨上高峯望八都，黑雲散後月還孤，茫茫宇宙人無數，幾個男兒是丈夫。
莫道幽人一事無，閑中儘有靜工夫，閉門清晝讀書罷，掃地焚香到日晡。
休敎六賊日相攻，色色形形總是空，悟得本來無一物，靈臺只在此心中。
情緣斷後自消融，清靜方知色是空，佛卽心兮心卽佛，青山只在白雲中。
朝遊北海暮蒼梧，袖裏青蛇膽氣粗，三醉岳陽人不識，朗然飛過洞庭湖。
玉走金飛兩曜忙，始聞花發又秋霜，徒誇籛壽千來歲，也是雲中一電光。
黃鶴樓前吹笛時，白蘋紅蓼滿江湄，衷情欲訴誰能會？惟有淸風明月知。（題黃鶴樓石照）

茅山柳谷洴故居

權德輿

下馬荒郊日欲曛，潺潺石溜靜中聞。鳥啼花落無人處，寂寞山窗掩白雲。

寒山子詩集

家住綠岩下，庭蕪更不芟。新藤無繚繞，古石豎巉嵒。
山果獼猴摘，池魚白鷺銜。仙書一兩卷，樹下讀喃喃。

登陟寒山道，寒山路不窮。谿長石磊磊，澗闊草蒙蒙。
苔滑非關雨，松鳴不假風。誰能超世累？共坐白雲中。

誰家長不死？死事舊來均。始憶八尺漢，俄成一聚塵。
黃泉無曉日，青草有時春。行到傷心處，松風愁殺人。

一向寒山坐，淹留三十年。昨來訪親友，太半入黃泉。
漸滅如殘燭，長流似逝川。今朝對孤影，不覺淚雙懸。

極目兮長望，白雲四茫茫。鴟鵄飽腲腇，鸞鳳飢徬徨。
駿馬放石磧，蹇驢至玉堂。天高不可問，鷦鵊在滄浪。

卜擇幽居地，天台更莫言。猿啼谿霧冷，嶽色草門連。
折葉覆松室，開池引澗泉。已甘休萬事，採蕨度殘年。

欲識生死譬，且將氷水比。水結卽成氷，氷消返成水。
已死必應生，出生還復死。氷水不相傷，生死還雙美。

粤自居寒山，曾經幾萬載。任運遯林泉，棲遲觀自在。
寒岩人不到，白雲常靉靆。細草作臥褥，青天爲被蓋。
快活枕石頭，天地任變改。

可重是寒山，白雲常自閑。猿啼暢道內，虎嘯出人間。
獨步石可履，孤吟藤好攀。松風清颯颯，鳥語聲喧喧。

一自遯寒山，養命餐山果。平生何所憂？此世隨緣過。
日月如逝川，光陰石中火。任爾天地移，我暢岩中坐。

自羨山間樂，逍遙無倚托。逐日養殘軀，閑思無所作。
時披古佛書，往往登石閣。下窺千尺崖，上有雲旁薄。
寒月冷颼颼，身似孤飛鶴。

常聞漢武帝，爰及秦始皇，俱好神仙術，延年竟不長。
金石旣摧折，沙丘遂滅亡，茂陵與驪嶽，今日草茫茫。

千山萬水間，中有一閑士。白日遊青山，夜歸岩下睡。
倏爾過春秋，寂然無塵累。快哉何所依，靜若秋江水。

寒山唯白雲，寂寂絕埃塵。草座山家有，孤燈明月輪。
石牀臨碧沼，虎鹿每爲鄰。自羨幽居樂，長爲象外人。

我見利智人，觀者便知意。不假尋文字，直入如來地。
心不逐諸緣，意根不妄起。心意不時生，內外無餘事。

拾得詩

丹丘廻聳與雲齊，空裏五峯遙望低，雁塔高排出青嶂，禪林古殿入虹霓。
風搖松葉赤城秀，霧吐中岩仙路迷，碧落千山萬仞現，藤蘿相接次連谿。

可喜是林泉，數里無人烟。雲從岩嶂起，瀑布水潺潺。
啼猿暢道曲，虎嘯滿山間。松風清颯颯，鳥語聲關關。
獨步繞石澗，孤陟上峰巒。時坐磐陁石，偃仰攀蘿沿。
遙望城隍處，唯聞閙喧喧。

歸隱

陳摶

十年蹤跡走紅塵，回首青山入夢頻，紫綬縱榮爭及睡，朱門雖富不如貧。
愁聞劍戟扶危主，悶聽笙歌聒醉人，攜取舊書歸舊隱，野花啼鳥一般春。

新春吟

邵雍

多病筋骸五十二，新春猶得共銜杯。踐形有說常希孟，樂內無功可比囘。燕去燕來徒自苦，花開花謝漫相催。此心不爲人休戚，二十年來已若灰。

天津感事

邵雍

陽烏西去水東流，今古推移幾度秋？四面遠山常歛黛，不知終日爲誰愁？自古別都多隙地，參天喬木亂昏鴉。荒垣壞堵人耕處，半是前朝卿相家。輪蹄交錯未嘗停，去若相追來若爭，料得心中無別事，苟非干利即干名。洛水悠悠際碧天，平蕪更與遠山連，白頭老叟心無事，閑凭闌干看洛川。繞隄楊柳輕風裏，隔水樓臺細雨中，酒至半醺重九後，此時情味更無窮。雲無一縷千明月，橋有千尋臥洛波，料得人間無此景，中秋對月興如何？

安樂窩中自貽

邵雍

物如善得終爲美，事到巧圖安有公！不作風波於世上，自無氷炭在胸中。災殃秋葉霜前墜，富貴春華雨後紅。造化分明人莫會，枯榮消得幾何功！

堯夫何所有

邵　雍

堯夫何所有？一色得天和。夏住長生洞，冬居安樂窩。
鶯花供放適，風月助吟哦。竊料人間樂，無如我最多。

吾盧吟

邵　雍

吾廬雖小粗容身，且免輕爲僦舍人，大有世人無屋住，向人簷下索溫存。

警　世

邵　雍

萬事由天莫強求，何須苦苦用機謀？飽三餐飯常知足，得一帆風便可收。
生事事生何日了？害人人害幾時休？寃家宜解不宜結，各自回頭看後頭。
堪嘆人心毒似蛇，誰知天眼轉如車，去年妄取東鄰物，今日還歸西舍家。
無義錢財湯潑雪，倘來田地水推沙，若將狡猾爲生計，恰像朝開暮落花。

偶　成

程　顥

閒來無事不從容，睡覺東窗日已紅，萬物靜觀皆自得，四時佳興與人同。

道通天地有形外，思入風雲變態中，富貴不淫貧賤樂，男兒到此是豪雄。

桃源行　王安石

望夷宮中鹿爲馬，秦人半死長城下。避時不獨商山翁，亦有桃源種桃者。
此來種桃經幾春？採花食實枝爲薪；兒孫生長與世隔，雖有父子無君臣。
漁郎漾舟迷遠近，花間相見因相問；世上那知古有秦，山中豈料今爲晉。
聞道長安吹戰塵，春風囘首一沾巾；重華一去寧復得！天下紛紛幾經秦？

醒世詩　羅洪先

富貴從來未許求，幾人騎鶴上楊州？與其十事九如夢，不若三杯兩滿休。
能自得時還自樂，到無心處便無憂。於今勘破循環理，笑倚闌干暗點頭。
要無煩惱要無愁，本分隨緣莫強求；無益語言休着口，非干己事少當頭。
人間富貴花間露，紙上功名水上漚。勘破世情天理趣，人生何用苦營謀！
爲人何必苦張羅，聽得仙家說也麼？知事少時煩惱少，識人多處是非多。
錦衣玉食風中燭，象簡金魚水上波。富貴欲求求不得，縱然求得待如何？
有有無無且耐煩，勞勞碌碌幾時閒？人心曲曲彎彎水，世事重重疊疊山。

古古今今多改變，貧貧富富每循環。將將就就隨時過，苦苦甜甜命一般。

貪利逐名滿世間，不如破衲道人閑。籠雞有食湯鍋近，野鶴無粮天地寬。

富貴百年難保守，輪廻六道易循環。勸君早向前生悟，一失人身萬劫難。

衣食無虧便好休，人生世上一蜉蝣。石崇未享千年福，韓信空成十面謀。

花滿三春鶯帶恨，菊開九月雁含愁。山林幽靜多快樂，何必榮封萬戶侯。

明道篇

王景陽

未識眞空莫說空，執空易失主人翁。欲知空裏眞消息，盡在鴻濛未判中。

萬物皆空性不虛，虛中裏面下工天。空到一塵無立處，滿堂金光見玄珠。

學道要知生死事，不知生死謾求仙。能知生處方知死，去住無拘任自然。

本來無死亦無生，一念纔差見萬形。若識念頭生滅處，一輪明月照中庭。

目前無法可參求，山自青兮水自流。十二時中存一念，念中無念是眞修。

武夷山中吟

白玉蟾

芳草暗分流水綠，老松剛借遠山青。獨拈鐵笛溪頭立，吹與洞中仙子聽。

岩下煙深人不來，白雲寂寂掩蒼苔。松花落地鳥聲寂，一枕淸風送夢囘。

風吹萬木醒棲鵲，月落西山啼斷猿。雲捲翠微深處寺，一聲鐘落碧岩前。
碧雲紅樹晚相間，落日亂鴉天欲昏。人去採芝不知返，草廬空自掩柴門。
滿室天香仙子家，一琴一劍一杯茶。羽衣常帶烟霞色，不惹人間桃李花。

終南山關尹子傳經臺

黃道朴

說經臺上傲烟霞，始信浮生果有涯，白鶴不來人換世，青山應笑我無家。
終南山水有清音，翠竹蒼松歲月深，欲識洞天奇妙處，野猿溪鳥亦無心。

絕句

侯善淵

渭水終南獨往還，因尋列士到潼關，市賢野叟不相顧，帶雨連雲歸舊山。
崑崙頂裂火龍飛，寶劍天光耀紫微，一顆靈砂交煒燁，方知道力有神威。
三尺龍泉夜有聲，斬邪誅魅擅威靈，含光不染烏蛇血，飛上瑤天化玉瑛。

唱道詩

長筌子

不居僧俗不爲儒，一味閑閑樂有餘，性命已知方外了，榮華何慮分中無。
心如朗月輝高下，目若孤雲自捲舒，放適乾坤眞快樂，免教塵事把心驅。

暮春二首

常　晁

人生過半百，又越五年期，雙鬢秋蓬老，孤燈夜雨時。
眼花猶識字，心懶廢吟詩。故國迢迢遠，知音其是誰？
人生在世間，百計不如閑，方寸物無累，乾坤心自寬。
塵勞嗟白首，泉白愛青山。擾擾何時已，春歸秋又闌。

題梁園

常　晁

風爲掃帚月爲燈，雨後青苔遍地生。小鬼不靈人已去，落花啼鳥自傷情。

靈岩園

常　晁

落落清流水動琴，飄飄黃葉地鋪金，山林富貴知多少？最苦無人會此心。

笑忙

常　晁

追逐從多事，何如絕攀援？死生渾若夢，富貴不如閑。

寄茅山道友　丘濬

鳴鳳相邀覽德輝，松蘿從此與心違，孤峯萬仞月高照，古屋數間人未歸。
欲助唐虞開有道，深慚茅許勸忘機。明朝又引輕帆去，紫朮年年空自肥。

無相寺　王陽明

老僧岩下住，繞屋皆松竹，朝聞春鳥聲，夜伴巖虎宿。

化城寺　王陽明

化城高住萬山深，樓閣憑空上界侵。天外清秋度明月，人間微雨結春陰。
鉢龍降處雲生座，巖虎歸時風滿林。最愛山僧能好事，夜堂燈火伴孤吟。

夜宿香山林宗師房　王陽明

幽壑來尋物外情，石門遙指白雲生。林間伐木時聞響，谷口逢僧不記名。
天壁倒涵湖月曉，烟梯高接宇階平。道人只住層蘿上，明月峯頭有磬聲。

磻溪集——丘長春著

落　花

昨日花開滿樹紅，今朝花落萬枝空，滋榮實藉三春秀，變化虛隨一夜風。
物外光陰元自得，人間生滅有誰窮？百年大小榮枯樹，過眼渾如一夢中。

舊　遊

秦川渭水好行程，不問長亭及短亭。西嶽雲開仙掌白，南山雨過佛頭青。
丹霄髣髴舒晨彩，碧岫參差列畫屏，海上交朋聞我道，虛心側耳盡來聽。

艾山、余鄉艾山之陽，故作是詩

千尋瀑布清明秀，一派嵐光氣勢雄，時被祥風吹作雨，瀟瀟溟溟灑虛空。
參差山色有無中，半入幽溟半入空，依約天涯尋不見，飄飄常被白雲籠。

勞山上清宮

羣峯峭拔下臨淵，絕頂孤高上倚天。滄海古今呑日月，碧山朝夕起雲烟。
五嶽曾經四嶽遊，羣山未必可相儔，只因海角天涯背，不得高名貫九州。

太清宮

雲海茫茫不見涯，潮頭只見浪翻花。高峯萬疊連雲秀，一簇團屏是道家。

春日登覽

時出碧雲堂，廻旋望八荒，雲收千里淨，風散百花香。
欲海愁思遠，春山興味長，楮杖登眺罷，深入醉中鄉。

遊春

一夜春風煖，三竿曉日華，有山皆若錦，無地不開花。
金谷人多感，桃源路易差。回頭皆是夢，說與道人家。

春夜雨

春色來何晚？清明不見花。開軒觀翠竹，撥土認黃芽。

夜雨微微作，風光漸漸嘉。參差三月盡，桃李滿天涯。

秋　雨

信宿天飛雨，清秋地湧波，沉陰韜日月，浡潏漲江河。
紫塞歸鴻恨，青山隱士歌。不妨居石室，高枕詠烟蘿。

示衆絕句二首

物裏光陰促，人間興廢多。覺來渾似夢，貪得又如何？
衆生多患難，大道苦希微。不有神仙福，難明造化機。

滿庭芳

余因求道，西留關中十五餘年，聞鄉中善士，爲葬先考妣，不勝感激。遂成小詞寄謝云：

幼稚抛家，孤貧樂道。縱身物外飄蓬，故山墳壠，時節罷修崇。
幸謝鄉豪併力，穿新壙，起塔重重。遺骸並同區攻葬，遷入大塋中。
人從關外至，皆言盛德，悉報微躬。耳聞言心下感念無窮。
自恨無由報德，彌加志篤進玄功。深回向虔心禱祐，各各少災凶。

滿庭芳

漂泊形骸，顚狂踪跡。狀同不繫之舟，逍遙終日，食飽恣遨遊。任使高官重祿，金魚袋肥馬輕裘。爭知道莊周夢蝶，蝴蝶夢莊周？休休吾省也，貪財戀色，多病多憂。且麻袍葛屨閑度春秋。逐曈巡村過處，兒童盡呼飯相留。深知我南柯夢斷，心上別無求。

鳳棲梧（寄東方學道者）

天下風光何處好？八水三川自古長安道，錦樹屛山方曲遶，天涯海角誰能到？既是拋家須早早，雲水登程莫戀閑花草，直至潼關西嶽廟，敎君廓爾淸懷抱。

虛靜眞君詩集第三十代天師

錢塘有作

紅霞映朱欄，白雲隱青山，塵中人不到，雙鶴舞柴關。瑤琴一曲詩數篇，山童煮茗爐無烟，爲思塵世去遊樂，一別洞天今幾年。湘江江上月初白，湘浦浦邊風色淸，斷腸聲咽玉笛碎，愁殺霜隄多少情。人生總浮雲，仙家依舊春，歸去來兮樂吾眞。

虛雲歌

虛空蕩蕩無邊岸，日月東西互賓餞，東賓西餞幾時休？生死場中如掣電。本來眞性同虛空，光明朗耀無昏蒙，偶因一念落形體，爲他生死迷西東。堪嘆世人全不覺，死卽哀兮生卽樂，不知生是死根由，只喜東升怕西落。東升西落理當然，休將情識相牽纏，不信但看日與月，朝昏上下常周天。生非來兮死非去，無有相因隨所遇，六道輪廻浪著忙，眞人只在空虛住。眞人住處無室廬，鄰風伴月同淸虛，莫謂靈光只此子，只羅法界無遺餘。法界包羅大無外，密入纖塵小無內，飢寒災禍不能加，物物頭頭歸主宰。

一堆塵土百年形，如舟泛水憑人行，忽朝舟壞人登岸，枯木無主從沉傾。莫惶感，莫回顧！萬水千山幾番渡，這回到岸好焚舟，不須更說波濤苦。有緣舟居，不居舟終不虞，昨夜風雷撼山嶽，虛空不動常如如。識得眞空方不昧，古往今來鎮長在，掀翻世界露全身，盡渡眾生越苦海。眞空消息非頑空，縱橫變化終無窮，聽我一歌空裏曲，鐵蛇飛上崑崙峯。

和渾淪庵超然卽事韻

自得逍遙趣，從來樂靜居。水邊紅杏小，烟外翠篁疏。有物眞常應，忘形內本虛。人間役塵慮，到此盡消除。

喜晴

芍藥都零落，山泉遂有聲。盡知春去晚，深喜夜來晴。高柳拂檐淨，閑花照塢明，松間攜好酒，今日思方清。

仙岩寺

依然仙跡倚岩開，眞舘何年竟草萊？今日梵宮方得到，舊時玄鶴也飛來。一條澗水琉璃合，萬疊雲山紫翠堆，禪客夜深能共坐，滿窗明月正徘徊。

離峯老人集

述懷

不學參玄與問禪，一庵瀟灑寄林泉，空中天籟宮商意，物外家風道德篇。
一枕閒眠芳草畔，數聲樵唱夕陽邊，此身未得驂鸞去，且作逍遙陸地仙。

寄王縣令

是非場上好抽身，作個無憂自在人，藜杖便遊雲外路，芒鞋不到世間塵。
舉頭明月堪爲友，到處青山總是鄰，卜得小庵安穩地，松窗高臥養天眞。

寄朗大師

淡淡烟霞淺淺山，此身常在翠微間，白雲空谷無人到，贏得心身竟日閒。

寄陳州呂姑

道人心地冷如氷，不假營求道自生，萬籟無聲心泰定，一輪明月皎然明。

史都監告

郭外之田數畝園，絲麻饘粥保殘年，不圖跨鶴乘雲去，且向人間應幻緣。

贈蕭縣宋太師

先生策杖便從容，把握靈珠在掌中，好向雲山棲隱去，閉窗高臥飲松風。

贈孫天和

慧刀割斷利名韁，物外逍遙萬慮忘，撒手便登三島路，程程都是白雲鄉。

臨潁李縣尉告

風裏微聞松桂香，山堂明月冷暉光，道人夜靜翛然坐，萬籟無聲一味涼。

張姑告

世上功名不可求，人間富貴轉頭休，爭如早作歸山計，一片白雲天外遊。

杜鵑

青山靄靄亂雲低，切切幽禽晝夜啼，啼得血流誰解意？聲聲猶道不如歸。

示杜道人

綠葉陰陰障夕陽，白雲片片渡秋塘，道人不解紅塵事，隱迹林泉寵辱忘。

示木匠楊仙

走遍千山與萬山，此身猶似白雲閒，歸來臥看青霄月，聒耳松風徹骨寒。

常姑告

尋師訪道苦參求，籠絡心田不自由，無限玄談都拂却，一輪明月出山頭。

寄隴西老人

遙望東南木葉飛，滿空秋色偪人衣，仙翁已達丹霄景，閒對青松吸翠微。

寄陝州會首

神丹常在掌中握，玄鑑只宜心上安，照破世間塵幻景，自然身似野雲閒。

道情

黃龍子

會拜瑤池九品蓮，希夷授我指玄篇，光陰荏苒眞容易，囘首滄桑五百年。
紫陽屬和翠虛吟，傳響空山霹靂琴，刹那未除人我相，天花黏滿護身雲。
情天慾海足風波，渺渺無邊是愛河，引作園中功德水，一齊都種蔓陀羅。
石破天驚一鶴飛，黑漫漫夜五更雞，自從三宿空桑後，不見人間有是非。
野馬塵埃晝夜馳，五蟲百卉互相吹，偷來鷲嶺涅槃樂，換取壺公杜德機。

憨山大師詩集

山居

片雲浮太虛，倏忽遍大地，試看未生前，淸淨無纖翳。

萬境本寂然，因心有起滅，一念若不生，動靜何由覔？

長夜無燈燭，修途總暗冥，可憐酣睡者，大夢幾時醒？

日月如飛鳥，乾坤似轉丸，浮生忙裏度，誰向靜中看。

身心放下有餘閑，垂老生涯在萬山，不許白雲輕出谷，好隨明月護柴關。

寒燈獨照影微微，疏屋風吹雪滿衣，忽憶五臺趺坐處，萬年氷裏一柴扉。

寒威入骨千峯雪，怒氣衝人萬竅風，衲被蒙頭初睡醒，不知身在寂寥中。

平湖冷浸芰荷衣，湖上青山絕是非，塵迹盡消人世遠，白雲鷗鳥總忘機。

春深雨過落花飛，冉冉天香上衲衣，一片閑心無處著，峯頭倚杖看雲歸。

垂垂白髮對青山，身在千巖萬壑間，寂寂松門無過客，往來唯有白雲閒。

萬峯深處獨跏趺，歷歷虛明一念孤，身似寒空掛明月，唯餘淸影落江湖。

平湖秋水浸寒空，古木霜飛落葉紅，石徑小橋人跡斷，一庵深鎖白雲中。

山居　　梢堂

亂流盡處卜幽棲，獨樹爲橋過小溪，春雨桃開憶劉阮，晚山薇長夢夷齊。
尋僧因到石梁北，待月忽思天柱西，借問昔賢成底事？十年騎馬聽朝雞。
閒看青天走白日，自來堪嘆不堪言，盜思高塚藏金甕，鬼笑豪家限鐵門。
漠北征夫秋飲馬，嶺南遷客夜聞猿，古今誰似寒山子？千偈能窮萬法源。
荒徑欹斜掛藿蓬，半籬紅粟倩溪春，山中有客見眞虎，塵內何人識臥龍？
秋竹走筇穿斷石，老藤行蔓上枯松，晚風斷送雲歸去，僧打原西寺裏鐘。
竹屋數聲淸磬斷，隔溪疏雨遣斜暉，一機忘去是非盡，萬法空來體用歸。
黃狖林中偷果去，翠禽籬下引雛飛，有官有佛從人選，獨坐秋階納毳衣。

山居　　雪峯

蒼崖孤峻與誰鄰？眼底雲霞日日新，地迥不來朝市客，天寒還有採樵人。
足音空谷聞堪喜，笑語移時意更眞，莫謂道人多泛愛，齊觀物我無非親。
寂寂空山道者家，自甘苦淡薄紛華，強循世態眞無奈，須信吾生亦有涯。
萬事灰心同木石，一丘隱跡混龍蛇，每因月出閒舒嘯，驚起林間夜宿鴉。

武夷山中

謝枋得

十年無夢得還家，獨立青峯野水涯，天地寂寥山雨歇，幾生修得到梅花。

希夷峽

袁宏道

白石青山眼倦開，風雲長到枕邊回，夢中亦有敲門客，報道莊周騎蝶來。

風入松

披雲眞人

消磨不盡愛山心，夢繞寒林，幾時端的歸岩穴。結蒲團滿地松陰，野鶴共人作伴，山猿與我知音。

北邙山下草茸茸，朽骨縱橫，斷碑顚倒無人識，任黃牛白犢來耕，管甚秦朝將相，那知漢代公卿。

江南都護馬如龍，臂托雕弓，金章紫綬歸來晚，被人呼白髮衰翁，過眼一場短夢，轉頭萬事俱空。

急攜鴉钁上雲峯，獨倚長松，無窮眼界詩千首，更何人伴我疏慵，夜永三杯濁酒，晚涼一枕松風。

人間富貴總骷髏，水上浮漚，隋唐晉宋齊梁夢，到如今寂寞荒邱，院外黃花翠竹，水邊白鳥悲秋。北窗風度碧琅玕，午夢驚殘，山泉落石清無價，兕樓臺半入雲間，千卷詩書漫汗，一爐香火幽閒。面如生鐵骨如柴，心似寒灰，道情不與人情合，又誰能送往迎來？夜來泉聲潺潺，曉看山色崔嵬。旋栽瘦竹種高松，伴我疏慵，密陰滿地蒼苔冷，坐來撫三尺焦桐，洞裏翛翛爽氣，林間颯颯清風。

迎仙客

披雲眞人

水深清，山色好，天下是非全不到。竹窗幽，茅屋小，箇中眞樂莫向人間道。竹風輕，花影重，酩酊一甌琴三弄。露玄機，藏妙用，槐壇將相看破浮生夢。柳陰邊，松影下，豎起脊梁諸緣罷。鎖心猿，擒意馬，明月清風只說長生話。

秋思

馬致遠

百歲光陰如夢蝶，重回首往事堪嗟！昨日春來，今朝花謝，急罰盞夜筵燈滅。（雙調夜行船）

秦宮漢闕，做衰草牛羊野，不恁漁樵無話說，縱荒墓，橫斷碑，不辨龍蛇。（喬木查）

投至狐踪與免穴，多少豪傑！鼎足三分半腰折，魏耶？晉耶？（慶宣和）

天教富，不待賒，無多時好天良夜，看財奴硬將心似鐵，空辜負錦堂風月。（落梅風）

眼前紅日又西斜，疾似下坡車，曉來淸鏡添白雪，上牀和鞋履相別，莫笑鳩巢計拙，葫蘆提一就裝呆。（風入松）

利名歇，是非絕，紅塵不向門外惹，綠樹偏宜屋角遮，青山正補墻頭缺，竹籬茅舍。（撥不斷）

蛩吟一枕纔寧貼，雞鳴萬事無休歇，爭名利何年是徹？密匝匝蟻排兵，亂紛紛蜂釀蜜，鬧攘攘蠅爭血。裴公綠野堂，陶令白蓮社，愛秋來那些：和露摘黃花，帶霜烹紫蟹，煮酒燒紅葉。人生有限杯，幾個登高節？囑咐咱頑童記者：便北海探吾來，道東籬醉了也！（離亭宴歇）

三教——鍊虛歌

李道純

爲仙爲佛與爲儒，三教但傳一箇虛。亘古亘今超越者，悉由虛裏作工夫。

學仙虛靜爲丹旨，學佛潛虛禪已矣，叩予學聖事如何？虛中無我明天理。

三教

譚處端

三教由來總一家，道禪淸靜不相差。仲尼百行涵幽理，悟者人人跨紫霞。

住西湖白雲禪院

蘇曼殊

白雲深處擁雷峯，幾樹寒梅帶雪紅，齋罷垂垂渾入定，庵前潭影落疏鐘。

生憎花發柳含烟，東海飄零二十年，懺盡情禪空色相，琵琶湖畔枕經眠。

有感示仲兄

蘇曼殊

契濶死生君莫問，行雲流水一孤僧，無端狂笑無端哭，縱有歡情已似冰。

吳門依易生韻

蘇曼殊

碧城烟樹小彤樓，楊柳東風繫客舟，故國已隨春日盡，鷓鴣聲裏使人愁。

白水青山未盡思，人間天上兩霏微，輕風細雨紅泥寺，不見僧歸見燕歸。

離鎮江賦詩

太虛

攬將楚尾接吳頭，終古青山峙碧流，遙洗隔江腥血氣，幾人同駕救民舟。

懷友

太虛

寂寞幽扉鎮日扃，天痕薄暮壓簷青，三杯白酒忘身世，一卷黃庭養性靈。

秋月滿軒吟橘頌，春風半席檢茶經，料應太息人間世，自鼓瑤琴只自聽。

松華軒詩稿

周紹賢

道情四首

弱肉常遭食，強權善爲欺，神明空臆想，公理賴人持。
生死自然律，窮通命運知，平心看宇宙，世事本無奇。

其二

惡虎餐人肉，耕牛反被烹，眾生憑造化，何處論公平？
正氣一絲在，妖氛萬丈橫，聖賢開大道。道上幾人行？

其三

競競騖進化，爭鬥苦熬煎，機械巧心出，炸彈落眼前。
既愁敵放火，莫笑澤無船，所以老莊子，提倡返自然。

其四

枯木烏鴉集，淸雲白鶴棲，蜣蜋慣食糞，蚯蚓本餐泥。
微菌飽人血，英雄墊馬蹄，眾生在宇宙，原不分高低。

道情十四首

人間事理有眞詮，唯物唯心各一偏。不向他人放慾火，任君服賈與參禪。
看穿世事本無常，得失窮通夢一場。杜絕貪泉消慾火，佛家救苦有良方。
任他龍虎鬥威權，我不陷身煩惱緣。陋巷茅廬安淡泊，脩然自得即神仙。
汗牛充棟百家編，奧義幽深費口傳。說破此中無一物，雲飛水潛看魚鳶。
莫誇才慧與眞知，萬物靜觀無不奇。一草一花通造化，非人智巧所能爲。
誰能大智探天鈞？只有精誠通至神。萬事從來皆假設，問君何理竟爲眞。
豈特耶穌上帝子，何人不是乾坤生？一心向善無邪念，路入天堂步步平。
萬劫光陰一指彈，死生晝夜等閑看。嬰童壯老無眞我，當下即空入涅槃。
萬象森然皆一氣，芸芸幻化總歸根。致虛守靜任天運，此是乾坤衆妙門。
妙論只堪慰所思，死生究竟誰能窺？繭蛾蠶卵循環變，彼在箇中不自知。
各執心燈照一隅，以蠡測海亦何愚！鳥鳴蟲語無人曉，而況乾坤理萬殊。
何處而來何處去，三生非有亦非無。明心見性性安在？誰識今吾即故吾？
淨水一缸無纖塵，忽生孑孓化蚊羣。蚊羣滅後歸何處？誰解前因與後因。
宇宙陰陽盪不休，死生流轉自悠悠。衆漚化爲滄江水，江水依然產衆漚。

道家與神仙讀後

波多野太郎

道家與神仙一書，共八章，乃周紹賢教授撰寫，由臺灣中華書局出版。此書首先採取歷史之描述法、敍說道家之展開以及「神仙道」之成立過程。強調神仙道並非神秘，乃是一種人道哲學。故該書可謂一部救世之宗教哲學書。其撰寫之目的，顯載於附錄之清靜集自序中，如云：

不役志於利祿，不行險以儌倖，遣歡戚之俗情，擯得失之榮辱，侶雲鵬而翔天衢，笑惡鴟之貪腐鼠，通妙悟於常理之外，運清鑑於玄漠之域，優游自如，翛然自樂。……清靜澹泊為道家自修之要旨，能領略其旨趣，便可悟及仙家之樂。（二三六頁）

在物質文明極端發展之時代中，需要提倡精神文明以對付因物質文明而產生之社會弊病，在此種情況下，道教之重要性，自然而然引人重視。周教授認為道教以道家思想為根柢，出入於現實與非現實之間，易於實行，而且可以統合其他思想之宗教。至於其詳述神仙之說起源於山東省，眞不愧為當地學者用心之作，富有熱忱，頗使訪問過其地之人，有共鳴之感。周教授又指出秦始皇漢武帝之封禪，其目的乃在於求仙。東萊為求仙之橋樑地；齊國為古代文化之中心地；宣王之時，稷下之學者，綜合黃老陰陽學說演成神仙之道。又指出麻姑與王重陽在山東修行，丘處機、劉處玄、譚處端、馬處鈺、郝大通、王處一、孫不二等七眞人，皆為山東人。惟將屈原歸納於齊學系統，吾心感到不安。

本書對道教神仙道之形成，作有系統之介紹，又以統合三教之立場，強調三家之道，並行不悖。謂：莊子之眞人、神人、至人、聖人皆為神仙。神仙家之說，本重長生不老之術，及至漢初，乃融合陰陽家鬼神之說，及黃老之道，而奠定道教基礎。黃帝之書、傳有醫學部分，莊、列、淮南，所傳致虛守靜，與長生久視之說，為法師講道之本。道教之基本經典爲道德經，而劉惟永之道德經集義大旨乃作三教合一之論。三教雖有互相攻擊之時，但終有許多合而爲一之事實，故舉歷代三教兼修之士及三教相通之義，以明大道唯一，眞理不二。故儒家之盡心知性，道家之靜心養性，佛家之明心見性，成聖、成仙、成佛，皆爲同義。此種論理之敍述方法，雖難免有粗糙之處；然列舉儒佛道之實踐理論，着重於論述救世之道，周教授之用意，至爲正確。與吉岡博士之「永生的願望」中所提之三教一元之觀點，不謀而合。

周教授闡明神仙之定義與概念，並且連絡仙界與人界之構造，提出許多論證，說明人間仙境道通爲一。在諸文獻中指出神仙卽聖賢，並非超現實，亦非不死者，故凡人只要如法修行，卽可成爲神仙，此種觀念，乃產生於周教授之實踐哲學。成爲神仙並非易事，概括而言：卽是「修煉」，亦卽修養眞性與煉丹，道家之煉心，卽儒家之正心，佛家之明心，其方法因宗教之主張而異。因此、神仙並非奇異，而無爲、自得、體妙、心玄，乃爲神仙之境地。

總而言之，本書異於一般雜誌「儒學」或「仙學叢書」，兼有科學與實踐哲學之體系，對道教不僅有客觀之研究，且富有思想主體。總其含義，確是一部警世之書。

本書撰者周紹賢教授，光緒三十四年四月十日出生於山東省海陽縣。爲哲學家梁漱溟先生弟子，先治儒學諸子，後好道家之學，讀破道藏全書，費兩載之工夫撰成本書，現任師範大學及政治大學教授，著作除本書之外，尚有老子要義、莊子要義、孟子要義、魏晉清談述論等書十餘種，其中文言與白話一書，闡述白話不能代替文言之理由，對今日文運之衰敝，憂心悲慨，給予日本之中國語研究者一大警惕。

本文爲一九七一年十一月日本道教學會出刊之東方宗教所登載，作者波多野太郎係文學博士，任橫濱大學教授。

中華宗教叢書
道家與神仙

1912

作　　者／周紹賢　著
主　　編／劉郁君
美術編輯／中華書局編輯部

出 版 者／中華書局
發 行 人／張敏君
行銷經理／王新君
地　　址／11494 臺北市內湖區舊宗路二段181巷8號5樓
客服專線／02-8797-8396　　　傳　　真／02-8797-8909
網　　址／www.chunghwabook.com.tw
匯款帳號／華南商業銀行　西湖分行
179-10-002693-1　中華書局股份有限公司

法律顧問／安侯法律事務所
印刷公司／維中科技有限公司　海瑞印刷品有限公司
出版日期／2015年7月五版
版本備註／據1987年3月四版復刻重製
定　　價／NTD 330

國家圖書館出版品預行編目（CIP）資料

道家與神仙 / 周紹賢著. -- 五版.-- 臺北市：
中華書局, 2015.04
面；　公分. -- (中華宗教叢書)
ISBN 978-957-43-2465-1(平裝)

1.佛教

230　　　　104008056

NO.C0005
ISBN 978-956-43-2465-1